# 밥상머리의 작은 기적

내 아이의
미래를 결정짓는
밥상머리 교육의 비밀

# 밥상머리의 작은 기적

SBS스페셜 제작팀 지음

리더스북

추천사

# 미래의 경쟁력은
# 밥상머리 교육에 있다

나는 평생을 교육학자로 살면서 특히 도덕성이 아이의 성장 발달에 미치는 영향에 관해 연구해왔다. 도덕적 능력은 지구상에서 인간만이 갖춘 능력으로 인간을 인간답게 하는 가장 큰 특징이다. 서울대 도덕심리연구실을 이끌며 오랫동안 연구 활동을 하면서도, 미래의 경쟁력이 곧 도덕성에 있고 도덕성 없이는 사회의 리더로 설 수 없다는 결론을 내리기에 이르렀다. 인재가 넘쳐나는 이 시대에 웬만한 정보와 지식으로는 남과 차별화된 경쟁력을 갖출 수 없고, 설혹 모든 것이 완벽하다 하더라도 도덕적 능력이 부족한 아이는 10~20년 뒤 성인이 되었을 때 결코 살아남지 못할 것이다.

'서번트 리더십'이 오랫동안 각광받는 것도 이 같은 사실을 반영한 것이라 할 수 있다. 서번트 리더십이란 쉽게 말해 같은 조직에서 일하는 사람을 인격적으로 존중하고 '부림'의 대상이 아니라 '섬김'의 대상으로 삼는 리더십이다. 서번트 리더십을 갖춘 사람은 아랫사람에게 명령을 내리는 대신 그들의 요구를 충족시켜주려고 애쓴다. 이를 바탕으로 자발적인 참여를 이끌어내고 동기와 책임감을 일깨운다. 사회가 아무리 변한들 사람은 결국 다른 사람과 더불어 살아갈 수밖에 없다. 그러므로 타인을 배려하고 함께 살아가고자 노력하는 것은 결국 세상의 흐름을 읽고 자신의 성공에 한 걸음 다가서는 것과 마찬가지다.

그런 의미에서 어릴 적 부모와 함께한 밥상머리에서의 교육은 무척 중요하다. 옛날부터 우리는 어른과 함께한 가족 밥상에서 인생을 살아가는 데 필요한 덕목을 하나씩 배웠다. 어른이 수저를 들기 전에 음식에 손을 대지 않고 기다리면서 인내심을 배웠고, 가족 간의 대화를 통해 나와 다른 생각을 받아들이고 이해하는 능력을 키웠으며, 그릇 하나에 담긴 음식들을 가족들과 나눠 먹으면서 배려와 절제를 깨우쳤다. 밥상은 예절이 살아 숨 쉬는 재현의 공간이었고, 어떤 잘못도 이해받는 화해의 공간이었으며, 삶의 철학이 대물림되는 교육의 공간이었다.

최근에 이르러서는 밥상머리 교육이 인성에만 영향을 미치는 것이 아니라, 지적 발달을 이루는 데도 결정적인 역할을 한다는 것이 밝혀졌다. 수많은 실험 결과를 통해 부모와 함께한 식사 자리에서의 대화가 아이의 언어능력은 물론, 종합적인 사고력과 집중력 등을 키운다는 사실이 곳곳에서 입증되고 있다. 내가 본 사회 각 분야 리더들의 한결같은 공통점은 어린 시절부터 가족이 모두 모인 밥상에서 지속적인 대화와 교류를 이어왔다는 점이다.

요즈음 아이들은 부모와 한 식탁에 앉기는커녕 하루에 얼굴 한 번 마주치기 어려울 만큼 바쁘게 살아간다. 부모보다 빨리 집을 나서 늦은 시간까지 학원 공부를 하다가 밤이 되어서야 집에 돌아온다. 이런 교육 현실을 볼 때 '밥상머리 교육'이라는 말이 시대착오적이라고 생각할지도 모르겠다. 하지만 가족식사 시간조차 사교육에 빼앗긴 우리 아이들이 과연 무엇을 잃고 있는지는 진지하게 생각해보아야만 한다. 영어 단어를 하나 더 외우고 수학 문제를 하나 더 풀게 하는 것보다 온 가족이 함께하는 밥상머리에서 아이의 마음을 열게 하고 숨은 가능성을 끌어내는 것이 부모로서 먼저 해야 할 일이 아닐까. 부모들이 어서 그 사실을 깨닫고 지금부터라도 아이들에게 '잃어버린 밥상'을 되찾아주었으면 싶다.

이우 문용린
전 교육부장관, 서울대 교육학과 교수

**추천사**

# 내 아이를 가장 잘 알 수 있는 시간

아이의 성적이 1등이면 엄마도 '1등 엄마', 아이가 명문대에 들어가면 엄마도 '명품 엄마'라고 불리는 시대. 그 허울 아래 부모들의 고민은 아주 일찍부터 시작된다. 영어 유치원을 보내지 않으면, 초등학교에 들어가기 전에 선행학습을 시키지 않으면, 지금 공부습관을 바짝 들이지 않으면, 무엇이라도 '하지 않으면' 아이가 영영 경쟁에서 뒤처질 것 같은 조급함에 오늘도 부모들은 육아 서적을 쌓아놓고, 인터넷을 뒤지며 '부모 공부'에 여념이 없을 것이다.

사교육 광풍에 휘말리지 않고도 아이 둘을 행복하고 건강하게 키우면서도 명문대에 보냈다는 이유로, 이 땅에서 다양한 교내외 활동을 맘껏 누릴 수 있게 했다는 이유로, 주변 사람들은 나에게 비법을 전수해달라고 채근했다. 그러나 엄마 노릇 선배로서 내가 나눌 수 있는 것이란 아이를 아이 자체로 받아들이고, 언제나 웃음 띤 얼굴로 맞으라는 것뿐이다. 가장 중요한 부모 공부란, 내 아이를 늘 살펴보고, 아이의 타고난 기질대로 나날이 성장하는 모습을 제때, 제대로 알아채는 것이 아닐까?

그렇다면 우리 아이를 가장 잘 알 수 있는 시간은 언제일까? 돌이켜보자. 세상모르게 놀다가도 밥 뜸 들이는 냄새가 아이들을 불러들이면, 집집마다 밥상 위에 하루 동안의 시시콜콜한 일상이 반찬으로 올라 가족들의 촌평을 듣기도 하고, 당부의 말을 새겨듣기도 한다. 생업에 바쁜 부모로서는 아이들이 어떻게 지내는지 확인하는 시간이고, 아이들에겐 가족이라는 유대감이 새삼 풀무질되는 자리이기도 했던 것이다. 가족 밥상에서 우리가 느낀 것은 단순히 몸의 포만감만은 아니었을 것이다. '함께'라는 정신적 포만감과 더불어 여러 가지 학습동기가 부여되는 시간이기도 하다.

최근에는 가족과 함께 식사를 하는 것이 정서를 안정시킬 뿐 아니라, 아이의 학교 성적도 올려주고, 비행도 막아준다는 연구 결과가 속속 나오고 있다고 한다. 밥상머리에서 나눈 대화를 아이들은 더 잘 기억하고, 더 잘 응용한다는 것이다. 나는 항상 아이들은 '놀이쟁이', '따라쟁이'라고 강조해왔다. 그런데 정말 아이들은 밥상머리에서 보여주는 가족들의 무궁무진한 대화 내용과 다양한 단어를 놀이처럼 따라 하며 배운다.

아이를 건강하고 똑똑하게 키우는 것은 모든 부모의 바람이다. 그건 학원이나 학교에만 내맡길 수 없는 의무이기도 하다. 『밥상머리의 작은 기적』은 가족이 함께 밥 먹는 단순한 행위가 우리를 어떻게 키워왔고, 앞으로 우리 아이들을 어떻게 키워야 할지 반추할 수 있게 해준다. 아이들과 좋은 음식에 갖은 이야기를 기분 좋게 비벼 먹으며 그 자체를 즐기면 좋겠다. '꿀맛 나는 밥상'에서 내가 경험한 '꿀맛과도 같은 육아'를 이 책을 통해 공유할 수 있기를 바란다.

서형숙
'엄마학교' 대표

차례

추천사 미래의 경쟁력은 밥상머리 교육에 있다  문용린 • 5
추천사 내 아이를 가장 잘 알 수 있는 시간  서형숙 • 8

# PART 1
# 인생 최고의 교실, 밥상머리

대한민국 상위 1% 아이들의 공통점 • 19
하버드 대학 연구진이 밝혀낸 밥상머리의 비밀 • 27
하루 20분 가족식사가 아이의 미래를 바꾼다 • 36
언어 발달의 촉진제, 설명식 대화 • 41
하버드 대학 교수들이 말하는 가장 좋은 조기교육 • 52
지능 발달의 보고, 밥상머리 대화 • 60

명사의 밥상 1 인생의 지혜를 대물림한다  유룡 카이스트 교수 • 66
명사의 밥상 2 홀어머니와 함께한 식탁  버락 오바마 전 미국 대통령 • 71
명사의 밥상 3 밥상머리 교육은 부부의 콤비 플레이  안규문 전 밀레코리아 대표 • 74

## 뇌를 키우는 밥상 대화의 모든 것

| | |
|---|---|
| 340g 뇌의 경이로운 비밀 | • 83 |
| 식사 중에 이루어지는 연령별 두뇌 발달 | • 87 |
| 성공의 키, 만족지연능력 | • 96 |
| 10대에 다시 찾아오는 '생후 3년'의 기적 | • 105 |
| 사춘기 뇌 발달은 가족식사에 달려 있다 | • 117 |
| 가족식사에서 나오는 옥시토신의 비밀 | • 126 |
| 일본, 밥상머리 교육의 부재가 낳은 비극 | • 135 |
| 아이가 바라는 가족식사 | • 145 |
| | |
| 명사의 밥상 4 **밥상 위의 경영 수업** 김영훈 대성그룹 회장 | • 153 |
| 명사의 밥상 5 **스마트폰도 문자도 없는 가족만의 시간** 짐 도널드 전 스타벅스 CEO | • 157 |
| 명사의 밥상 6 **유대인의 전통을 가족 식탁으로** 미리엄 와인스타인 작가 | • 162 |

## PART 3
## 성공적인 가족식사의 7가지 열쇠: 실전편

| | |
|---|---:|
| 우리 가족의 식사 의식 만들기 | • 169 |
| 밥상 대화를 이어가는 3단계 기술 | • 177 |
| 아이를 밥상으로 유혹하려면 | • 186 |
| 바쁜 일상에서 식탁을 사수하는 법 | • 196 |
| 완벽한 밥상머리 교육은 없다 | • 204 |
| 바쁜 것은 핑계가 되지 않는다 | • 212 |
| 아빠가 함께하는 밥상은 이렇게 다르다 | • 228 |
| 명사의 밥상 7 **밥상 위의 난상토론** 배우 최불암 | • 235 |
| 명사의 밥상 8 **말없이 전해지는 내림 교육** 배우 강부자 | • 238 |
| 명사의 밥상 9 **10년 계획을 세우는 교육 사령탑 저녁 밥상** 공병호 공병호연구소 소장 | • 242 |

## PART 4
## 잃어버린 밥상머리 되찾기 4주 프로젝트

| | |
|---|---|
| 문제아는 없다, 문제 밥상만 있을 뿐 | • 251 |
| 1주: 스스로 식탁을 지키게 하라 | • 262 |
| 2주: 자기조절을 강화하라 | • 268 |
| 3주: 가족 대화 방법을 익혀라 | • 274 |
| 4주: 밥상교육의 효과를 확장하라 | • 280 |
| 밥상머리를 되찾아주는 식사 중 대화법 | • 288 |

명사의 밥상 10 학교 밖의 교실  제프리 폭스 경영컨설턴트 • 299

명사의 밥상 11 부엌을 최고의 학습터로 만들다  장병혜 교육학자 • 303

엮은이의 말 밥상머리의 기적은 부모에게 더 크게 일어난다  송현숙 • 308

『밥상머리의 작은 기적』 제작진 • 310

# PART 1

# 인생 최고의 교실, 밥상머리

아이가 '제 손으로 밥을 먹을 수 있게' 되는 것은 아이 인생의 일대 전환점이다. 남의 손을 빌지 않고는 생명을 유지하는 데 필요한 영양분조차 얻지 못하던 절대적 의존에서 벗어나, 가족들과 같은 음식을 먹고, 밥상에서 가족일원으로 대등하게 인정받는 순간이기 때문이다. 아이가 생애 최초로 접하는 사회, 가족. 그 가족이 밥상에 둘러앉는 순간 아이는 인생 최초의 교실로 들어선다.

부모의 격려 속에 아이가 숟가락을 들고 서툰 젓가락질을 시작하는 순간,
아이가 씹어 삼키는 것은 육체를 키우는 영양분만이 아니다.
배경음악처럼 깔리는 부모의 대화, 자신에게 눈길을 맞춘 가족의 관심을
음식과 함께 소화하는 아이들. 밥상머리 교육은 유치원으로, 학교로
진학할 아이들을 준비시키는 가장 좋은 조기교육이자 선행학습이다.

# 대한민국 상위 1% 아이들의 공통점

　요즘 보기 드물게 아들 셋, 딸 둘의 많은 자녀를 둔 박진수 씨 가족. 입시를 앞둔 큰아들부터 초등학교 저학년인 막내까지 다섯 아이 모두 공부는 물론 운동과 악기 다루는 능력까지 탁월한, 일명 '엄친아' 가족이다. 제작팀이 취재할 당시 첫째 범진이(19세)는 이미 USC, 일리노이, 세인트루이스 워싱턴 대학 등 미국 5개 명문대에서 입학 허가를 받은 상태였고, 둘째 세진이(17세)는 외국어 고등학교에 재학 중이었으며, 셋째 수경이(14세), 성진이(12세), 현경이(10세) 역시 주변에서 부러워하는 우등생이었다.

　박진수 씨 부부는 아이들에게 "재능과 부는 나누기 위해 있는 것이고, 그 나눔을 위해서는 먼저 실력을 갖춰야 한다"며 공부의 중요성을 강조해오긴 했지만, 사실 뒷바라지는 남만큼 해주지 못했다고 한다. 형제가 많다 보니 방이 모자라 수험생일 때도 따로 방을 내주지 못했고, 지금도 책상을 놓을 자리가 없어 동생들의 책상은 거실에 나와 있었다. 아이 중 누군가가 학원을 가고 싶어해도 다른 형제들보다 교육비를 더 쓴다는 책임감을 누차 강조한 다음 끝까지 열심히 하겠다는 다짐을 받고서야 등록을 해줄 정도였다. 아무리 봐도 누구에게 알려줄 만큼 대단한 부모 노릇을 한 것은 없다고 겸손해하는 범진이네 부모. 극성스럽게 사교육을 시킨 것도 아니고, 특별한 교육 노하우가 있는 것도 아니지만 이들 부모가 반드시 지키는 한 가지 원칙이 있다. 바로 아이들이 기억할 수 없을 만큼 오랫동안 지속된 저녁 7시 가족식사다.

가족식사는 사회적 활동의 시작이다. 어른들이 식사하면서 사회적 관계를 맺듯 가족식사는 아이가 사회적 관계를 맺기 위해 집안에서 하는 첫 실전훈련이다. 손석한(연세신경정신과 원장)

## 전두엽을 발달시키는 가족식사 대화

그렇다면 저녁 7시, 범진이네 밥상에서는 과연 어떤 일이 벌어지고 있을까? 취재진은 밥상에서 일어나는 일들을 구체적으로 알아보기 위해 며칠을 가족식사 자리에 동참했다. 이들의 저녁 밥상은 마치 아이들의 생활을 진두지휘하는 상황실 같았다. 아이들은 식사 중에 나온 내용을 토대로 일사불란하게 개인 일과를 조정해 나가고 있었다.

범진이네 가족식사는 사실 다섯 아이를 일일이 신경 써줄 형편이 못 되어 부모가 생각해낸 고육지책이다. 하지만 결과적으로 그 고육지책은 다섯 아이 모두를 일명 '엄친아'로 성장시킨 최고의 학습비법이었다.

촬영 첫날 아버지는 유학을 결정한 장남 범진이와 외고 졸업 후 외국 대학 진학을 염두에 둔 둘째 세진이에게 집안의 경제 사정에 대해서 소상하게 밝혔다. 다음날 첫째는 미국에서 아르바이트로 태권도 강습을 할 수 있는지 정보를 수집하고, 둘째는 유학할 때 수업을 미리 들어 조기 졸업을 할 수 있도록 유학 준비 일정에 AP과목 공부를 포함시켰다.

지켜본 결과, 이들의 식탁이 항상 화기애애한 것은 아니다. 보통의 집처럼 아이끼리 티격태격 다투기도 한다. 마침 언제나 동생들의 숙제를 점검하는 버릇이 있는 장남 범진이와 막내 현경이가 숙제를 미루는 버릇에 대해 목소리를 높인다. 그런데 그런 중에 가족끼리 오가는 대화가 흥미롭다. 특히 아직 자신의 의견을 논리적으로 표현하는 데 서툰 10살 현경이를 위한 부모의 중재는 인상적이다.

범진 네가 (숙제를) 하기 싫은 것 아니야 지금?

(범진이가 현경이를 툭 치며)

**범진** 처음 말할 때 들으면 괜찮은데 열 번 말해도 안 들으면 그때는 조금 목소리가 높아질 수밖에 없어.

**현경** 무시하면 되잖아.

**범진** 그러면 네가 (숙제를) 안 하잖아.

**엄마** 엄마 생각에는 오빠가 조언을 해주면 현경이가 그걸 기분 나쁘게 받아들이는 것 같아. 또 (숙제가) 하기 싫은데 해야만 하기 때문에 화가 나는 것 아니니? ❶-①

**현경** 그렇지.

**범진** 해야 한다는 걸 알고 있잖아.

**엄마** 해야 한다는 건 알지. 하기 싫은데 해야만 할 때 화가 나는 거지. ❶-②

**아빠** (엄마와 현경이에게) 그렇기도 하고 좋아하는 것을 할 때 그걸 못하게 하면 더 싫지.

**아빠** 범진아, 현경이가 무조건 거부감이 생긴대. 좋은 뜻인 것은 알지만 자기가 좋아하는 걸 당장 못하게 하니까. ❶-③

**아빠** (범진이에게 다시) 현경이한테 이야기 할 때엔 그걸 고려해서 이야기를 해야지. 물론 그게 쉬운 일은 아니다. ❷

**현경** 아빠를 닮아서 내가 고집이 세.

**아빠** 아, 현경이가 아빠를 닮아서 그런 것도 있구나.
(두 아이 모두에게) 아빠가 고치면 너희도 고치겠구나. 긴장해라. 이제 아빠부터 고치기 시작할 거다. ❸

부모는 '밥상머리 교육'이라는 말 자체가 부담스럽다며, 식사 시간이 다른 가족과 별반 다를 게 없다고 했다. 하지만 이 대화에는, 오랜 시간 계속되어온 밥상머리 대화의 특별한 점이 함축되어 있다. 성인의 문턱에 있는 큰오빠처럼 조리 있게 말을 하거나 자기 절제를 하지 못하는 10살 막내는 밥상에서 화를 내기도 한다. 여느 집 아이와 크게 다르지 않은 모습이다. 그러나 부모는 아이의 감정에 동감해주면서, 아이로 하여금 다시 한번 자신을 돌아보게 한다. ❶-①/❶-②/❶-③

보통, '~해라, ~하지 마라' 하고 말하면 경직되고 냉랭해지고 서로 비판적이 되더라고요. 저는 그냥 분위기를 온화하게 만들려고 노력해요. 분위기가 경직되면 웃게 하려고 농담을 하죠. 애들이 웃으면서 먹을 수 있도록 말이에요. 분위기를 늘 살피다가 한 아이가 공격을 받아 난처해한다 싶으면 '○○는 이런 이유가 있었을 것 같은데….' 하고 긴장된 분위기를 풀어주죠. 어느 한쪽만 편들거나 내 주장을 하면 둘 다 상처받을 수 있으니, 최대한 부드럽게 가려고 노력하는 거예요. 아버지

그런데 놀랍게도 아버지가 여러 번의 시행착오 끝에 얻은 가족식사의 대화법은 최근 연구와 실험을 통해 밝혀진 결과와 궤를 같이한다. 부모가 식사 중에 화를 내거나 잘못을 지적하는 공격적인 언어 대신, 아이의 감정을 읽어주면서 질문을 던져 잘못을 교정하는 것이❸ 아이의 전두엽 발달에 도움이 된다는 것이다(이에

**CASA캠페인 '가족식사의 날'**
콜롬비아대 약물오남용 예방센터 CASA는 가족식사가 단순히 영양소만 섭취하는 자리가 아니라는 결론을 내렸다. 패스트푸드의 진원지였던 미국에서 이제는 가족과 함께하는 식사가 아이들의 지적 발달과 품성에 결정적인 영향을 미친다는 연구가 진행되고 있다. 현재 CASA의 이 연구 결과는 '가족식사의 날'을 만드는 계기가 되어 미국 전역에 광고되고 있다.

대해서는 PART 2에서 자세히 다룬다). 또한 아직 동생과 대화하는 법에 서툰 첫째를 위해서도 화법을 알려주는 대화까지❷ 전문가들이 권하는 자녀와의 대화법을 부모는 이미 실천하고 있었던 것이다. 부모가 매일 꾸준히 밥상머리를 지키면서 어느새 아이들과 소통하는 법을 익혔고 이는 결국 전문가를 능가하는 통찰로 이어진 것이다.

## 가족식사와 학업성적의 관계

약물 중독의 원인과 오남용 실태를 연구하는 콜롬비아 대학 CASA The National Center on Addiction and Substance Abuse at Columbia University 는 최근 성장기의 파괴적 행동 양식(약물, 알코올, 담배, 10대 임신 등)으로부터 아이들을 보호하는 방법을 찾는 연구를 진행했다. 아이들의 성장 발달에서 가족식사가 중요한 요인으로 작용한다는 것을 발견한 CASA는 매해 아이들의 저녁식사 실태를 조사했다. 2003년에 밝혀진 연구 결과, CASA는 다음과 같은 내용을 발표했다.

가족식사를 많이 하는 아이들은 그렇지 않은 동급생들에 비해 학업 성적에서 A학점을 받는 비율이 2배 높고, 청소년 비행에 빠질 확률은 1/2 정도 낮다.

이는 연구진조차 미처 예상하지 못한 결과였으며, 이 연구 결과를 바탕으로 'CASA 가족의 날 – 자녀와 함께 식사하는 날'이 국가기념일로 지정되는 이례적인 사건이 발생하기도 했다. 매년 9월 4째주 월요일을 '가족의 날'로 정해 부모에게 가족식사의 중요성을 일깨우는 날이 되도록 한 것이다.

그런데 중고등학생의 절반 정도가 부모와 함께 전혀 밥을 먹지 않는 것으로 밝혀진 한국에서도 이런 놀라운 수치가 나타났다.

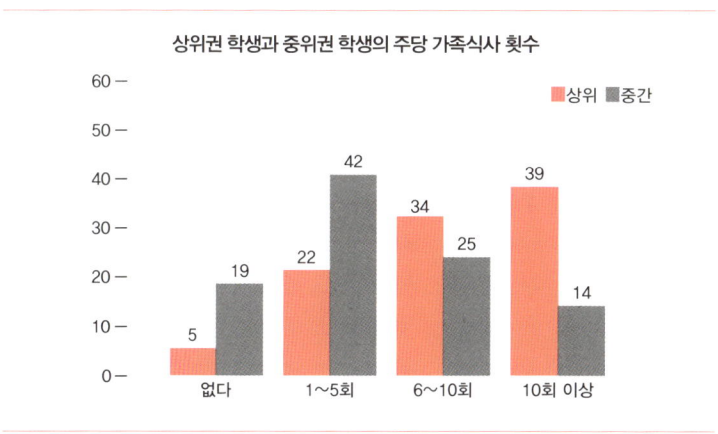

100여 개 중고등학교 전교 1등에게 설문조사를 한 결과 주중 10회 이상의 가족식사를 해왔다는 대답이 40%에 육박하는 것으로 나타난 것이다.

아이들이 학교급식으로 점심을 먹는 것을 고려하면, 주중 10회 이상의 식사란 주말을 포함해 하루에 한 끼는 꼭 가족과 함께 식사를 한다는 것이다. 비교군인 중간성적의 학생들은 14%만이 10회 이상의 가족식사를 한다고 답했다. 가족식사와 학업성적과의 상관관계, 그리고 아이들의 인성 발달, 이것은 과연 우연의 일치일까? 밥상교육에는 어떤 특별한 점이 있어 이런 차이를 만드는 것일까?

함께 생활하는 생활공동체인 가족이 모여 식사하는 가족식사는 가족이라는 개념과 그 유산, 신뢰로 맺어진 공동체를 인식하고 가족애를 강화하는 기회다. 한춘근(한국아동발달연구소 소장)

# 하버드 대학 연구진이 밝혀낸
# 밥상머리의 비밀

**- 연구진을 놀라게 한 식탁 위 녹음기**

    1980년대 미국에서는 저소득층 학생들의 학업 문제에 대한 우려가 컸다. 중산층 이상의 아동이 학업성취도가 높게 나타나는 반면 저소득층 아동은 고교 진학 후 자퇴율도 높았고 학업성취도도 상대적으로 부진했다.

    일부에선 이를 두고 사회경제적인 빈익빈 부익부 현상이 교육에서도 나타난다고 주장했다. 즉 저소득층 아동들은 학교에 들어오기 전부터 학습에 자극이 되는 환경에 노출되는 빈도가 낮고 그것이 학습 부진으로 이어진다는 의견이 지배적이었다.

    하버드 대학 연구진은 이 문제의 해결책을 찾고자 1988년 장기간의 연구를 계획했다. '홈스쿨 스터디'라고 명명된 이 연구의 목적은 취학 전 아동이 가정과 유치원 등에서 습득하는 기술 중 무엇이 읽는 법을 배우는 데 큰 영향을 미치는지를 규명하는 것이었다.

연구진은 3살 자녀를 둔 미국 보스턴의 중·저소득층 85개 가구를 선정하여 아이들의 가정과 어린이집에서 이뤄지는 일상적인 대화를 낱낱이 녹음했다. 연구대상에게는 동일한 책과 장난감이 제공되었고 같은 상황에서 어떤 일이 발생하며 그것이 어떻게 학습능력에 영향을 미치는지 가감 없이 녹음기에 담겼다. 어린이집에서의 교우관계와 교사와의 커뮤니케이션 특징도 차별화되어 분류되었다. 이 연구가 기존의 연구와 달랐던 것은 아이들과 시간을 보낼 수 있는 시간이 한정된 저소득층 가정을 위하여 식탁에도 녹음기를 두었다는 것이다.

### 연구진의 예상을 100% 벗어난 실험 결과

자료 수집 기간만 무려 2년. 엄청난 양의 자료가 수집되었고, 마침내 2년 뒤 3세 아동이 5세가 되었을 때, 이 자료들을 토대로 언어능력이나 읽기능력 시험을 통해 어떤 요인이 언어 발달을 가장 효과적으로 돕는지 상관관계를 밝혔다.

사실 2년 동안 하버드 대학 연구진들의 예측은 명료했다. 저소득층 아이들이 부모와의 대화 빈도가 낮고 학습적 자극이 모자라는 환경에 놓여 있기 때문에 언어능력이 떨어질 것이라는 것, 그리고 아이들의 학습능력을 키우는 데에 효과적인 방법은 아이들이 가지고 노는 장난감과 아이들이 부모와 함께 읽는 책과 연관성이 있으리라는 것이었다.

  그러나 실험 결과는 예상과는 전혀 다른 결과를 내놓았다. 아이의 언어능력은 부모가 중산층이냐 저소득층이냐에 따라 나뉘지 않았고, 장난감(교재 교구)이나 독서 환경으로도 차이를 발견할 수 없었다.

  다른 조건이 같을 때, 아이들의 학습능력의 차이는 가족식사의 횟수와 식탁에서 의견 개진이 활발했느냐, 아니냐에 따라 갈렸다. 저소득층이거나 학습적 환경이 풍부하지 않더라도 가족 식탁에서 보낸 시간이 많은 아이들은 중산층 혹은 학습 자극이 풍부한 아이들의 언어능력을 능가했던 것이다.

  연구진은 보기 좋게 자신들의 예측을 벗어난 이 결과를 두고 가족식사 자리가 책을 읽어주거나 장난감을 가지고 놀아주는 것과 다른 특별한 특징이 있다는 점에 주목하기 시작했다. 일터로 나갔던 부모가 아이들과 함께하는 자리, 가족 식탁에서 아이들의 학습능력을 꽃피우는 기적이 일어나고 있었던 것이다.

## 아이는 식사 중에 가장 많은 어휘를 배운다

  실험 결과를 보자. 아이들이 사용하는 언어를 분석해본 결과, 온 가족이 함께한 식사 자리에서 아이는 다른 어떤 상황보다도 훨씬 수준 높고 다양한 어휘를 구사했다. 이는 전문가는 물론, 아이들과 매일 함께 생활하는 부모들조차 의식하지 못한 것이었다.

당시만 해도 식탁에서의 대화는 가족 간의 유대를 공고히 하기 위한 좋은 수단으로만 여겨졌을 뿐, 학습효과나 언어 발달 측면에 큰 영향을 미친다고는 생각되지 않았다. 아이들의 지적능력은 부모가 따로 시간을 내어 책을 읽어주거나, 장난감 등으로 놀아주거나, 따로 시간을 내어 학습적 대화를 해야 하는 것으로만 인식되었다.

당시 연구에 참여한 털사 대학 다이앤 빌즈Diane E. Beals 교수 역시 교육열이 높은 아버지와 전통적인 교육법, 즉 '읽어주고 대화하는' 습관을 통해 언어능력을 키웠다고 생각하고 있었다.

제 아버지는 항상 무언가를 읽어주시곤 했어요. 그런 후 그 내용을 두고 이야기를 나눴죠. 책이나 성경, 뉴스 기사, 유머를 읽어주시고 대화를 했어요. 이런 일은 여러 가지 상황에서 일어났죠. 아버지가 잠들기 전 침대에서 읽어주시거나 엄마가 차 안에서 읽어주셨죠. 장소에 상관없이 말이지요. **다이앤 빌즈(털사 대학 교수)**

하지만 하버드 녹취록은 전혀 다른 이야기를 하고 있었고, 캐서린 스노Catherine Elizabeth Snow 교수는 그 결과를 매우 놀라워했다. 가족식사를 자주 하고, 식탁에서 활발한 의견이 오가는 가정의 아이는 책을 읽어주는 부모의 아이보다 훨씬 많은 어휘에 노출되고 있었다. 2년의 연구 기간 동안 연구진은 아이들이 사용하는 2,000여 개의 단어를 빠짐없이 녹음했다. 이 중 부모가 책을 읽어줄 때 나온 단어는 140여 개에 불과했지만, 가족식사 중에 나온 단어는 무려 1,000여 개에 달했다.

> 엄마와 아이의 장난감 놀이에서도 흥미로운 어휘가 쓰였고 책 읽기에서도 훌륭한 어휘가 많았죠. 하지만 식사 시간에 가장 많은 어휘가 사용되었어요. 대화도 무척 길었고요. 녹음한 자료들을 분석해 본 결과 식사 시간 대화에서 가장 많은 단어가 사용되는 경향이 있어요. 다이앤 빌즈(털사 대학 교수)

여기서 말하는 '흥미로운 단어'란 3~4세 아동이 일반적으로 알지 못할 법한 단어를 뜻한다. 그런데 녹음 결과 가족식사 중에 이런 '흥미로운' 혹은 '드문' 단어의 목록이 단연코 길었다. 영어 단어이므로 한국어와 다소 차이가 있지만, 소개하자면 '체조gymnastics'에서 '쥐어짜다wriggling'와 같은 단어까지 아이가 사용할 수 없을 법한 단어는 오직 식탁에서만 나왔다.

## 평생 가는 밥상머리 교육: 학습의 매튜 효과

그 후 최초 연구 대상이었던 85개 가구 중, 53개 가구를 추적 조사한 결과는 더욱 놀라웠다. 아이들의 학업성적은 언어능력에 의해 좌우되기 때문이었다. 학업성적의 직접적인 기반은 다름 아닌 어휘력이었다. 공부를 막 시작하는 1학년 때 단어를 더 많이 알고 어휘력이 풍부한 아이는 4~10년 후의 독해력이 훨씬 우수했다.

'글을 뗀다'는 것은 아이가 단순히 알파벳을 소리 내어 읽는 것을 깨우치는 것이 아니라, 텍스트의 의미를 파악하는 것이다. 학습 초창기 가족 식탁에서 단련된 어휘력을 가진 아이는 특별히 읽기 교육을 하지 않아도 학교생활에 빠르게 적응했으며, 일정 단계를 지나 텍스트의 이해를 통한 학습이 주가 될 때까지 두각을 나타냈다.

밥상머리에서 풍부한 어휘를 익혔다는 것은 곧 어휘의 내부 구조에도 익숙하다는 것을 말하며, 이 익숙함은 곧 발표 시간에도 도움이 될 뿐만 아니라, 읽기의 다음 단계인 쓰기의 기초가 되는 것이다. 나아가 이렇게 발전에 발전을 거듭하면서 아이는 읽기와 쓰기를 기초로 다른 영역도 쉽게 습득하게 된다.

하버드 대학 스노 교수는 "3세 정도 때 (가족식사를 통해) 다양한 단어에 노출되는 정도로 6~7세 수준에서 사용하는 어휘를 예측할 수 있으며, 또한 6~7세 때 사용하는 어휘는 평생의 텍스트 이해도를 짐작할 수 있는 좋은 자료"라고 말한다. 아이의 평생을 결정할 학업능력의 여부가 결국 어린 시절의 가족식사에서부터 판가름난다는 것이다.

물론 아이가 대화를 통해 어휘를 습득하는 기회가 오로지 가족식사 시간에만 있는 것은 아니지만, 유아 시절의 일상생활 속에서 가장 많은 대화가 오가는 시간이 가족식사 시간인 것만은 분명하다.

**학습의 매튜 효과**

하버드 대학 캐서린 스노 교수에 의하면 아이의 어휘력은 어느 시점이 되면 대화가 아니라 독서를 통해서 발달하게 된다고 한다. 이때 아는 단어가 적어 독서를 어려워하는 아이는 그만큼 텍스트에 대한 이해도가 떨어지고 그것이 결국 학습부진으로 이어진다. 반면 가족식사 중에 다양한 단어를 익혀 어휘력을 키운 아이는, 이를 기반으로 독서 능력을 키우고 그것이 곧 텍스트의 이해도를 높여 결국 학업 성적이 뛰어나게 되는 것이다. 이것이 바로 가족식사가 주는 학습의 매튜 효과다.

아이들이 읽는 법을 배울 때 단어의 의미를 모릅니다. 이때 단어를 아는 아이들은 구어와 문어의 관계를 이해하는 데 어려움이 덜하죠. 알파벳이 작동하는 방식을 분석하는 데 사용할 자료(단어)들을 더 많이 가지고 있기 때문입니다. 즉 단어를 많이 아는 아이는 읽은 것의 내용을 더 잘 파악하고 알파벳 구조의 작동을 더 잘 이해할 수 있습니다. 캐서린 스노(하버드 대학 교수)

가족식사를 통해 풍부한 단어에 노출될 기회가 많은 아이가 결국 학업성적도 우수해진다는 것, 즉 가족식사는 아이의 학업과 인생 전반을 예측하는 지도를 그려준다는 것이 캐서린 스노 교수의 주장이다. 그는 "어휘력이 부족한 채 학업을 시작하는 아이는 추후 별도의 도움이 필요하며, 그 아이들에게 학습의 기본이 되는 읽기능력을 키우는 일이 결코 쉽지 않다"고 강조한다.

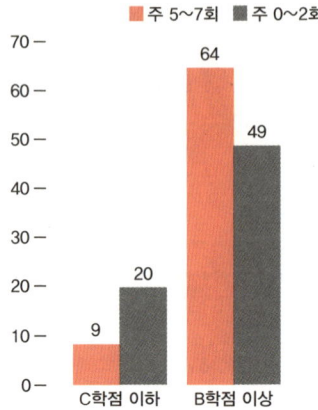

콜롬비아 대학 약물오남용 예방센터(CASA)의 연구 결과에 따르면, A~B 학점을 받는 학생은 C 학점 이하를 받는 학생에 비해 주당 가족식사 횟수가 현저히 높았다 (주당 가족식사 횟수 0~2회의 경우 6배, 5~7회의 경우 12배). 대상: 12~17세 청소년 1,000명 / 조사 내용: 주당 가족식사 횟수 / 조사 기간: 2009.03.02.~ 2009.04.05.

　학업성적이 우수한 7살에서 11살의 120명 남녀 어린이를 조사한 일리노이 대학교의 연구 결과는 그들의 공통점이 가족식사를 하는 데 많은 시간을 할애한다는 것을 보여주고 있다. 편모, 결손 가족이라도 가족식사를 하는 학생들의 성적이 더 우수하다는 결과가 나오기도 했다.

　3~5세에 가족의 밥상머리에서 길러진 교육 효과는 초등학교를 졸업하고 우리나라의 중학교 격인 7학년에 진학할 때까지도 계속되는 것으로 나타났다. 안타깝게도 아이들이 상급학교로 진학한 후 가족의 경제력 여부, 가족식사의 지속 여부 등과 관련된 변수가 생기면서 연구는 더 이상 학습효과와 가족식사 간의 유의미한 연관성을 찾아내진 못했다.

　하지만 최근까지 지속된 미국의 CASA 연구 결과에 따르면, 주

5회 이상 가족식사를 하는 가족의 청소년은 A학점을 받을 확률이 높고, C학점 밑을 받을 확률은 1.5배나 적다. 특히 청소년 음주, 마약 문제가 심각한 미국에서 가족식사를 하는 것만으로도 아이의 비행률은 절반으로 줄어든다. 학업성적 향상은 물론이고, 자녀를 유해 환경으로부터 지키는 가장 확실한 방법이 가족식사인 셈이다.

# 하루 20분 가족식사가
# 아이의 미래를 바꾼다

그렇다면 아이가 식탁에 앉는 순간부터 시작되는 가족식사의 기적은 어떻게 일어나는 것일까? 당시 연구에 주축이었던 다이앤 빌즈 교수는 본래 읽기 교육으로 석사학위를 딴 언어교육 전문가다. 그러나 1988년 연구 이후 그는 가족식사 대화로 연구 논문을 쓸 만큼 밥상머리의 교육적 효과에 관심을 기울이게 됐다. 그는 자주, 활발하게 밥상 대화에 참여하는 아이들이 뛰어난 언어 능력(훗날 학습능력으로까지 이어지는)을 보이는 이유를 찾고자 각 가정의 식탁에 놓였던 녹음기들을 다시 꺼내 들었다. 가족식사와 아이의 언어능력 신장과의 상관관계를 염두에 두고 대화 내용을 다시 분석해본 결과, 책을 읽어주거나 장난감으로 놀아주는 등 아이의 언어능력을 키워준다고 믿었던 방법들과의 차이점이 확연히 드러나기 시작했다.

## 집중력을 강화하는 결정적 20분

가족식사 자리에서는 아이와 어른이 대화하기가 비교적 쉽다. 3세 유아가 혼자 식탁을 지키는 경우는 극히 드물뿐더러, 아이가 의도하든 의도하지 않든 적어도 식사를 마칠 때까지는 어른과 아이가 함께할 수밖에 없기 때문이다.

미국에서 진행된 연구를 보면 가정마다 식탁에서의 대화 시간은 2~45분까지 꽤 큰 차이가 있었지만, 분석 결과 평균적인 식사 시간은 20분 정도였다. 그런데 이 20분은 바로 3세 유아가 한 가지 대상(혹은 사건)에 최대한 집중할 수 있는 시간과 일치한다. 다시 설명하자면 아이는 흥미를 끌 만한 무언가를 발견했을 때 무서운 집중력을 발휘하는데, 3세 유아는 식사 중 대화에 흥미를 느끼면 20분간 최대한의 집중력을 발휘하는 것이다.

이는 부모가 책(아이가 제일 흥미 있어 하는)을 읽어주는 시간과도

**가족식사가 아이의 어휘력을 키우는 이유**
털사 대학 다이앤 빌즈 교수에 의하면 가족식사 중의 대화를 통해 아이의 어휘력이 급격히 성장하는 까닭은 아이와 어른이 함께하는 가족식사 중의 대화가 '예측할 수 없기 때문'이라고 한다. 아이는 부모와 함께하지 않았을 때 일어난 일을 이해시키려고 '설명'을 하게 되고, 그 과정에서 대화는 예측이 불가능한 방향으로 발전한다.

비슷했다. 하지만 같은 집중력을 보이더라도 책 읽기가 부모의 일방적인 어휘에 노출되는 것에 비해, 가족식사에서는 아이가 자발적으로 부모와 이야기를 할 기회가 더 많았다. 책을 읽어줄 때는 아이의 관심도가 떨어질 때에도 부모가 일방통행적인 읽기를 하는 반면, 밥상머리에서의 대화는 기본적으로 대화로 이뤄지기 때문에 아이의 관심을 잡아놓을 수 있었던 것이다.

20분이라는 짧은 시간 동안 아이는 대화를 통해 집중력을 계속 발현하고, 20분간 집중하는 데 익숙해진 아이는 그 뒤 최대 집중 시간을 점진적으로 늘려갔을 것이 자명하다. 결국 그 어떤 교재 교구 혹은 책보다도 가족식사 시간이 아이의 집중력을 키우는 명약인 셈이다.

## 담화식 대화 VS 설명식 대화

언어능력이 또래보다 월등했던 아이의 식탁 녹취록을 살펴보던 다이앤 빌즈 교수는 또 한 가지 놀라운 사실을 발견했다. 과거에는 눈앞에 있는 상황이나 방금 겪은 사건을 그대로 이야기하는 담화narratives가 아이의 언어능력을 키우는 데 직접적인 연관이 있다고 믿었었다. 그러나 최근 연구 결과에서, 현재 상황을 화제로 삼지 않고, 지난 일이나 미루어 짐작할 수 있는 일을 논리적으로 말하는 설명식 대화explanatory talk가 아이의 어휘력, 더 나아가 학업 성취도를 높인다는 것을 발견한 것이다.

담화는 오래 지속된다는 장점이 있지만, 아이가 자주 구사하는 흔한 단어들로 이루어진다. 하지만 설명식 대화에는 상황을 설명하는 데 일상적이지 않은 단어가 다양하게 등장한다. 일상적이지 않은 상황을 설명하려면 여러 가지 어휘가 필요하게 마련이고, 제대로 된 어휘를 구사하려면 단어에 대한 정의를 내리는 것은 물론 연관 단어와 표현법까지 구사해야만 한다. 설명식 대화에 필요한 이 모든 과정을 아이는 식사 시간을 통해 습득하는 것이다.

만일 아이가 놀이터에서 일어난 일을 엄마에게 말한다면 열심히 그 상황을 설명하지 않아도 됩니다. 엄마가 거기서 아이를 지켜봤기 때문이죠. 하지만 거기에 없었던 아빠에게 말하려고 한다면 애를 써서 설명을 해야 할 것이고 더 긴 토론이 되기 쉽죠. 따라서 어른과 함께 하는 식사 시간에는 단순한 담화가 확장되어 아이의 어휘력을 키우는 설명식 대화가 이뤄지게 됩니다. **캐서린 스노(하버드 대학 교수)**

## 식탁 앞, 아이의 말문이 터지기까지

어느 아이든 처음 말을 배울 때는 듣고 이해는 하지만 말하지는 못하는 과정을 거친다. 어린아이가 모국어를 배우기까지 '듣기 활동'을 하는 시간은 무려 약 5,475시간(3년×5시간×365일)에 이른다. 그만큼 충분한 듣기로 언어의 체계와 구조, 언어 감각을 내재화하지 않으면 자연스럽게 말하기가 어렵다.

그런 의미에서 다양한 대화가 오가는 가족식사 자리는 아이로 하여금 충분히 들을 기회를 제공한다.

아이는 엄마와 아빠가 서로 일상적인 대화를 주고받는 것만으로 엄청난 양의 듣기 활동을 할 수 있다. 특히 그 과정에서 새롭게 듣게 된 낯선 단어는 아이의 호기심을 크게 자극한다. 부모의 모든 것을 자신과 동일시하는 어린아이는 부모가 구사하는 낯선 단어에 큰 매력을 느끼고 추론과 상상을 통해 자기 나름대로 단어에 대한 정의를 내린다. 또한 이렇게 단어를 듣고 내재화하여 축적하는 일련의 과정은 곧 아이의 말하기능력으로 이어져 어느 순간 아이의 말문을 트이게 한다. 듣고, 체화하여, 이해하기까지의 과정, 이는 밥상머리가 가져오는 교육 효과의 비밀이기도 하다.

아이가 처음 어휘를 쌓아가는 과정을 살펴볼 때, 흥미로운 점은 굳이 단어를 말하지 않아도 어휘를 습득할 수 있다는 사실이죠. 어른들의 일반적인 상식과 달리 말하기 전에 충분히 듣는 것이 어휘 습득의 기반이 됩니다.

3세 정도 아이에게는 얼마나 많은 어휘를 사용해서 말하는가보다, 주변 가족을 활용하여 얼마나 많은 어휘에 노출되는가가 더 중요합니다. 결국 아이의 초반 어휘력 향상에 중요한 것은 언어적인 환경입니다. **다이앤 빌즈(털사 대학 교수)**

# 언어 발달의 촉진제, 설명식 대화

– 밥상머리에서 무슨 일이?

앞서 밝힌 바대로 하버드 대학 연구진의 녹취록에는 최소 2분에서 45분까지 가족들의 대화가 지속된다. 극단적으로 2분간 지속된 가정의 경우 "앉아라", "콩을 먹어", "접시 여기 있다", "손 씻어야지" 등 식사 관리용 대화만 진행되기도 했다. 그러나 식사 시간이 평균 20분 정도 지속되는 가족식사에서는 이런 단답식 대화가 진행되는 경우가 5%에 지나지 않았다. 그 대신에 상세한 묘사가 들어간 대화detailed conversation가 80%에 이르렀다. 앞서 언급했듯 상세한 묘사, 즉 설명식 대화는 아이가 처음 듣는 단어와 표현이 가득한 학습의 보고다.

한번 당신 가정의 식탁에 녹음기를 놓아보자. 식사 중에 실제 일어나는 대화는 단편적일 수 있다. 하지만 과연 이 정도로 아이가 얼마나 많은 어휘를 습득하고 언어 발달을 이룰까 하는 의심은 접어두기 바란다. 의식하지 않더라도 밥상머리에서의 대화는 자연스럽게 당신을 훌륭한 언어교육자로 만들어준다.

그 이유는 대략 세 가지로 요약된다. 첫째, 식탁에서는 의도하지 않아도 화제가 풍부할 수밖에 없고, 둘째, 각기 다른 연령대의 가족구성원이 한데 모이기 때문에 대화 자체가 다양해질 수밖에 없으며, 셋째, 식탁에서 생기는 돌발 상황이 또 다른 이야깃거리를 불러오기 때문이다. 이에 대해 구체적으로 알아보자.

### 식탁 위의 화제가 풍부한 이유

식사 시간 대화에선 어떤 화제라도 나올 수 있었죠. 지난주에 놀이동산에 갔던 일, 지금 먹는 완두콩 이야기도요. 다른 상황이라면 나오지 않을 법한 화제들이 저절로 나타나는 거예요. **다이앤 빌즈(털사 대학 교수)**

아이에게 대화를 하자는 의도로 "할 말 없니?"라고 묻는다면 어떤 대답이 나올까. 십중팔구 '별일 없다'는 식의 심드렁한 대답이 나올 것이다. 하지만 식사 시간에서만큼은 눈앞에 있는 완두콩을 먹기 싫어하는 아이를 설득하기 위한 부모의 노력이 시작된다.

부모 대부분은 아이의 편식을 고치려고 밥상에서 최선을 다한다. 아이에게 완두콩이 채소legume라는 것을 알려주고, 다음에는 왜 채소를 먹어야 하는지까지 애써 설명할 것이다. 다시 말해 거창한 화젯거리가 없더라도, 한 가지 주제를 두고 자연스럽게 설명식 대화할 수 있는 자리가 바로 밥상머리다. 실제로 45분간의 가족식사 시간을 사수한다는 한 엄마는 가족식사의 대화 주제를 이렇게 설명한다.

> 굳이 어휘력을 늘리겠다는 의도가 없어도 아이들에게 자세한 설명을 하게 되는 것이 바로 식탁의 힘이에요. 달걀이 식탁에 올라오면 자연스럽게 닭에 대해 이야기하게 되죠. 닭이 어떻게 생겼고 무엇을 낳는지, 채소를 어디에서 재배하고 슈퍼마켓 안 어디에 있는지, 채소의 어떤 점이 좋고 싫은지 얘기하죠. 그리고 저희가 붐비는 거리에 살기 때문에 소방차가 자주 지나다니는데, 그럼 자연스럽게 그 이야기를 하게 되죠. 무슨 사고가 났는지 추측도 하고요. 두 아이(36개월, 17개월)의 엄마 제나 시몬스

취재진이 미국에서 만난 『가족식사의 힘The Surprising Power of Family Meals』의 저자 미리엄 와인스타인은 거창한 화젯거리를 찾느라 골머리를 앓기보다는 먼저 눈앞에 둔 음식 이야기부터 시작하라고 조언한다. 음식이 좋은지 싫은지, 아니면 요리가 좀 달라졌다는 식의 가벼운 대화부터 시작하라는 말이다. 그러다가 하루 동안 겪은 일에 대해 조금씩 이야기를 꺼내는 것이 요령이라고.

미리엄의 경험을 빌자면 그녀의 아들은 학교를 좋아하지 않아 가족식사 중에 학교 이야기를 꺼내는 것 역시 좋아하지 않았다고 한다. 그래서 그녀는 아들이 좋아하는 친구 이야기나 자동차 이야

기를 많이 했다. 이야기에 흥미를 느낀 아들은 엄마가 무슨 차를 사야 할지를 두고 1년에 걸쳐 식사 시간마다 그녀를 설득시켰다고 한다.

## 공통의 경험으로 이해력을 높인다

가족식사는 각기 다른 연령층이 한데 모이는 자리다. 다른 연령층의 가족구성원이 한자리에 모이기 때문에 대화 자체가 풍부해질 수밖에 없다. 흔한 예로 하루 일과를 말할 때를 생각해보자.

부모가 "오늘 어린이집에서 뭘 했니?"라고 물을 때 아이는 "친구들이랑 놀고, 공부하고…"라고 어제와 다를 게 없이 똑같은 대답을 한다. 이 경우 부모 대부분이 실망한다.

하지만 부모가 무심코 오늘 하루 겪은 일을 말하는 경우를 생각해보자. 이 경우 미취학 아동은 생경한$_{rare}$ 단어를 듣게 되고, 아이는 이렇듯 생경한 단어가 나오면 그 단어에 대해 생각하고 기억하게 된다. 아이에게는 생경한 단어 자체가 도전 과제이기 때문이다.

이렇듯 아이는 어른과의 대화를 통해 또래에게서 듣지 못한 단어와 표현에 노출된다. 단순한 어른이 아니라 친밀도가 높은 가족의 경우 노출 효과가 더욱 크다. 바로 가족만이 갖는 공통의 경험이 생경한 단어에 대한 이해력을 높이기 때문이다.

하버드 대학 연구진의 녹취록에서 '비디오테이프'라는 단어를 가족 식탁에서 처음 들은 3세 여아가 있었다. 만약 아이와 아무런 공통 경험이 없는 어른이라면 아이에게 '비디오테이프'라는 단어를 어떻게 설명할지 몰라 당황하거나 사전에 나오는 설명을 찾아 고심했을 것이다.

그러나 아이와 함께 비디오테이프 대여점에 갔었던 아버지는 손쉽게 단어를 설명해줄 수 있었다. '알라딘' 비디오테이프를 빌리려고 아이와 함께 비디오 대여점에 갔던 기억을 떠올린 것이다. 아이 아버지는 아이의 기억을 환기시키는 것만으로 비디오테이프가 어떻게 생긴 물건이며 어떤 용도로 쓰이는지 가르쳐줄 수 있었다.

## 다양한 화제가 도출되는 식탁의 돌발 상황

아이에게 세상은 무한한 호기심의 대상이다. 아직 세상 경험이 부족한 아이에게 '뻔하거나 당연한' 일은 없다. 따라서 어른에게 단순하고 일상적인 사건도 아이에게는 여러 가지 다양한 화제가 도출되는 소재가 된다. 식탁에서 일어나는 작은 돌발 상황도 아이에게는 진지한 이야깃거리가 되는 것이다. 하다못해, 식사 중 들린 천둥소리 하나가 아이에게는 훌륭한 언어 교육 자료가 된다.

단 이것이 가능해지려면 가족들의 적극적인 참여가 필요하다. 알렉스는 2000년 하버드 연구의 성공 사례로 신문에 소개될 정도로 학업성적이 뛰어난 학생이었다. 연구가 시작될 무렵부터 이미 또래보다 뛰어난 어휘력과 표현력을 가지고 있었는데, 연구 당시 알렉스의 가정에서는 식사 시간에 활발한 대화가 이뤄지고 있었다.

하지만 알렉스가 식사 시간 내내 떠든 것은 아니다. 평균 45분간 지속된 가족식사 대화를 보면 알렉스가 포함된 대화 시간은 불과 10여 분에 지나지 않는다. 하지만 가족식사 대화를 보면 알렉스가 어떻게 이런 능력을 갖출 수 있었는지 알 수 있다.

다음은 가족식사 중에 오갔던 대화 내용을 실제로 녹음한 것이다. 가족들은 하루 동안 있었던 일을 서로 이야기 나눈 후, 식사를 마치고 무엇을 할지 계획을 세우는 중이다.

알렉스 공원에 가고 싶어요.
엄마 비가 와서 갈 수 없단다.
알렉스 생선가게에 갈래요.
엄마 비가 와서 갈 수 없어.
할머니 우비도 없잖니.
알렉스 생선가게로 뛰어가면 돼요. 그리고 집으로 다시 뛰어오면 돼요.
엄마 그래. ❶
(천둥소리)
알렉스 (천둥소리를 들은 듯) 빨리 뛰면 번개를 피할 수 있어요. 번개보다 빨리 뛰면 돼요. ❷
할머니 '천둥'이 뭔지 아니?

알렉스 예, 천둥 번개…. (천둥과 번개는) 어떻게 생기는 거예요?

할머니 번개가 치는 날은 천사가 위층에서 볼링 치는 날이야. 천둥과 번개는 천국에서 생기는 거고. 아주 시끄러워서 이 밑에서도 들린단다. ❸

엄마 동화책에서 봤잖니. 천둥이랑 번개는….

할머니 (엄마에게) 다른 이야기를 하는구나.

할아버지 알렉스, 번개는 구름 속의 에너지란다. ❹

알렉스 (전혀 다른 생각이 난 듯) 천둥과 번개를 보고 놀란 적이 있어요. 노란색 불빛이 보여서 이불로 숨었어요.

할아버지 (알렉스의 말을 받아주며) 이불 속에 숨었니? ❺

첫 상황에서 알렉스는 식사 도중 공원과 생선가게에 가겠다고 땡깡을 부린다. 보통의 3세 아이들과 다를 바 없다. 이때 엄마는 아이에게 갈 수 없는 이유를 설명한다. ❶의 대화에서 알렉스는 인과관계를 알게 된다. 자신이 평소처럼 공원에 나갈 수 없는 이유가 '비' 때문이며 '우비'도 없어서 오늘은 외출을 할 수 없다고 설득당하는 상황으로 이어진다.

알렉스는 어린아이다운 해결책을 내놓지만 마침 들리는 천둥소리 때문에 아이의 주의가 환기된다. ❷에서 보듯 알렉스는 번개라는 단어를 이미 알고 있다. 알렉스가 번개라는 단어를 안다는 사실을 깨달은 어른들은 연관 단어인 '천둥'이란 단어를 추가시켜준다. 천둥과 번개에 대한 재미있는 이야기narrative, storytelling❸와 사실적이고 과학적인 이야기가 이어진다❹.

이 과정에서 아이는 '에너지'라는 또 다른 단어에 노출된다. 아이가 이 이야기를 모두 이해하는 것은 아니다. 과학적 설명에 흥미를 느끼지 못한 아이는 자신이 인지하고 있는 범위 안에서 천둥과 번개에 대한 자신의 경험을 이야기하며 일상 대화의 범주로 돌아온다.

하지만 그런 아이를 붙잡고 과학적인 설명을 늘어놓기보다는 아이의 말을 유심히 들어주고, 문법적인 오류를 교정해주는 것으로 끝을 맺는다❺. 여기서 주목할 것은 가족식사에 참여한 구성원들이 아이의 어휘력을 위해 특별히 어려운 단어를 사용하지는 않지만, 아이의 눈높이에 맞춰 동화적인 이야기를 해주다가도 사실적인 상황까지 어른들의 용어를 사용해 아이를 생경한 단어에 여러 번 노출시킨다는 것이다.

## 아이에게는 '나홀로' 밥상, 한국의 가족식사

그렇다면 아이와 함께하는 한국의 가족식사는 어떨까? 한국에서도 3살짜리 아이가 혼자 식탁을 지키는 경우는 드물다. 하지만 취재 결과 실제로는 아이 혼자 밥상에 앉아 있는 것과 다를 바 없었다. 다음은 취재진이 만났던 경열이(5세)와 경윤이(3세)네 밥상 대화다. 이 가족은 늘 시간에 쫓기는 탓에 아침에 아이들의 식사를 따로 차려준 뒤, 엄마는 뒤늦게 식사를 한다. 아이들의 식사 시간은 15분간 지속되었다.

엄마 자, 밥 먹자 경윤아. 이경윤 밥 먹어. 우리 경윤이 나물도 먹어요.

경윤 이거.

엄마 여기 달걀요. 자, 일단 먹고.

(경윤이가 밥을 뱉자)

엄마 왜? 너 나물 때문에 그러는 거지?

경윤 안 먹을 거야.

엄마 뭐를 안 먹을 거야? 나물?

경윤 응.

엄마 나물 안 먹으면 키 안 커. 나물 먹어야 해. 경윤아 조금씩 먹어보자.

(인상을 구기는 경윤이)

엄마 경윤이는 그럼 김치랑 줄게.

(경열이에게) 김치에다가 멸치에다가. 씹어. 멸치야 멸치.

(TV를 보면서 밥을 먹는 아이들)

경열 엄마, 나 지금 TV 보면서 씹고 있잖아.

엄마 아. TV 보면서 씹고 있다고?

(경윤이 밥상을 벗어나고)

엄마 경윤아 얼른 와. TV 꺼야겠다. 경윤이 자꾸 밥 안 먹고 TV만 보잖아.

엄마 경열이는 다 먹은 거니?

경열 응. 아, 국이 남았어.

아이들에게 밥을 먹이려는 엄마의 사투는 15분 만에 끝이 났다. 대화 내용을 보면 알 수 있듯, 대화량도 많지 않지만 식사 중의 대화는 엄마의 원맨쇼에 가까울 만큼 아이들의 응답이 없다. 문제는 아이들의 관심을 빼앗은 TV만화영화였다. 아이들은 만화영화에 주의를 빼앗겨 엄마와의 대화 시간을 잃어버렸고, TV만 보는 아이들에게 어떻게든 밥을 먹이려는 엄마가 사용하는 어휘는 너무 단순하다.

"~을 먹어라", "얼른 와라" 등의 단답형 언어를 '관리용 대화'라고 한다. 더 심각한 것은 아이들의 밥투정이 심해 매일 식사 시간이 비슷한 내용의 대화로 채워지고 있다는 점이다. 오직 영양 섭취만을 위한 가족식사일 뿐 아이의 언어 발달에 도움이 되는 요소는 그 어디에서도 찾을 수 없다.

같은 취재 대상이었던 황성진 씨의 가정도 상황은 마찬가지다. 엄마는 아이들의 식사를 관리만 할 뿐 함께 식탁에 앉지 않는다. 약 10분간 가족식사를 녹음한 파일에서 들리는 목소리는 출근 준비를 하면서 식탁을 점검하는 엄마의 목소리뿐이다.

**엄마** 민준이 조금 더 먹어. 엄마가 미역국 줄게. 민준이가 이거 따랐어, 물?

**민준** 네.

**엄마** 고마워.

**엄마** 김치 하나도 안 먹니? 얼른얼른 먹어. 김치 안 먹으면 시금치라도 먹어.

**엄마** 뭐라고? 목에 또 걸릴 것 같다고? 꼭꼭 씹어서 밥이랑 삼키면 돼.

**엄마** 잘 먹네. 잘 먹으면서 그래.

**민준** 맛없어요.

**엄마** 원래 맛이 없어도 먹는 거야. 어떻게 맛있는 것만 먹니?

**엄마** 물 좀 다 먹어. 남기지 말고.

아이들끼리 지키는 식탁에서 가족식사의 마력은 증발되고 만다. 두 가족 모두 아이들의 영양섭취를 염려해 밥상을 차리느라 혹은 밥 한 술 더 먹이느라 가족이라는 이름으로 함께하는 식사는 뒷전으로 미루고 있었다.

가족식사가 아이에게 제 가치를 발현하려면 어떤 반찬을 준비할 것인가에만 급급할 것이 아니라 한 걸음 떨어져 생각하는 여유가 있어야 한다. 단 몇 분이라도 함께 앉아 식사를 하며 아이와 함께 어떤 대화를 나눌지 곰곰이 생각해보아야 한다는 뜻이다. 부모의 역할은 부모 자신이 자각하는 것보다 훨씬 중요하기 때문이다. 다음에서는 식탁에서 부모의 존재가 얼마나 중요한지를 설명할 것이다.

# 하버드 대학 교수들이 말하는 가장 좋은 조기 교육

– 독서 vs 밥상 대화

한국의 경우 초등학교에 입학하기 전 학습을 따라가기 위해 아이가 꼭 알아야 할 단어가 15,000개에 이른다고 한다. 말을 익히는 아이가 하루에 습득하는 단어가 평균 28개 정도라는 연구 결과를 보면, 어린 시절 오랜 기간에 걸쳐 어휘력을 늘리는 것이 향후 학습에 얼마나 중요한지를 알 수 있다.

아이의 어휘력 향상을 위해 부모가 가장 중요하게 생각하는 것이 바로 독서다. 아이에게 책을 읽어주는 것이야말로 부모가 할 수 있는 좋은 교육의 표상인 양 각인되어 있기도 하다. 실제 발달 연령별로 기획된 아동용 도서는 적정 수준의 단어와 단순한 문장으로 아이의 이해를 돕고, 상상력을 자극할 뿐 아니라 이야기 구조도 자연스럽게 이해할 수 있도록 구성되어 있다.

그러나 그냥 단순하게 책을 읽어주는 것은 사실상 오디오북과 다를 바 없다. 잘못하면 '소귀에 경 읽기' 식으로 아이의 학습 동기마저 떨어뜨릴 우려도 있다. 또한 어린아이는 부모가 책을 읽어주면 자기가 좋아하는 책 한 권을 반복해서 읽어달라고 할 때가 종종 있는데, 이 경우 아이는 어느 특정 분야의 어휘는 전문가를 능가할 정도로 구사하게 되지만 다른 분야의 어휘는 또래보다 오히려 떨어질 가능성이 있다.

이때 전문가들이 제안하는 것은 바로 '대화식 책 읽기'다. 중간중간 아이에게 질문을 던져 아이가 이야기의 전개를 이해하고 있는지, 그에 대한 아이의 느낌은 어떤지 말을 하도록 유도하는 것이다. 이는 책에 대한 아이의 흥미를 유지시키면서, 한 가지 주제에 지나치게 집착하는 상황을 방지해준다.

따라서 아이에게 책을 읽어줄 때 어떤 질문을 받는다면 아무리 사소한 것이라도 최대한 성의 있게 대답해주어야 한다. 이를 '설명식 대화'라고 부른다. 책을 읽어주면서 '설명식 대화'를 병행할 때 아이는 좋은 독서 습관을 기를 수 있을 뿐 아니라 언어 발달에도 큰 도움을 얻을 수 있다.

> 엄마와 아이가 함께 책을 읽는다고 가정합시다. 엄마가 책을 읽어주기만 하면 아이의 어휘력은 달라지지 않습니다. 하지만 책을 읽어주고 나서 아이에게 질문을 하고, 맘에 들었던 점을 이야기하게 하고, 다음에 생길 일을 예상해보게 하는 엄마는 책 읽기를 진정한 토론으로 발전시키게 되죠. 그런 과정을 거친 아이는 어휘력이 풍부해질 가능성이 매우 큽니다. 캐서린 스노(하버드 대학 교수)

## 식사 중에 이루어지는 확장담론

하지만 아무리 책을 읽어주는 기술이 뛰어나더라도 아이의 흥미를 계속 유지하는 게 쉬운 일이 아니다. 부모의 교육 정도와 시간적 여유, 책을 읽어줄 만한 환경 등 여러 가지 요인이 작용하는 것도 사실이다.

전문가들이 책을 읽어주는 것보다 밥상머리에서의 대화에 더 큰 의미를 두는 것은 효과적인 측면뿐 아니라, 부모의 교육수준이 높고 집안 환경이 사회경제적으로 우위에 있을 필요가 없다는 유쾌한 전복에 있다.

하버드 대학 연구에서 빈곤층 아이들이 조건에 따른 불이익을 받지 않는 유일한 장소로 꼽은 것은 지위 고하나 빈부 차이를 막론하고 온 가족이 둘러앉을 수 있는 가족 식탁이었다.

오히려 중산층 이상의 아이들이 여러 가지 과외 활동과 외식, 스포츠 관람 등에 치중할 때, 호화로운 레스토랑에서 외식을 하며 식당의 음식 이야기에만 집중할 때, 저소득층 아이들은 가장 편안한 공간인 식탁에서 부모의 하루 일과에 대해 듣고 질문하며 언어 발달을 이룬다.

저녁 식탁에서 아빠가 오늘은 뭘 했느냐고 물었을 때, 그날 소방관이 유치원에 왔었다면 아이는 소방관이 등에 멘 탱크에 대해서 이야기할 것이고 아빠는 그 탱크 속에 무엇이 들어 있는지를 물을 것입니다.

그러면 가족들은 산소에 대해, 소방관에게 산소 탱크가 필요한 이유에 대해, 호흡에 산소가 필요한 이유에 대해 이야기하게 될 것입니다.

아이는 그렇게 예측 불가능하게 등장한 새로운 주제에 대해 흥미로워할 것입니다. 캐서린 스노(하버드 대학 교수)

이렇듯 꼬리를 물고 아이가 사용하는 어휘의 범주 밖에 있는 새로운 단어와 표현, 때로는 어른들이 아는 상식까지도 자연스럽게 등장하는 대화를 '확장담론'이라 부른다. 이때 아이는 낯선 언어에 노출될 뿐 아니라 이를 거부하지 않고 자연스럽게 받아들인다.

캐서린 스노 교수는 2~4살의 어린아이에게 과중한 언어학습 커리큘럼이 필요할 것이라는 생각을 버리라고 조언한다. 수년간에 걸친 추적 연구 결과, 특별한 언어 학습 없이 그저 어른들과 재미있는 대화를 나누기만 해도 아이들은 중고등학교에 이르러서도 뛰어난 언어능력을 보였다고 한다. 아이들은 밥과 함께 어휘와 세상에 대한 지식을 소화시키는 것이다.

## 모방심리의 놀라운 효과

가족식사 시간에 꼭 아이만을 위한 대화를 할 필요는 없다. 앞서 지적했듯 밥상머리에서의 대화는 화제가 무궁무진하다. 직장에서 돌아온 부모가 일터에서 생겼던 일을 나눌 때, 아이들은 그

속에서 실제 생활에서 생생하게 쓰이는 단어와 표현을 배운다. 책을 통해 배우는 문어와 실생활에서 쓰이는 구어 중 어떤 말이 아이가 말을 익히는 데 더 효율적일지는 두말할 필요가 없다. 열 번 보는 것보다 한 번 겪는 게 낫다는 속담도 있지 않은가.

밥상머리에서 쓰는 부모들의 대화가 아이의 언어 발달에 지대한 영향을 끼치는 데는 부모에 대해 아이들이 가진 동경, 즉 모방심리의 힘이 크다. 아이에게 엄마 아빠는 아이돌 스타 못지않은 우상이기 때문에, 부모의 말투와 어휘를 모방하고, 일상에서 그 표현을 적용한다. 엄마의 사소한 말버릇, 아빠의 옷 벗는 버릇까지 안 좋은 버릇이라도 그대로 따라 하는 것이다. 부모의 모든 것을 따라 하려는 모방심리는 식사 중에 나오는 어휘에 대한 아이의 집중력을 키운다.

그러므로 이미 허리를 펴고 식탁에 앉은 아이에게 어린아이의 말투로만 대할 필요는 없다. 아이는 자신이 모르는 이야기가 궁금하면 질문을 할 것이고, 그 상황을 이해하면서 새로운 단어와 표현을 익힌다. 그저 성장기 특성상 일어나는 문법적 오류를 되물어 올바른 문법으로 고쳐 말해주면 된다.

(가족식사를 하는 중에) 다른 방식의 단어나 말하는 법에 노출되면서 배우게 되는 거예요. 특정 표현을 활용하는 친구와 같이 지낼 때, 아이가 그 친구가 하는 말을 따라 하는 것도 같은 맥락이지요.
그런데 친구의 말을 배우는 것이 단순한 '따라 하기Imitation'라면 부모의 말을 배우는 것은 '모방Emulating'이라고 봅니다. 아이는 부모의 모든 것을 절대적으로 받아들이려고 합니다. 그래서 부모의 모든 것에 동참하려고 하고 더욱 주의를 기울이죠. 다른 상황에서라면 몰랐을 단어라도 부모와 관계된 단어는 어떻게든 알려고 합니다.

다이앤 빌즈(털사 대학 교수)

## 단어 하나가 추론력으로 발전하기까지

하버드 대학 연구진 녹취록에 남겨진 다음의 대화를 보자. 가족의 저녁식사는 처음엔 3세 여아를 탁아소에 데려다주는 문제에 대해 의논하기 시작한다. 처음엔 부모가 데려다주겠지만 내년부터는 언니가 데려다줄 수도 있겠다는 의견이 나오자 3세 여아는 강력히 반발한다.

3세 여아 언니는 운전을 할 줄 모르니까 언니랑 같이 차에 타고 싶지 않아.
언니 16살이 되면 운전면허를 딸 거야. 그럼 (너도) 언니가 운전하는 차를 탈 수 있어.

면허에 대한 이야기는 여기서 끝이 났지만 아이는 며칠 후에도 면허에 대한 이야기를 꺼낸다. 아무도 '면허'라는 단어의 뜻을 알려주지 않았는데도 면허가 '운전할 수 있는 능력'이나 '운전해도 되는 나이'와 관계가 있다는 것을 알게 된 것이다. 아이는 자신과 가장 가까운 가족들 간의 대화를 듣고 받아들여 자신의 일부로 체화했다.

이런 과정을 통해 아이는 상황을 종합해 추론하고, 다른 것과 연결하는 힘을 키우게 된다. 아이에게 직접 "면허가 뭔지 아니?"라고 묻지 않아도 이미 아이는 가족의 대화를 이해하려고 밥상머리에서 일어났던 대화를 종합하고 추론하여 나름의 결론을 내린 것이다. 따라서 밥상머리의 대화가 풍부하게 이뤄진다면 아이는 가족구성원 사이에 오가는 다양한 화제와 상황을 이해하려는 노력을 통해 저절로 학습능력을 키우게 된다. 어떻게든 대화에 참여하려고 고도의 집중력을 발휘하여 새로운 단어를 익히기 때문이다. 책을 읽어줄 때 아이가 140여 개의 단어를 배우게 되는 반면, 가족식사를 할 때 1,000여 개의 단어를 익히게 되는 것도 바로 그 이유다.

미시건 대학의 브랜디 프레이저·수전 겔먼·헨리 웰먼 교수팀이 2009년에 발표한 논문을 보면, 아이는 어떤 상황에 부닥쳤을 때 매우 적극적으로 그에 대한 설명을 찾고, 어른이 해준 설명에 대해 대체로 동의하며 궁금한 점을 묻는다. 이때 누군가 나서서 대답을 해주지 않으면 아이는 자기 나름대로 답을 생각해내 어른에게 설명하려는 경향이 있다.

성장기의 언어능력 신장에 아이와의 대화에 동참하는 어른들의 언어구사능력은 매우 중요하다. 아이가 부모에게 들은 단어가 곧 아이의 어휘수준을 결정하기 때문이다. 그러나 아이의 언어능력은 듣고 이해하는 것만으로 결정되지는 않는다.

아이의 어휘력을 키우는 새로운 단어, 흥미로운 어휘들은 주제가 흥미로울 때만 나타난다. 이런 어휘들에 아이가 노출되려면 어른들의 끊임없는 노력이 필요하다. 결국 아이가 구술언어 기술을 얼마만큼 습득할 수 있는가는 부모의 어휘력보다는 태도에 달린 셈이다. 아이에게 끊임없이 말을 걸고, 대답을 하도록 유도하는 노력이 필요한 것이다.

# 지능 발달의 보고,
# 밥상머리 대화

　영어 단어를 많이 안다고 해서 영어를 잘하는 것이 아닌 것처럼, 어휘력만 두고 아이의 언어능력을 판가름할 수는 없다. 다른 사람이 이해할 수 있도록 말을 만들어내는 문법능력은 상호자극에 의해 발달한다.

　어휘에의 '노출'이라는 표현이 여러 번 등장했지만 이는 단순히 TV를 대하는 듯 일방적인 노출은 아니다. 실제로 TV에는 부모가 쓰는 것보다 다양한 어휘가 등장하지만 아이에게 언어 자극이 되지 못한다는 연구 결과가 나오고 있다. 아무리 교육적인 프로그램이라고 해도 말이다.

　어떤 문맥에서 어떤 어휘가 적절한지, 문법적으로 맞는 것인지는 오직 '상호작용'을 통해서만 파악된다. 가족식사 자리에서 가장 많은 어휘가 도출되는 이유는 이미 앞서 설명한 바 있다. 하루를 마무리한 가족이 둘러앉은 밥상머리에서 일어나는 일을 머릿속으로 그려보자. 가장 평범한 대화 주제는 아마도 그날 일어난 사건일 것이다.

아이는 부모가 들려주는 생경한 이야기를 통해 새로운 어휘와 상황을 파악한다. 어른들 사이에서 오가는 말을 그저 묵묵히 들으면서 언어 발달이 이뤄지는 것이다.

하지만 밥상머리 대화 효과는 아이가 말을 하는 순간 더 증폭된다. 흔히 아이가 어린이집에 다니면서 말이 폭발적으로 늘어나는 것을 본다. 또래 아이들과 어울리면서 말이 늘었다고 생각하기 쉽지만 실은 아이의 내부에서 일어나는 갈망 때문에 늘어났다고 보는 편이 옳다. 또래들끼리는 정확한 말보다는 몸짓과 상황으로도 의사전달이 가능하기 때문이다.

엄마가 아이의 양육을 전적으로 맡은 경우, 아이가 엄마와의 대화를 통해 많은 말을 배운다고 생각하기 쉽지만, 실제로 아이가 엄마와 나누는 대화 역시 또래와의 대화 수준에서 그칠 가능성이 크다. 많은 시간을 함께 보낸 사람과는 의식적으로 언어교육을 하지 않는 이상 말로 상황을 전달할 이유를 느끼지 못하기 때문이다. 그래서 대화의 밀도는 오히려 저녁 식탁에서 만난 아빠와의 짧은 대화보다 떨어진다.

### 기억력이 크는 진짜 이유

자, 그렇다면 아이가 어린이집에 다니면서 말이 늘게 되는 이유에 대해 다시 생각해보자.

아이가 처음 엄마 아빠를 떠나 어린이집에 간다면 한동안 밥상머리에서 아이가 하는 말은 어린이집이라는 새로운 환경에서 일어난 일이 될 것이다. 처음으로 부모의 시선에서 벗어난 아이는 자신이 겪은 일에 대해 묘사해야 하는 필요성을 느끼는 것이다.

아이들에게 일어난 사건은 그리 복잡하지 않지만, 그 자리에 있지 않았던 어른에게 그 상황을 이해시키려면 누가, 왜, 어떤 행위를 했는지에 대한 설명을 해야 한다. 아이는 부모가 목격하지 못한 상황을 이해시키려고 고심하며 문장을 만들어내야 하는 것이다. 세상을 향해서 나가는 순간 아이는 부모에게 새로운 경험을 전달하고자 사람의 이름을 기억하고, 상황을 논리적으로 설명하려고 노력한다.

무엇이든 처음 겪은 일을 설명하는 날의 시도는 성공적일 것이다. 물론 묘사라는 새로운 방식을 통해 상황을 이해시키려면 아이 수준에서 벅찰 수 있는 기억력이 필요하고, 이를 다시 논리적으로 설명하는 표현력이 필요하다.

하지만 아이에게 일어난 새로운 일(비록 그것이 어린이집에 갔다, 아이들이 몇 명 있었다 정도의 단순한 정보일지라도)은 식탁에 앉은 가족들 모두의 관심을 끌 것이며, 그들로부터 이어지는 질문에 답하려고 다음 날에는 또 다른 세부상황들을 기억하고 어른 수준의 언어로 표현하려 노력할 것이기 때문이다. 가족식사를 통해 아이에게 말할 기회가 생기는 것은 곧 기억력 신장으로 연결되는 셈이다.

유치원을 졸업할 무렵에 아이가 습득하고 있는 어휘량은 고등학교 1학년이 되었을 때의 읽기 이해력과 큰 관련이 있다. 유치원에 들어올 때 아이는 약 2,200개의 어휘를 익히고 있어야만 한다. 어휘가 풍부하면 글을 통해 새로운 어휘를 만나도 쉽게 처리할 수 있다. 라이앤 앨리스(아동학습 지도자)

## 아이를 달변가로 만드는 법

이런 새로운 경험이 일상이 되면서, 아이는 주변 사람의 관심을 계속 끌기 위해 어떤 방식으로 말해야 하는지 배우게 된다. 그 과정에서 아이는 식탁에 앉은 사람들이 어떤 이야기에 흥미를 보이며, 어떤 순서를 거쳐 이야기하는지를 유심히 관찰한다. 결국 아이는 그런 관찰을 통해 이야기를 어떻게 시작하고 전개해야 대화의 자리를 독점할 수 있는지를 자연스럽게 터득하는 것이다.

즉 매일 반복되지 않는 이례적인 이야기가 사람들의 흥미를 끈다는 것을 알아채고, 자신이 하는 말에 관심을 보이는 주변 사람들의 반응을 봐가면서 조리 있게 말하는 법을 배우게 되는 것이다. 이런 과정이 반복되면서 순서와 논리에 맞고 타인의 호응을 얻는 기술까지 획득하게 된다.

아이들이 어느 상황에서 보이는 반응은 세계 어디를 가듯 비슷합니다. 미국에서도 아이에게 "학교에서 뭐 배웠니?"라고 물으면 "없어요"라는 대답이 나오지요. 이때 "없어요"란 정말 배운 게 없다는 말이 아니라 '어제와 다른 특별한 것이 없었다'는 말이에요.

아이가 하는 이야기는 그날 있었던 이례적인 일에 대한 겁니다. 이를테면 "지미가 그네에서 떨어져 다리를 다쳤고, 양호 선생님이 치료해주셨어요"와 같은 것들이죠. 이는 이례적인 일이라 이에 관해 말하게 되죠. 다이앤 빌즈(털사 대학 교수)

매일 반복되는 이야기를 하면 아무도 재미있어하지 않는다는 것을 깨닫고 다음에는 이야기하지 않겠다고 여기는 것이다. 이를 역으로 설명하자면, 매일 반복되는 이야기라도 가족이 관심과 애정을 갖고 계속 들어주면 아이의 대화량이 증가한다는 말이 된다.

즉 아이와 대화하는 다른 가족들이 아이가 하는 말을 적극적으로 경청하는 버릇을 들인다면 아이는 "학교에서 뭐 배웠니?"라는 질문에 "없어요"라는 단답식 대답만 하지는 않을 것이다.

여기에는 물론 선결 조건이 있다. 바로 애정과 관심에 찬 대화를 찬으로 곁들인 가족식사가 필요하다는 것이다. 배우에게 무대가 필요하듯, 아이에게도 언어적 유희를 즐길 수 있는 공간이 필요하기 때문이다.

지금이라도 밥상에 녹음기를 한번 놓아보자. 배경음처럼 깔린

TV 소리, 식기가 달그락거리는 소리, 그리고 잔소리를 해대는 당신의 목소리…. 아이의 성장 발달에는 별 의미가 없는 이런 소리를 뺀다면 텅 비어 있지 않은가. 아이에게 대화 없는 가족식사는 결코 가족식사가 아니다.

· 인터뷰 · 명사의 밥상 1

# 인생의 지혜를 대물림한다

유룡(카이스트 교수)

우리나라에 노벨상을 안겨줄 인물로 꼽을 때 빠지지 않는 스타 과학자 유룡 교수. 세계 유수의 과학 잡지에 실린 논문과 높은 인용횟수로 국제적 명성을 얻은, 우리나라에 10명뿐인 국가과학자다. 카이스트 대학 자연과학동 복도는 유룡 교수의 논문이 게재된 과학 학술지로 가득하다.

그러나 그가 유명해진 이유는 또 있다. 20대에 박사학위를 취득한 아들과 카이스트 동문인 딸까지 세 식구가 모두 과학 엘리트라는 것이다. 밤늦게까지 연구실에서 일해야 하는 바쁜 생활 중에 그는 어떻게 아이들을 훌륭하게 키워낼 수 있었을까?

## 아이들과 함께할 절대적인 시간을 만들다

아이들을 훌륭하게 키워낸 것은 부인의 공이라고 겸손해하지만, 첫 아이가 태어나는 순간부터 유룡 교수가 철저하게 지킨 자녀교육 원칙이 한 가지 있다. 바로 가족과 함께하는 저녁식사다.

논문 마감으로 밤샘을 밥 먹듯 하던 연구 활동 중에도, 학생들을 가르치던 교수 생활 중에도 저녁 7시에 잠시 귀가하여 저녁 식탁을 지키는 일을 어긴 적이 없다.

그렇다고 저녁 식탁에서 거창한 이야기가 오가는 것도 아니다. 유룡 교수의 저녁 밥상 주제는 일상적이다. 날씨 이야기, 오늘 만난 사람들 이야기, 집으로 돌아오는 귀갓길 이야기 등으로 대화를 연다. 하지만 그 짧은 시간을 이용해 사회구성원으로서 어떻게 살아가야 하는지에 대한 당부를 빼놓지 않는다.

취재 당시 병역특례요원으로 근무 중이던 아들에게는 '20대에 박사학위를 딴 드문 경우'라고 자만하지 말고 군 복무에 소홀하지 말 것을 신신당부하는 모습을 보였다. 공부에 대한 동기부여는 말보다는 그 자신이 행동으로 보여준다고 했다. 다만 아버지로서 아이들과 함께할 절대적인 시간이 부족한 탓에, 아이들이 어렸을 때에는 일터까지 가족들을 동행하는 수고를 마다하지 않았다.

아이들이 어렸을 때부터 남편은 주말에도 연구실에 나가는 날이 많았거든요. 그때는 저희 모두를 데리고 학교에 가요. 우리는 밖에다 내버려두고 연구실에 가서 일을 하는 거예요. 카이스트 잔디밭이 아이들 놀이터였어요. 카이스트가 놀이터였던 탓인지 아이들은 자기가 가야 할 학교라고 자연스럽게 받아들인 것 같아요. 자라서도 카이스트에 진학하는 것을 당연하게 생각했지요. **부인**

유룡 교수의 일과는 저녁식사를 기준으로 다시 시작된다. 식사를 마친 뒤 학교로 돌아가 다시 연구실의 불을 켜는 것이다. 식사

유룡 교수는 저녁 7시에 귀가하여 가족식사를 한다. 그런데 30분간의 식사를 마쳤다고 하루 일과가 끝나는 것은 아니다. 저녁을 먹은 그는 연구실로 돌아와 미처 끝내지 못한 업무를 다시 시작한다.

30분을 위해 귀갓길 정체 도로에서 왕복 1시간을 소요해야 하는 번거로움이 따르지만, 그는 아이들이 분가하는 그날까지 가족 저녁식사를 지키겠다고 한다. 그의 이런 고집에는 이유가 있다.

### 할아버지에서 손자로 이어지는 인생의 지혜

유룡 교수의 책상을 지키는 부모님의 빛바랜 사진 한 장. 그는, 가난한 농부로 다섯 남매 중 넷을 대학까지 보낸 부모님의 밥상머리 교육을 아이들에게도 물려주고 싶다고 했다. 그의 부모님은 현재의 유룡 교수만큼이나 바쁘게 일하면서도 밥상머리에서만큼은 언제나 아이들을 마주 대하며 살아가는 데 필요한 지혜를 하나씩 전해주었다.

그때는 우리나라가 잘살 때가 아니라서 웬만한 집들은 다 어렵게 살았지요. 저도 전깃불도 들어오지 않는 시골에서 자라서 고생할 수밖에 없었어요. 공부한다는 것은 사치였지요.

부모님이 농사를 지으셔서 낮에는 늘 만날 시간이 없었고요. 그래서 밥 먹을 때마다 모든 식구가 앉은 자리에서 이런저런 이야기들을 많이 했어요. 뭘 가르치는 게 아니라 우리한테 "교육이 가장 중요하다", "교육을 잘 받아야지 미래가 있다" 그러셨어요. 아주 어릴 때부터 그런 이야기를 듣다 보니까 공부를 열심히 해야겠다는 생각이 아주 뇌리에 남았던 것 같아요. 유룡 교수

어린 시절을 생각하면 '정말 죽도록 일했던 기억, 나무 패던 기억, 밭 매던 기억'밖에 없을 만큼 가난했던 농부의 아들은 부모님의 말씀을 받자와 농사일을 거들면서도 공부에 집중했다. 농담처럼 자기가 공부한 시간은 협궤 열차의 운행 시간과 일치한다고 말하는 유룡 교수.

기차 타고 긴 시간은 아니에요. 한 30분 정도밖에 안 걸리거든요. 경기도 화성에서 수원까지 협궤 미니 열차가 있었어요. 그것을 타고 통학을 했기 때문에 기차 안에서, 갈 때 아침에 돌아올 때 그때 (책을) 보면 돼요.
그러다가 고등학생이 되니까 그것 가지고는 안 되겠더라고요. 고등학교 2학년 여름방학이 되니까 집에서 농사일을 면제해주시더라고요. 농사일에서 손을 뗀 게 그게 처음이에요. 그때부터는 정말 열심히 공부할 수 있었어요. 시간이 없어서 늘 공부를 제대로 못하다가 그때부터 원 없이 했죠. 2학년 여름방학부터 3학년까지 딱 그 기간에요. 유룡 교수

공부 뒷바라지를 받기는커녕 농사일까지 해야 했던 열악한 상황이었지만 오히려 부모님께 감사를 드린다는 유룡 교수. 그의 부모님은 아이들과 다정한 말 한마디 나눌 시간은 고사하고 허리 한 번 펼 시간이 없는 중노동을 하면서도, 밥상머리를 통해 새로운 미래를 꿈꾸라고 독려했다. 그분들의 근면한 생활과 인생에 대한 가치관은 유룡 교수의 밥상에서 아이들에게 이어지고 있다.

의식이라는 것은 대물림되는 것 같아요. 저희 자식들이 그 의식으로 제대로 된 생활을 할 수 있게 교육하고 싶죠. 특별한 것이 아니라 세상 사는 지혜, 주로 그런 거죠. 저는 아이들에게 그런 것을 전해주려고 노력을 해요. 또 함께 생활하면서 아이들에게 흔들리지 않는 믿음을 주게 되는 거죠.
그동안에 쌓아온 인생의 지혜를 전달해줌으로써 아이들이 살면서 시행착오를 줄일 수 있는, 그런 교육을 하죠. 유룡 교수

• 인터뷰 • 명사의 밥상 2

# 홀어머니와 함께한 식탁

버락 오바마(44대 미국 대통령)

미국 최초의 흑인 대통령, 사람들의 공감을 불러일으키는 명연설로 신드롬을 일으킨 오바마. 세계에서 가장 큰 권력을 쥐락펴락한다는 미국 대통령이 된 그가 백악관에 입성해서 가장 누리고 싶은 일로 꼽았던 것은 무엇이었을까.

그것은 오랜 선거유세 기간 동안 두 딸과 함께하지 못했던 가족식사였다. 실제로 오바마 부임 후 백악관을 취재한 한 기사에는 그가 아이들과 식사를 함께하려고 회의 시간을 조정한 것이 화제가 되었다. 그에게 특히 저녁식사는 누구도 침범할 수 없는 가족만의 시간이다.

어떤 일이 있어도 남편은 가족과의 저녁식사 시간을 따로 낸다. 매일 오후 6시 반이면 사무실에서 올라와서 식탁에 앉는다. 미셸 오바마

가족식사에 참석하려고 잠시 집무실을 떠났다가 새벽까지 일하는 살인적인 일정을 소화하고 있는 오바마, 그가 가족식사를 우

선순위에 두게 된 연유는 그의 어머니에게서 찾을 수 있다.

어머니는 세상에서 가장 친절하고 너그러운 분이셨다. 나의 자질 가운데 좋은 것은 어머니(앤 던햄)로부터 물려받았다. 버락 오바마

### 매일 새벽 4시 30분의 아침식사 배달

재혼과 학위논문을 위해 불과 6살의 오바마를 인도네시아로 데리고 간 오바마의 어머니는, 자녀를 위해 자신의 삶을 희생하는 어머니상과는 거리가 멀다.

좋은 학군을 따라 이사를 하고, 아이의 경쟁력을 위해 이산가족이 되는 것도 불사하는 오늘날 한국의 어머니의 입장에서 보면 방임에 가까워 보인다. 경제 사정도 좋지 않아서 국제학교에 갈 수 없었던 오바마는 모국어인 영어를 배울 기회조차 얻지 못했다.

그런 그가 역사에 남을 명연설가로 평가받고, 훗날 법대교수까지 될 수 있었던 비밀은 무엇일까?

오바마는 자신이 교육에 천착하게 된 원동력을 바로 아침을 배달하는 어머니의 모습에서 찾는다. 그것은 매일 새벽 4시 30분에 이뤄진 일이었다.

어머니는 4시 30분이면 간단한 아침을 침대로 가져왔다. 그리고 통신학습으로 나온 과제를 함께 했다. 나는 거의 매일 불평하고 투덜거렸다. 그럼 어머니는 심각하게 말씀하시곤 했다. "나한테도 즐거운 일은 아니란다"라고…. 버락 오바마

직장에 나가야 하는 엄마는 아들과 유일하게 마주할 수 있는 아침식사 시간을 앞당겨 아이의 교육에 헌신한 것이다.

새벽의 아침식사 시간 동안 오바마가 배운 것은 단순한 교과목이나 영어 몇 마디가 아니었다. 싱글맘, 워킹맘, 학생이라는 3개의 임무를 지고서도 자식의 아침식사 자리를 지켰던 그 열정이 오바마의 인생철학을 형성한 것은 아닐까.

우리는 종종 나와 다른 모습을 보고 '다르다'가 아닌, '틀렸다'는 말을 쓴다. 오바마의 그 고집도 혹자들에게는 고개를 젓게 하는 모습 중 하나다. 그러나 극성스럽다는 비아냥거림이 나올 만큼 그가 자신의 고집을 꺾지 않는 데에는 그럴 만한 이유가 있을 것이다. 전 세계의 주목을 받는 공직에 있음에도 무리수를 두어가면서까지 아이들과의 식사를 가장 우선에 두는 그의 모습에 우리 모두는 "왜?"라는 질문을 던져볼 필요가 있다.

· 인터뷰 · 명사의 밥상 3

## 밥상머리 교육은 부부의 콤비 플레이

안규문(전 밀레코리아 대표)

이제 사회초년생이 된 아들. 그러나 오후 늦은 시간이면 어김없이 엄마로부터 전화가 걸려온다. 가족식사를 할 수 있는지, 너무 늦으면 엄마 아빠 먼저 식사를 해도 괜찮겠는지 묻는 전화다. 하지만 흔히 생각하듯 마마보이는 아니다. 아주 어릴 적부터 지켜온 안규문 대표 집안의 전통, 바로 가족식사가 아이들이 장성한 이후에도 계속되고 있는 것이다.

한국인으로는 최초로 외국계 회사 밀레코리아의 사장자리에 올랐던 안규문 대표. 그의 퇴근 시간에 촉각을 세우는 이는 직원들뿐만이 아니다. 안규문 대표의 집에서는 그가 귀가한 후에야 저녁식사가 시작되기 때문에 그의 퇴근 시간을 매일 체크한다.

바쁜 직장생활 중에도 가족식사가 가능했던 것은 부인과 세운 원칙 때문이었다. 아이들과 함께 오랜 시간을 보낼 수 없으니 가족식사는 꼭 함께하고, 비록 항상 함께할 수 없더라도 집안에 늘 어른이 있다는 인식을 심어줘야 한다는 것이었다. 그것은 부인의 적극적인 협조가 있기에 가능했다.

예를 들면 밥 먹는 것도 아빠가 11시, 12시 이렇게 늦게 들어오면 어쩔 수 없지만 8시에 오신다면 "아빠가 8시에 오신다는데 좀 기다렸다가 오시면 같이 먹자" 이렇게 자연스럽게 아이들 뇌리 속에 아버지의 권위를 세우는 거죠. 권위는 억지로 생기는 게 아니라 옆에서 받들어줘야 생기는 부분이거든요. 그래서 엄마의 역할이 참 중요한 것 같습니다. "아빠가 들어오시면 아빠하고 이렇게 상의를 해서 대답해줄게"라든지, "아빠한테 여쭤보자" 이렇게 자연스럽게 아이들 머릿속에 집에서 무언가 결정하려면 아빠가 필요하다는 걸 심어주는 거죠. 부인

가족의 저녁 밥상은 자연스럽게 낮 동안 결정을 보류해왔던 아이들의 잡다한 요구사항부터, 집안 대소사까지 집안의 어른인 아빠와 엄마의 주재 아래 의논하는 자리가 되었다. 밥상에서는 이미 부부가 아이들을 키우는 데 한 가지의 원칙을 세웠기 때문에 크게 문제가 될 것은 없었다. 그 원칙은 안규문 대표 집안의 가훈인 '자구다복自求多福' 즉, 스스로 많은 복을 구하고, 의존하지 말라는 것이었다. 중산층 이상의 살림살이지만 아이들에게 맹목적인 뒷바라지보다는 정신적·경제적 독립을 요구했던 것이다.

## 스탠퍼드 대학마저 포기하게 한 이유

실제로 안규문 대표의 해외 주재원 시절, 미국에서 고등학교에 다닌 그의 딸은 스탠퍼드 대학 입학이 보장됨에도 아버지의 권유에 따라 국내 대학에 진학했다. 수준 높은 한국어를 구사할 줄 모르

면 경쟁력에서 뒤처질 뿐만 아니라, 스스로 해결하기에는 학비가 너무 비쌌던 탓이었다. 대신 공부를 더 하고 싶다면 박사 과정을 외국에서 할 수 있도록 일정 부분 지원하기로 약속했다. 여기에는 '하라~'형의 대화보다는 아이의 의견을 존중하는 민주적인 대화 방식과 설득이 주가 되었다. 아이들이 성인이 되어서 자기주장을 분명하게 펼치고, 타협할 수 있는 능력을 길러주어야 한다고 생각했기 때문이다.

훈계를 하면 단답식이 돼버립니다. '하지 마라', '이거 해라' 그러면 '예' '예' '예'로 끝나버리거든요. 그래서 꼭 물어봐야 합니다. 그러면 아이의 이야기가 점점 길어집니다. "그다음에 뭘 했는데?" "어떻게 생각했는데?…"라고 물으면 이야기가 자연스럽게 이어지죠. 그것이 나중에는 발표력과 연결되는 것 같습니다. 부모 앞에서 당당하게 말할 수 있는 친구들은 다른 데 가서 이야기를 할 때에도 겁을 안 내거든요. 그런 것까지 기대한 건 아니었는데 지금 와서 생각해보면 잘한 일이라는 생각이 듭니다. 안규문 대표

현재 스탠퍼드 대학에서 박사 과정을 밟는 딸에게 아버지인 자신과의 돈독한 관계가 도움이 되고 있다고 자부하는 안규문 대표. 어릴 적부터 딸과 경계 없는 대화를 나누고, 사회생활에 대한 조언도 아끼지 않았던 그의 밥상머리 교육은 최근 부각되고 있는 알파걸의 성장배경과 일맥상통한다.

세상이 남자와 여자 반반 구성되었다고 본다면, 아이들은 아빠라는 창을 통해서 남자들의 세계를 볼 수 있거든요. 특히 딸의 경우 아빠와 이야기를 안 하고 엄마와만 얘기하면 반쪽 세계에만 들어가 있는 겁니다. 성공하는 여성들을 보면 먼저 아버지와 원활하게 얘기가 되고 그래서 비교적 남자의 세계에 대해 잘 적응하고 이해하여 그것을 바탕으로 사회에 나가는 예가 많아요. 사회에 나와 많은 남자를 대할 때 거부감 없이 자기 아버지와 이야기를 하듯 대화할 수 있다는 건 대단히 큰 장점이거든요. **안규문 대표**

## 성공적인 밥상머리 교육의 숨은 비결

그가 성공적인 밥상머리 교육을 하는 데는 부부의 일심동체가 가장 큰 몫을 했다. 남편의 퇴근 시간에 맞춰 저녁을 차리고 아이들의 귀가 시간을 종용하는 것뿐 아니라 하루하루 밥상머리의 분위기를 만들어 나가는 것 역시 부부 간 조율이 중요했던 것.

대개 부모들을 보면 이중으로 혼을 내거든요. 엄마가 혼내고 그다음에 아빠가 와서 추가로 말을 하고. 저희 부부는 서로 정보 교환이 잘 돼서 그렇게 하지 않았어요. 아이들 입장에서 보면 '아빠가 집에 와서 이 부분은 절대 안 건드리는구나' 하고 고마워하죠. 나중에라도 '다음에 공부 잘할게요' 하는 말이 자연스럽게 나와요. 누가 말하지 않아도 미안한 마음이 드는데 거기다 대고 또 폭격을 놓으면 진짜 도망가버리죠. 그래서 엄마가 혼을 내면 아빠는 좀 끌어안아주고, 또 내가 좀 언짢아하면 엄마가 옆에서 "아빠가 오늘 회사에서

안 좋은 일이 있으셨나 보다" 하고 분위기를 맞춰주고, 이런 식이
죠. 안규문 대표

이제 사회초년생이 된 아들은 가족 밥상을 인생 선배인 아버지를 통해 직장생활의 조언을 구하는 장으로 이용하고 있다. 습관을 제2의 천성이라고 하는 것처럼, 밥상머리에서 반복해서 들은 아버지의 조언을 따르는 자신의 모습을 봤기 때문이다. 어떤 일이라도 그 일을 달성하는 데 급급하지 말고, 미래까지 내다보는 큰 그림을 그리라는 것이 CEO로서 성공한 아버지의 조언, 그렇게 대비한 미래에는 흔들림이 없었다.

(신입사원이니까) '도대체 나한테 이걸 왜 시켰나' '내가 왜 이걸 하고 있나?' 이런 생각이 들면 그만큼 하기 싫고 짜증이 나는데, 이 일을 하면 어떤 단계를 거쳐서 결론적으로 어떻게 된다는 걸 알고 있으면 도움이 되지요. 아버지를 통해 최소한의 목적성이나 일의 중요성에 대해 알게 되니까 일을 할 재미가 생기는 거죠. 아들

어떤 부모도 완전무결할 수는 없지만 부모 자신이 겪은 시행착오와 실패의 기록도 아이들에게는 오히려 자양분이 될 수 있다. 그리고 안규문 대표는 저녁 가족 밥상 자리에 그 자양분을 채워 넣었다.

경험을 안 한 일을 하게 되면 실수를 할 가능성이 큽니다. 미리 얘

기해서 최소한의 예측을 하면, 열 번 실수할 것을 일곱 번으로, 다섯 번 할 것을 세 번으로 줄일 수 있지요. 그러면 그만큼 저희가 봤을 때는 실패할 확률이 줄어드는 거죠. 그래서 제가 했던 경험을 토대로 아이가 같은 후회를 하지 않도록, 잘 넘길 방법을 가르쳐주고 싶은 겁니다. 안규문 대표

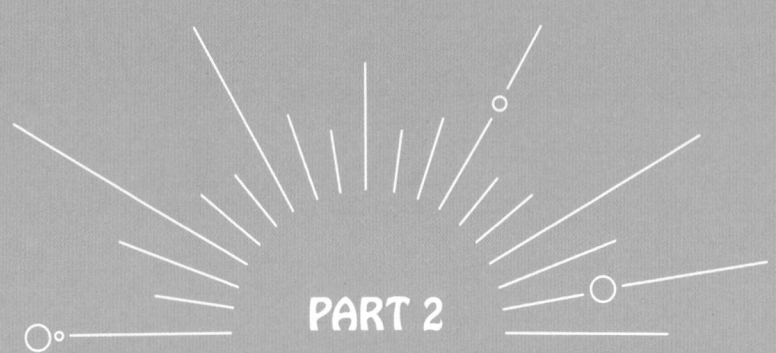

# PART 2

# 뇌를 키우는 밥상 대화의 모든 것

어느 날, 갑자기 늘 입던 옷이 작아질 정도로 하루가 다르게 자라는 아이들. 그러나 더욱 빠른 속도로 자라는 것은 바로 보이지 않는 아이의 '뇌'다. 평생에 걸쳐 끊임없이 변화하는 뇌. 아이가 필요한 때, 필요한 자극을 주는 것이 가능할까?
부모가 차려준 밥을 먹고 아이의 몸이 건강하게 자라듯, 뇌는 밥상머리의 대화를 먹고, 소화시키며 자란다. 밥상머리에서의 대화는 아이의 뇌가 커가는 단계에 맞는 자극을 최적기에 제공하기 때문이다.

아이의 뇌는 생존을 위해 끊임없이 회로를 만들고 없애고
다시 만드는 무한 반복 행위를 계속한다.
똑똑하고 건강한 뇌를 만드는 가족 밥상 대화.
뇌의 발달 단계를 알면 그에 따른 밥상머리 대화법도 자연스럽게 알 수 있다.
뇌를 키우는 대화를 통해 아이의 잠재력은 무한대로 자란다.

# 340g 뇌의
# 경이로운 비밀

　아기가 태어날 때 뇌의 무게는 약 340g밖에 나가지 않는다. 그러나 뇌세포는 약 2,000억 개로 이는 35세 성인의 2배에 해당한다. 아이의 뇌는 몸보다 훨씬 더 빠른 속도로 자란다. 생후 1개월에는 출생 당시의 2배로, 5세 무렵에는 성인 두뇌의 약 90%에 달하는 1,450g으로 급증한다. 시냅스로 복잡하게 얽힌 신경회로를 무서운 속도로 만들기 때문이다.

　시냅스란 뇌세포 사이에서 정보를 연결하는 신경전달물질을 말하는데, 인간의 뇌 발달에 결정적인 역할을 하는 부위라고 할 수 있다.

　시냅스의 연결망이 얼마나 촘촘한가에 따라 정보에 대한 이해력, 사건에 대한 추론력 등 인간의 전반적인 사고능력이 좌우된다.

## 두뇌 발달의 결정적 시기

시냅스의 수가 최고치에 이르는 것이 2~3세, 많은 전문가가 최초 3년을 '두뇌 발달의 결정적 시기'라 부르는 이유다. 이런 과정을 통해 평생 지속될 뇌가 결정되는데, 이때 뇌는 외부환경이 제공하는 경험을 받아들이고 내재화하는 작업을 한다.

이때 외부의 경험이나 자극이 부족하면 '가지치기'를 통해 시냅스를 없애기도 하는데, 생후 21개월 무렵에는 전체 시냅스의 40%가 제거될 정도다. 하지만 이때 일어나는 '가지치기'는 지극히 정상적인 과정이다. 또한 지속적 자극으로 살아남은 시냅스의 연결이 더욱 견고해져 아이의 두뇌는 더욱 똑똑해진다. 이를 식물의 가지치기와 동일하게 자연적인 '조형 과정'이라 부르는 것도 이런 이유 때문이다[만 17세에 측정한 지능을 기준으로 봤을 때, 임신 당시~4세: 50% 발달/ 4~8세: 30%/ 8~17세: 20% 발달(벤저민 블룸, 1964)].

그러나 이 단계를 지났다고 해서 아이들의 발달이 모두 끝나는 것은 아니다. 뇌의 85%를 차지하는 것은 '상위뇌' 또는 '신피질'이라고 불리는 전두엽이다. 이 부분은 뇌에서 가장 늦게 발달하는 부분이다.

아이가 떼를 쓰거나 산만한 행동을 하는 이유는 이 전두엽이 충동을 억제할 만큼 성숙하지 못하기 때문이다. 흔히 5세 이후에 전두엽이 성숙한다고 알려졌으나, 최근 연구 결과에 따르면 이 전두엽이 10대 후반에 이르기까지 성인과는 다른 양태를 보인다고 한다.

이 전두엽은 추리, 계획, 반성, 행동하기 전에 생각하는 능력, 연결하고 연계하는 능력, 문제해결능력부터 친절, 감정이입, 관심까지 이성적인 인간이라면 가져야 할 모든 기능을 담당한다. '전두엽에 인간이 있다'라고 말하는 것은 이런 이유에서다.

## 도토리 속의 떡갈나무

지능이나 창의성, 감정 조절에 이르기까지 두뇌에서 가장 중요한 역할을 하는 전두엽. 그런데 이렇게 중요한 전두엽은 부모의 자상하고 세심한 보살핌이 가장 극적인 영향을 미치는 부분이기도 하다.

전두엽은 아주 어릴 때부터 평생에 걸쳐 발달하는 부위인데, 그 과정을 보면 3~4세부터 7~8세까지 가장 빠르게 발달한다. 그러다가 청소년기에 이르러 전두엽은 질적으로 크게 변한다. 기능상 별로 필요 없는 신경회로나 세포가 이 시기에 다 사라지기 때문이다.

따라서 영유아기부터 초등학교 저학년에 이르는 시기, 그리고 청소년기에 아이와 긴밀한 유대관계를 맺는 것은 곧바로 뇌 발달과 직결된다. 그리고 이때 결정적으로 작용하는 것이 바로 가족식사다.

물론 전두엽의 발달이 밥상머리에서만 이뤄진다고는 볼 수 없다. 아이의 뇌 발달에 필요한 조건은 식탁이 아니라 유치원, 학교 등 여러 가지 다양한 환경 속에서 갖춰지기 때문이다. 하지만 이 시기에 제대로 된 가족식사를 한다면 다른 조건이 부족하더라도 뇌 발달에 긍정적인 영향을 미치는 것은 분명한 사실이다.

가족은 곧 밥을 함께 먹는 '식구食口'와 동의어이기도 하다. 부모와의 상호작용에 결정적인 영향을 받는 뇌. 풍성한 상호작용을 반찬 대신 가족 밥상에 차리는 것은 어떨까. 부모가 밥상머리를 제대로 지켜낼 때, 어느 시인의 말처럼 340g으로 태어나는 아기의 뇌에서 '도토리 속의 떡갈나무'를 보게 될 것이다.

'밥상머리는 인생 최초의 교실이자, 지속되는 교실'이어야 하는 이유는 뇌 발달 과정에 맞는 아이의 요구가 바로 올바른 밥상머리 교육과 궤를 같이하고 있기 때문이다. 다음에서는 연령별로 밥상머리에서 어떻게 아이의 뇌가 발달하는지 알아보기로 한다.

# 식사 중에 이루어지는
# 연령별 두뇌 발달

밥상머리 교육의 가장 큰 장점은 부모로 하여금 가르쳐야 한다는 압박감으로부터 자유롭게 한다는 점이다. 앞서 말했지만 아이의 뇌 발달에서 연령별로 꼭 필요한 요소들이 아이와 함께하는 가족식사 중에 자연스럽게 나타나기 때문이다. 우선 밥상에서 굳이 어떻게 해야겠다는 생각으로부터 자유로워질 필요가 있다. 부모가 먼저 마음의 여유를 갖고 아이와 함께하는 밥상을 즐길 때, 밥상머리 교육의 효과는 제 가치를 발휘한다.

## 1~2세(0~24개월): 가장 필요한 것은 밥상에서의 관심

뇌는 체중의 2%밖에 차지하지 않지만 사람의 몸이 요구하는 전체 에너지의 18%가량을 소비한다. 특히 생후 6~12개월 무렵 아기의 두뇌피질은 성인보다 2배나 많은 에너지를 소모할 정도다. 그러므로 이 시기만큼은 굳이 밥상머리 '교육'을 염두에 두기보다는 영양학적인 면에 집중해야 한다.

먹을거리 면에서 볼 때 이 시기는 모유나 분유에서 벗어나 이유식에 적응하는 때이기도 하다. 이 무렵에 아기는 새로운 맛에 노출되고, 이와 잇몸으로 음식을 씹어 삼키는 방식을 익혀야 하는 과제에 직면한다.

이 고비를 잘 넘기지 못하면 자라서까지 먹는 것을 싫어할 수 있으므로 음식을 제대로 씹어 삼키는 습관을 갖는 데 주의를 기울일 필요가 있다.

이때 아이가 씹어 넘길 수 있는 음식을 마련해주면 씹는 활동(저작작용)을 통해 뇌가 자극되고 신경회로를 활성화할 수 있다.

만일 이 시기에 아이가 나쁜 식습관을 갖게 되면 가족식사 자리에 동참하는 것 자체가 어려워진다. 아이에 따라 차이가 있지만 만 8개월 전후부터 어느 정도 손으로 물건을 쥘 수 있게 되므로 올바른 식습관을 만들기 위한 기초 작업을 할 수 있다.

단 여기에는 조건이 있다. 먼저 아이가 제시간에 식탁에 앉아 여러 가지 음식을 먹는 행위 자체에 흥미를 느껴야 한다는 점이다. 당연한 이야기이겠지만 그러려면 식사 자리가 강압적이어서는 안 된다.

따라서 부모는 아이에 대한 욕심부터 버려야 한다. 아이에게 어른들의 식사 시간에 맞춰 같은 자리에서 이유식을 먹이는 정도로 식사에 대해 이해하게 하는 것으로 충분하다.

테네시 대학의 연구에 따르면, 엄마와 아기 100명을 8년간 추적한 결과 아기가 두 돌 때까지 몸에 밴 식습관과 6년 후 식습관 간에 직접적인 관계가 있다는 사실이 밝혀졌다. 다시 말해 일찍부터 아기에게 좋은 식습관을 들여주면 이후 지속적으로 좋은 식습관을 유지할 가능성이 크다.

또 한 가지 주목할 사실이 있다. 18개월 정도부터는 아이에게 놀라운 변화가 일어난다는 점이다. 이 시기에 아이의 뇌에서는 다른 사람의 말을 이해하고 상황에 맞는 적절한 단어를 선택하는 기능을 하는 '베르니케' 영역이 활성화되는데, 이를 바탕으로 아이가 습득하는 단어의 수가 폭발적으로 늘어난다. 이때 습득한 어휘를 바탕으로 24개월까지 아이는 아는 단어를 조합하여 짧고 단순한 문장을 만들 수 있다.

이렇게 중요한 시기에 다양한 가족구성원이 밥상에서 아이와 시선을 맞추고 관심과 반응을 보여준다면 아이가 갖춘 언어능력은 더욱 신장한다.


## 3~6세 (25~72개월): 식사 준비 과정부터 동참시켜라

25~30개월에 이르면 다른 가족들과 같은 음식을 먹을 수 있게 된다. 즉 본격적인 밥상머리 교육이 가능한 때다(늦더라도 36개월 시기엔 가능하다). 아이의 말이 폭발적으로 늘어나 부모와의 의사

소통이 자유로워지는 시기이기 때문에 단어, 구절, 이야기와 설명 언어능력 등이 획기적으로 발달한다.

다시 말해 집 밖의 구술 언어나 학교와 평생 필요한 문어체 언어를 이해하기 위한 능력을 발달시키기에 가장 중요한 나이다.

이 시기 아이들은 부모에게 끊임없이 물어보고 대답을 들으면서, 하루에 약 5~6개의 단어를 익히고, 말할 때 1,000여 개의 단어를 사용할 수 있게 된다. 이전까지 아기의 말이 명사를 연결한 단순 의사표시였다면, 이때부터는 조사와 동사를 적절히 사용해 문법에 맞는 문장을 구사할 수 있게 된다.

가족 밥상에서 다양한 가족구성원의 대화를 듣고, 부모의 독려 아래 순서에 맞게 이야기하는 훈련은 이후 학업성적에도 큰 도움이 된다(이 부분은 PART 1에서 상세히 다룬 바 있다). 그러나 전문가들이 말 잘하는 아이로 키우는 비결로 꼽는 것은 따로 있다. 연세대학교 소아정신과 신의진 교수는 『아이심리백과』에서 다음과 같이 말한다.

정서가 안정된 아이들이 언어 발달이 빠릅니다. 반대로 이야기하면 정서가 불안정한 아이들이 언어 발달이 늦다는 것이지요. 정서가 불안정한 아이들은 다른 사람의 말은 알아들어도, 좀처럼 자기표현을 하지 않는 경우가 많습니다.

언어는 의사소통의 수단이기 때문에 다른 사람에게 관심이 없으면 언어 발달도 제대로 이루어지지 않습니다. 그렇다면 다른 사람에 대한 관심은 어떻게 생길까요? 바로 아이가 주 양육자로부터 충분한 사랑을 받을 때 생깁니다.

이때의 아이에겐 언어습득 외에도 전두엽 발달이 큰 과제가 된다. 전두엽은 앞에서 언급한 것처럼 추리, 계획, 반성, 행동하기 전에 생각하는 능력, 연결하고 연계하는 능력, 문제해결능력부터 친절, 감정이입까지 처리하는 종합적 사고를 담당하는 부위다.

아직 전두엽이 성인 수준으로 발달하지 않은 아이들에게 식탁을 지키는 일이란 무척 힘든 일일 수 있다. 이 나이의 아이들을 보면 툭하면 식탁을 떠나거나 어른들의 대화에 불쑥 끼어들기 일쑤다. 밥그릇을 들고 아이 뒤를 따라다니는 풍경이 자주 벌어지기도 하는데, 이때 많은 부모가 아이가 산만하다고 걱정을 한다.

그러나 이는 아이의 뇌 발달을 고려한다면 충분히 이해할 수 있는 일이다. 아이의 전두엽은 아직 움직이고 싶은 충동을 제어하지는 못하지만 감정과 분위기를 예리하게 감지할 수 있을 정도는

---

아이의 언어 발달을 늦추는 요인

1. 신생아 시절 거의 말을 걸어주지 않는다.
2. 아이가 울거나 보채도 안아주지 않는다.
3. 텔레비전을 많이 보여준다.
4. 아이 혼자 놀게 한다.
5. 주 양육자가 자주 바뀐다.
6. 밖에서 또래 아이들과 어울릴 기회가 없다.
7. 아이가 틀린 말을 할 때마다 일일이 지적한다.
8. 교재를 이용해 일방적인 주입식 교육을 한다.
9. 아이가 말하기 전에 엄마가 알아서 문제를 해결한다.

된다. 밥 먹는 버릇을 두고 걱정하는 표정을 짓거나 언성을 높이면 아이는 더 반항할 뿐이다.

다양한 가족구성원끼리 나누는 말을 귀담아듣고, 정서를 이해하고, 순서에 맞게 말을 하는 가장 이상적인 훈련장은 바로 가족밥상이다. 특히나 집에서 하는 가족식사가 아이의 발달에 좋은 점은 아이들에게 일정한 역할을 주어 전두엽을 활성화할 수 있기 때문이다. 식탁에 밥그릇을 놓거나, 수저를 사람 수대로 놓는 등 아주 간단한 역할이라도 아이가 직접 하게 한다면 아이는 가족식사를 놀이의 일부분으로 즐겁게 받아들이게 된다.

## 초등학생: 밥상에서 배려를 가르쳐라

초등학교 저학년의 두뇌 발달을 도우려면 타인을 배려하는 사고를 키워줘야 한다. 그렇다면 배려는 어떻게 나올까? 배려는 사회성(사회지능)과 관계가 깊다. 사회성은 단순히 주변 친구들과 잘 어울리는 것이 아니라 다른 사람이 보내는 감정신호에 반응할 수 있는 능력을 말한다.

---

**초등학교 저학년 때 사회지능이 발달하면 다음과 같은 특징을 갖게 된다.**
1. 타인의 감정을 이해할 수 있다.
2. 자신이 타인에게 어떻게 비추어지는지 미리 예측하고 그에 맞춰 행동할 줄 안다.
3. 상대방의 입장에서 생각할 줄 안다.

---

타인과 관계를 맺고, 문제가 발생했을 때 타협을 통해 해결하고, 동정심과 관심을 느껴야만 마음에서 우러나오는 배려를 할 수 있다. 진정한 친구들을 만들 수 있는, 마음이 따뜻한 아이로 키우는 것은 매우 중요한 일이다.

초등학교 저학년의 경우 이러한 사회성은 학습과도 직접적으로 연결된다. 사회성이 부족하면 공부에 집중하지 못하게 되기 때문이다. 사회성이 떨어지는 아이들은 수업시간에 다른 아이들을 배려하고, 싫더라도 참고 공동규칙을 따라야 한다는 것을 이해하지 못한다. 이전까지 아이의 뇌는 자기중심적이어서 세상을 바라보는 시야가 단순하다. 이를 벗어나 어릴 때부터 남을 배려하고 타인의 시선에서 객관적으로 상황을 판단하는 습관은 곧 종합적인 사고력으로 연결된다.

취재진은 이런 내용을 한국의 명문가로 꼽히는 류성룡가의 취재 과정에서 재차 확인할 수 있었다. 류성룡가의 사람들은 전통 밥상머리 교육을 생각할 때 흔히 떠올리는 까다로운 규칙이나 예의범절을 강조하지는 않는다고 밝혔다.

가족식사 예절에 관한 한 '법이 없는 집안'이라는 집안의 큰 어른. 그가 편식에 밥투정을 했던 아이들에게 했던 말은 일반 가정에서 나오는 말과 별반 다르지 않다. 전통적 규율에 구애받지 않았던 그가 유일하게 꼽은 가족식사 예절은 바로 배려였다.

어릴 때는 물론, 처음에 젓가락질이나 편식하는 것에 신경을 썼지. 자기가 좋아하는 음식에 젓가락이 많이 가는 게 당연하니까.

"밥풀 흘리지 말고 깨끗하게 먹어라", "농민들의 피가 담겨 있는 건데 함부로 헛되이 하지 말고 먹어라" 이런 정도지. 어르신 식사 때 지켜야 할 예법은 별다른 거는 없어. 그래도 맛있는 게 있다고 해서 자꾸 그것만 먹고 남을 배려하지 않는 거. 이런 거는 해서는 안 되지.

이제 50대가 된 삼형제 역시 밥상머리 교육에서 기억나는 것은 부모님의 지적을 통해 자신의 습관을 객관화하면서 자연스럽게 남의 마음을 헤아리는 훈련을 하게 된 것이라고 말한다.

그런 것(배려)은 우리는 생활하면서 저절로 습득한 건데요. 보통 자기 혼자 먹는 게 아니라 (한 그릇에) 공동으로 같이 먹잖아요. 그러면 여러 사람의 젓가락이 왔다 갔다 하는데, 아버님이 식사하는데 자식이 젓가락질 이상하게 하면서 정신없이 왔다 갔다 하면, 어른 눈에 불편하게 보일 거라고…, 그런 생각이 들어서 고쳤죠.

반찬을 먹을 때도 먼저 '어른이 이거를 좋아하시는구나' 그런 생각이 들면 먼저 먹을 게 아니라 어른 드시는 거 보고 먹고, 그 반찬은 남겨놓게 되고. 그런 배려를 배우는 거죠. 집에서 그런 것을 알고 밖에 나가면 자기만 위하는 게 아니라 남도 배려할 줄 알게 돼요. 가정에서의 그런 행동이 밖에서도 자연스럽게 나타나는 거죠.

법이 없다고 그래도 그중에 법이 있는 거예요. 최소한 아버지가 몇 가지 지적한 것은 우리는 안 하거든요. 밖에 가면 상 차려 놓으면 애들이 (그 위에) 올라가고… 요새 그런 게 많잖아요? 우리는 그런 것은 안 하려고…. 아니 안 하려고 하는 게 아니라 감히 해본 적이 없는 거죠.

류성룡가 인터뷰 중

# 성공의 키,
# 만족지연능력

### - 한국의 전통 밥상에서 배운다

> 충동 억제력과 희열을 늦추는 능력이 전혀 없는 유아에서, 생존을 위해 반드시 어느 정도 자제력을 갖춰야 하는 성인으로 넘어가는 과도기를 이해하는 일이 인간 발달을 연구하는 학자들에게 가장 큰 도전 중 하나다. 월터 미셸

1968년 스탠퍼드 대학의 월터 미셸Walter Mischel은 그 과도기를 이해하는 '가장 큰 도전'을 매우 간단하지만 놀라운 '마시멜로 실험'을 통해 밝혀냈다. 이 단순한 실험은 만족을 지연시키는 정신적 처리 과정을 규명하려는 것이었다.

4살짜리 아이에게 마시멜로 하나를 주고 실험자가 15~20분간 자리를 비운 사이 마시멜로를 먹지 않고 기다리면 돌아와 하나를 더 주겠다는 조건을 내건 실험.

### IQ보다 훨씬 중요한 만족지연능력

눈앞에 놓인 사탕을 보면서 15분간 유혹을 이긴다는 것은 4살짜리 아이에게 결코 쉬운 일이 아니다. 대부분 아이는 이 실험에서 3분 이상을 견디지 못한다. 그러나 이 유혹을 잘 참아낸 아이는 스트레스에 대한 내성은 물론 사회성도 뛰어나 성인이 되어서 성공적인 삶을 살게 된다. 실제 인생을 살아감에 있어 IQ보다 훨씬 더 중요한 능력인 셈이다.

1,000명이 넘는 실험 대상 아이 중 3명 중 2명꼴로 실험자가 자리를 뜨자마자 마시멜로를 먹어치웠다. 나머지 1명은 실험자가 돌아올 때까지 먹지 않고 기다렸다. 참고 기다린 아이와 달콤한 마시멜로의 유혹에 넘어간 아이. 그래봤자 마시멜로 하나 더 받은 게 대수일까?

그러나 수년 후 그는 실험 대상자들과 같은 또래인 딸과 대화하던 중 아주 흥미로운 현상을 발견했다. 마시멜로에 대한 유혹을 참고 보상을 택했던 아이들은 학교성적은 물론 문제해결능력, 계획성 등에서 대체로 흠잡을 데 없는 평판을 유지하고 있었다.

마시멜로 실험은 당장의 유혹보다는 '상황을 분석하고, 대안을 생각하고, 이득이 되는 것을 택하는' 30% 아이들의 능력을 보여준 것이다.

## 성공을 부르는 만족지연능력

'만족지연능력'이라고 이름 붙여진 이 능력은 15년 후, SAT 점수로 확연하게 드러났다. '만족지연능력'이 있어 마시멜로 2개를 받았던 아이들과 마시멜로 하나로 만족해야 했던 아이들 사이에 평균 210점의 차이가 났다. 당시만 해도 IQ가 미래의 성공을 예측한다는 생각이 지배적이었지만 자제력(만족지연능력)만큼 중요하지는 않다는 것이 입증된 셈이다.

마시멜로 실험을 여러 가지 다른 형태로 변형해보아도 결과는 마찬가지였다. 예를 들어 중학교 2학년 학생들에게 지금 1달러를 받는 것과 일주일 후에 2달러를 받는 것 중에 선택하라고 할 경우, 기다렸다가 2달러를 받는 학생들의 성적이 IQ에 상관없이 높았던 것이다.

이는 어쩌면 당연한 결과처럼 보인다. 아이가 크면 클수록 당장의 유혹에 넘어가느냐, 미래를 위해 현재를 참느냐 하는 갈등이 반복된다. 지금 숙제를 하지 않고 TV를 보거나 게임을 하느냐, 좋은 대학에 가기 위해 시험공부를 하느냐 등이 좋은 예다. 많은 유혹을 물리치고 자신이 목표한 바를 이루기 위해 자제하는 능력은 학창시절뿐 아니라 이후의 인생 고비마다 분기점으로 작용할 것이다.

무려 40여 년 전, 만족지연능력으로 마시멜로 2개를 받았던 캐럴린 와이즈는 현재의 자신도 참을성이 많아서 목표가 있다면 반드시 참고 이뤄낼 수 있다고 자신했다. 2009년 4월 《뉴요커》지에 소개된 캐럴린의 성공적인 이력(스탠퍼드 대학·프린스턴 대학 박사학위, 현재 퓨젓사운드 대학 심리학과 교수)은 만족지연능력이 평생에 걸친 성공의 자산임을 보여준다. 자신을 절제할 줄 아는 능력이 다른 능력 전반의 발달에 영향을 미치는 것이다.

일례로 대학 졸업 같은 인생의 목표는 단지 4년을 기다리는 그 이상의 것을 요구한다. 공부도 해야 하고, 강의도 듣고 어느 수준의 학점을 얻어야 하고, 4년 동안 다양한 유혹과 마음의 혼란에도 저항할 수 있어야 한다. 월터 미셸

## 만족지연능력을 제대로 키워주려면

그런데 여기에는 밝혀야 할 중요한 사실이 있다. 19개월 아이들을 대상으로 한 실험에서 엄마와 떨어져 있을 때 성을 내고 우는 아이들과 달리, 장난감을 가지고 조용히 노는 아이들은 4살이 되어 마시멜로 실험에 참가했을 때 월등한 만족지연능력을 보인다. 3명 중 1명꼴로 나타나는 이 능력은 타고나는 것일까? 아니면 키워지는 것일까 Nature or Nurture?

그러나 월터 미셸은 단순한 이분법을 거부한다. 'nature'와 'nurture'는 떼어낼 수 없을 만큼 상호연결되어 있다는 것이다. 유아를 대상으로 마시멜로 실험을 해보면 흥미로운 모습을 발견할 수 있다.

차분하게 앉아 있어서 실험자가 올 때까지 기다릴 줄 알았던 아이들은 30초 정도가 지나자 마시멜로를 먹어버렸고, 오히려 부산스럽게 딴 곳을 보거나 책상에 머리를 수그린 채 참기 어려워하는 아이 중에 정해진 시간을 지켜 2개의 마시멜로를 받은 경우가 많다는 것이다.

월터 미셸은 이것을 유혹을 참도록 사물을 다르게 인지하는 훈련을 한 아이와 생각하는 방법을 배우지 못한 아이의 차이점이라고 파악하고 있다. 아이들을 두 집단으로 나누어 한 집단에는 마시멜로를 뭉게구름으로 생각하라고 주문하고, 다른 한 집단에는 마시멜로가 먹을거리로서 어떤 특징이 있는지 생각해보라고 주문한다.

이때 마시멜로가 입안에서 어떤 맛과 느낌을 주는지 상상하도록 유도된 후자의 아이들은 결국 유혹을 참지 못하고 마시멜로를 먹어버린다. 기다리는 시간은 5분에 불과하다. 하지만 마시멜로를 추상적인 개념으로 환치시킨 아이들은 무려 2배 이상인 13분을 기다릴 수 있었다.

이런 인지훈련은 하루아침에 이뤄지는 일이 아니다. 교실에서만 될 수 있는 일도 아니다. 아이의 성공적인 미래를 가능하게 하는 투자는 가정에서 이뤄져야 한다. 월터 미셸은 이렇게 말한다.

저녁을 먹기 전에 간식을 먹지 않는다든가, 용돈을 모으도록 한다든가, 크리스마스 전에 선물 풀어보지 않기 같은 아주 일상적인 일도 인지훈련이다. 그러나 이런 전략이 습관이 되려면 수년간에 걸쳐 꾸준히 연습해야 한다. 우리는 자신의 욕망을 속일 수 있게 나 자신을 훈련할 수 있다. 바로 그 점에서 부모의 역할이 중요하다. 부모가 당신으로 하여금 매일 매일 기다리게 하는 의식을 만들어놓았는가? 기다리도록 의지를 북돋우고 그에 대한 가치를 느끼게 하는가? 월터 미셸

## 전통 밥상교육에서 배워야만 하는 것

그런데 놀랍게도 월터 미셸의 40년간의 연구에 의한 조언은 한국 사람이라면 누구라도 해왔을 기본적인 밥상머리 교육과 일치한다. 가족이 함께 둘러앉은 한국의 밥상을 기억해보자. 눈앞에 가장 좋아하는 반찬이 모락모락 김을 내뿜으며 유혹해도, 도저히 참을 수 없을 만큼 허기가 져도 아이는 부모가 수저를 들 때까지 식사를 할 수 없다. 말귀가 트이지 않은 어린아이라도 예외는 없다.

부모의 권위와 '최소한의 예의'라는 이유로 지켜져온 전통. 그러나 그 과정은 기다림을 훈련하는 과정이다. 월터 미셸식으로 말하자면 그 과정에서 아이들은 눈앞에 놓인 맛있는 음식에 대한 갈망에 집중하는 게 아니라, 그 기다림을 어렵지 않게 보내는 방법을 스스로 터득한다. 우리 조상은 '아이로 하여금 매일 매일 기다리게 하는 의식'을 만들어 놓았던 것이다. 밥상의 예의범절이 유독 강조되어왔을 뿐 사실상 우리의 전통 밥상머리 교육은 절제 능력과 특별히 연결되어 있다는 것을 알 수 있다. 조선 시대의 실

아주 어린아이라 할지라도 집안의 어른이 수저를 들기 전까지는 음식에 손을 대지 못하는 우리의 전통 밥상머리 교육. 아이는 이 과정에서 당장의 유혹을 참고 넘길 줄 아는 만족지연능력을 배우게 된다. 아이의 미래를 걱정하는 부모라면 지금 내 아이가 매일 앉는 밥상이 과연 어떤 모습인지 한 번쯤 돌이켜봐야만 한다.

학서인 『규합총서』에서는 '사대부의 식시오관(사대부가 음식을 먹을 때 다섯 가지 염두에 두어야 할 일)'이라 하여 밥상머리에서 생각해야 할 것을 이렇게 정리하고 있다.

- 힘듦의 다소를 헤아리고 이 음식이 어디서 왔는지를 생각해보라.
- 대덕을 헤아려 섬기기를 다하라.
- 마음에 과하고 탐내는 것을 막아 법으로 삼으라.
- 좋은 약으로 알아 형상의 괴로운 것을 고치게 하라.
- 도업을 이루어 놓고서야 식사를 하라.

밥상에 특별한 반찬이라도 올라오면 어른들의 귀가 시간까지 기다려야 하고, 막상 밥상에 앉아서도 한 가지 음식만 탐하지 못하게 했던 전통 밥상머리 교육은 고리타분한 옛날 얘기가 아니라 아이의 자제심을 키우고 미래의 성공능력을 가늠하게 하는 교육으로 다시금 조명받아야 한다. 1년에 1,095회의 식사, 다시 말하

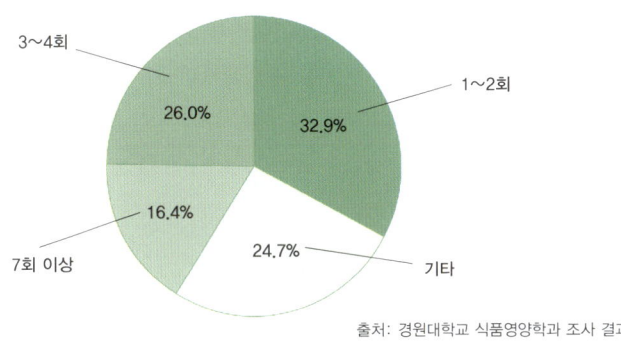

면 이것은 1,095회의 훌륭한 교육장인 셈이다.

그러나 현실은 암울하다. 1980년대만 해도 가족들은 연간 800회 정도 밥상 앞에서 얼굴을 맞댔지만 오늘날 평균 가족식사 횟수는 연간 270회를 밑돈다. 하루에 단 한 끼도 가족과 식사를 하지 않는 날이 1/3에 이른다.

실제로 취재 중 우리는 가족식사를 한 기억이 없다는 학생들을 심심찮게 만날 수 있었다. 하교 후에는 학원가로 흩어져 11시경에야 귀가하기 때문에 저녁을 학원 근처 음식점에서 해결한다는 아이들.

그러나 이를 비난한다면 부모들은 억울할 수밖에 없을 것이다. 아침에는 학교로 유치원으로 끼니라도 챙겨 먹여 보내느라 정신없고, 조금이라도 좋은 교육을 하고자 동분서주하고 있느라 밥상을 못 지킬 뿐이다. 아이들이 미래에 겪을 치열한 경쟁을 생각하면 예의 바르다는 말을 듣는 아이보다 성적이 좋고 능력 있는 아이가 유리하지 않겠느냐는 생각이다. 아이가 성공의 사다리에서 유리한 자리를 선점할 수 있다면 밥상머리 교육은 희생할 수 있다는 것이다. 과연 아이의 허기진 배를 채워주는 것이 부모 역할의 전부일까? 당장의 화려한 성적표가 아이의 능력일까?

  우리 주변에는 현재 상황이 어떻든 자신의 계획을 세우고 이를 실천해 목표를 성취해내는 '만족지연능력'이 탁월한 사람들이 있다. 당장의 유혹보다는 '상황을 분석하고, 대안을 생각하고, 장기적으로 이득이 되는 것을 택하는' 30% 아이로 키울 것인지, 아니면 눈앞의 목표에 급급해 미래의 혜택을 포기하는 70%의 아이로 키울 것인지 심각하게 고민해볼 때다. 아이의 미래를 바꾸는 비결은 학교나 학원이 아니라 가족이 눈을 맞추며 함께 뜨는 밥 한 수저에 담겨 있을지 모르기 때문이다.

# 10대에 다시 찾아오는 '생후 3년'의 기적

– 10대의 전두엽은 밥상에서 자란다

최초 3년 동안 아이의 뇌는 성인의 뇌와 비슷한 무게로 자란다. 과잉생산을 통해 생존에 필요한 것 이상의 뇌세포(뉴런)와 시냅스 연결을 만들고, 또 이를 토대로 엄청나게 빠른 속도로 시냅스의 조형작업을 이룬다.

노벨상 수상자 제럴드 애들먼Gerald Edelman 박사는 이를 두고 다윈의 진화론이 적용된 훌륭한 예라고 말한다. 즉 생존을 위해 조직을 만들어낸 후, 그 뒤 사용하지 않거나 불필요한 것들을 과감히 잘라내는 일종의 '가지치기' 과정이라는 것이다.

이 3년은 평생을 통틀어 뇌의 가장 중요한 발달 단계라고 할 수 있다. 뇌의 어느 특정 부분은 이 시기를 놓치게 되면 다시는 발달을 이루지 못할 정도다. 한 예로 데이비드 휴벨David Hubel과 토스턴 위젤Torsten Wiesel은 생후 3~15주간 새끼 고양이의 한쪽 눈을 가려두었는데, 이후 가리개를 풀어도 영영 시력을 되찾지 못했다. 안구 자체에 이상은 없었지만 눈을 가려둔 사이 외부 자극에 반응하는 세포가 없어져버린 것이다.

청력도 마찬가지다. 초기에 적절한 외부 자극이 없으면 뇌가 발달할 '가능성의 창문'은 영영 닫히고 만다.

## 평생을 걸쳐 변화하는 뇌

그렇다면 다른 부위는 어떨까? 뇌를 이루는 부위 대부분은 평생에 걸쳐 새로운 능력을 배우고 적응한다. 뇌세포는 태어난 이후 계속 줄어들지만 그 뇌세포를 둘러싼 단백질과 지방으로 이루어진 회백색 물질이 점점 강화하면서 뇌세포 사이의 신호를 활성화한다. 속도가 둔화할 뿐 어느 순간 완전히 정체되는 것은 아니다. 뇌 발달에 기반을 둔 교육을 주장하는 서울대 서유헌 교수는 끊임없이 변화하는 뇌의 속성을 이렇게 정의한다.

1. 뇌는 적절한 자극에 발달하지만 과잉·장기간 자극에 손상받는다. 따라서 뇌 발달에는 휴식과 수면이 필수다.
2. 뇌는 끊임없이 창조된다. 죽은 신경세포는 살릴 수 없으나 시냅스는 새로 만들어진다.
3. 뇌는 평생을 통해 발달할 수 있다.
4. 학습 등 지성과 창의력은 정서(감정)와 밀접하게 연관되어 있다.

5 특정한 뇌 기능은 특정한 기간에 효율적으로 더 잘 습득된다.
6 환경 요인(스트레스와 풍족한 환경)은 뇌 발달과 기능(이성과 감정)에 중대한 영향을 미친다.

그런데 최근 10대 사춘기를 정점으로 다시 한번 '생후 3년'에 버금갈 만큼 두뇌 회로가 급속도로 재편된다는 연구 결과가 발표되었다. 제이 기드 박사Jay Giedd, National Institute of Mental health가 아이들을 대상으로 1995년부터 2년 간격을 두고 MRI를 촬영하여 밝혀낸 획기적인 전환점이다.

만 6세에 이미 성인 뇌의 95%에 이르는 무게를 갖는 아이의 뇌는 성장을 멈춘 것처럼 보인다. 그러나 뇌세포가 잉여 연결을 할수록 대뇌 반구의 표면을 덮은 대뇌피질(회백질)의 밀도는 점점 높아진다. 대뇌는 좌우 반구로 구분되며 피질과 수질로 나뉜다.

피질은 대뇌의 겉 부분으로 신경세포들이 모여 있으며 회백색이어서 회백질이라고 하고, 수질은 대뇌의 속 부분으로 신경돌기들이 모여 있고 하얀색이어서 백질이라고 불린다.

그중 대뇌피질은 신경세포가 140억 개나 모여 있는 곳으로 감각을 종합하고, 고도의 지적 기능을 담당하는 곳이다. 대뇌피질은 각 부위별로 판단과 전략화, 목표설정, 조직화를 주관하는 전두엽과, 청각조절 중추와 인지기능, 기억기능을 조절하는 측두엽, 시각 중추가 있는 후두엽으로 나뉜다. 이 대뇌피질은 인간을 영장류에서 구분시키는 가장 중요한 부위로 대뇌피질의 두께가 인간의 지능을 결정한다는 주장이 제시될 정도다.

캐나다 맥길 대학 몬트리올 신경연구소MNI의 정신과전문의 셰리프 카라마Sherif G. karama 박사는 대뇌피질이 두껍다는 것은 신경세포들의 연결망이 그만큼 많고 복잡하다는 것을 말하며, 따라서 그것이 인지기능에 미치는 영향도 클 것이라고 주장한다.

그런데 이 연결망이 가장 복잡하고 두꺼워지는 시기가 바로 여아에 있어서는 만 11세, 남아는 만 12.5세다. 이 시기에 아이의 뇌는 생후 3년간 목격되던 뇌세포와 조직망의 과잉 생산이 최고조에 이르는 것이다. 그리고 이 정점을 지나면 곧 아기의 뇌와 마찬가지로 '가지치기'가 일어난다.

이때의 가지치기 역시 '사용하지 않으면 없어지는' 원칙에 충실할 확률이 높다. 이 시기에 사용된 뇌세포나 연결 조직은 더욱 풍성해지지만, 사용하지 않는 조직은 사라져버리는 것이다. 이 과정은 매우 빨라서 회백질은 해마다 0.7%씩 줄어들고, 20대 초에 이르러서야 가지치기의 속도가 줄어든다.

## 두뇌의 재도약을 이루는 사춘기

어린 아기의 뇌에서 일어나는 가지치기, 조형 과정에 대해 적절한 자극만 있다면 더욱 똑똑하고 튼튼한 뇌를 얻게 된다. 사춘기 아이들의 뇌도 마찬가지의 긍정적 효과를 기대할 수 있다. 사춘기 동안 뇌의 연결회로는 줄어들지만 그 기능은 더욱 강력해진다. 뇌가 더 효율적으로 프로그램화되는 것이다. 뇌의 구조가 효

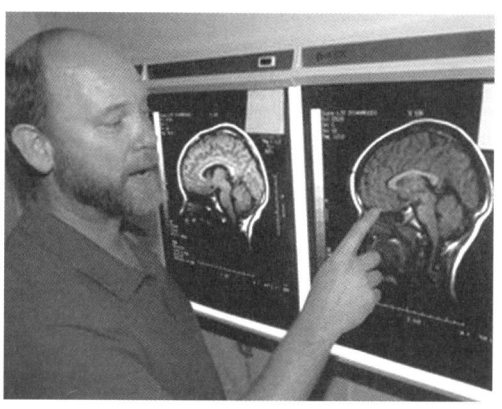

사춘기 아이들의 두뇌 발달을 집중적으로 연구한 제이 기드 박사는 10대의 두뇌를 조각되지 않은 커다란 원석에 비유한다. 사춘기에서 성인으로 넘어가는 10대의 뇌는 거대한 화강암과 같다는 것이다. 이때 아이의 뇌는 화강암 덩어리에서 조각을 떼어 예술 작품을 만들 듯 자신을 조각해낸다. 이를 뇌의 전문화라고 부른다.

율적으로 변하는 이 시기는 곧 '생후 첫 3년'을 만회할 기회를 준다. 역으로 말하자면 이 시기에 제대로 자라지 못한 능력들은 영영 사라지고 말 것이다.

> 만약 10대가 음악이나 스포츠, 공부를 하면 뇌에서 이 부분을 주관하는 셀과 연결들은 더욱 공고해질 것이다. 반대로 10대가 소파에 누워 있거나 비디오 게임을 하거나 TV에 탐닉한다면 그런 셀과 연결들이 생존할 것이다. 제이 기드

이런 과정을 통해 사춘기의 뇌는 어른으로 성장할 준비를 한다. 이른바 뇌의 '전문화'를 이루는 것인데, 그 전문화가 어떤 방향으로 이뤄지느냐에 따라 아이의 미래가 결정된다.

10세 이전에는 현실적인 여건이나 본인의 능력, 제약을 거의 인식하지 못하고, 입을 모아 '대통령', '왕자' 등으로 장래 포부를 이야기하던 아이들이 자신의 흥미, 적성, 능력 등을 제대로 인식

하고 그에 따라 여러 가지를 시도한다. 뇌가 그동안의 경험에 따라 자신이 가장 잘하는 것은 무엇인지를 모색하고 판단한 뒤 일종의 전문화를 시작하는 것이다.

따라서 사춘기에 접어든 아이에게 더는 해줄 게 없다고 손을 놓아서는 안 된다. 만 11~12세에 이른 우리의 아이는 지금 무엇을 하고 있는가? 이 질문에 제대로 대답할 수 없다면 부모 노릇을 제대로 하고 있다고 말할 수 없다.

## 아이의 잠재력을 끌어내려면

사춘기 아이가 보내는 시간이 결국 미래를 결정할 뇌를 조각한다는 사실은 반가운 일이다. 특히 '최초 3년'의 결과가 흡족하지 않다면 이제야말로 아이를 주물 뜨듯 원하는 모양으로 만들 수 있다고 생각할 수도 있다. 혹자는 우리가 밥상머리에서 할 수 있는 일보다 조금 더 집중적으로 학습능력을 키워야 한다고 생각할 수도 있겠다.

하지만 우리는 사춘기의 뇌는 성인으로 진입하는 준비 과정을 거치는 것이지, 완성된 상태가 아님을 기억할 필요가 있다. 11~12세까지 대뇌피질이 두꺼워지는 것은 사실이지만, 그렇다고 기능이 완벽하게 구현되는 것은 아니다. 그 이유는 바로 뇌의 가지치기 순서에 있다.

사춘기 뇌의 조형작업은 뇌의 뒷부분에서 앞으로 진행된다. 두

뇌의 CEO라 불리는 전두엽은 아직 성인과 같은 수준으로 발달하지 않은 상황이다. 과잉 생산되었지만 여전히 불완전한 전두엽은 사춘기의 충동적이고 무분별한 반응을 막기엔 미성숙한 것이다.

제이 기드 박사는 조각 전의 원석 상태인 10대의 뇌를 안타까워한다. 우선순위를 정하고, 일을 조직하며, 위험에 처했을 때 감지하고 행동을 제어할 수 있는 전두엽이 아직 제 기능을 찾지 못할 시기, 사춘기에 넘쳐나는 호르몬은 아이를 전방위적으로 위험한 상황에 노출시킬 수 있기 때문이다.

안타까운 것은 10대 아이의 뇌가 가장 취약할 순간이 바로 그들이 마약이나 알코올에 손을 댈 확률이 가장 높은 시기라는 것이다. 나는 10대들과 일을 할 때 사춘기에 어떻게 두뇌 발달의 정점에 이르고 가지치기가 이뤄지는지, 두뇌 발달 곡선을 보여주면서 아이들을 설득하려고 노력한다. 만약 오늘 약이나 알코올을 시도하면 그건 오늘 밤이나 이번 주말에 끝날 문제가 아니고 앞으로 80년 인생을 바꿀 것이라고 말이다. 제이 기드

이 시기 아이들은 무엇이든 배울 수 있는 무한한 가능성을 가지고 있지만, 또한 회복 불가능한 뇌 구조의 변화를 겪을 수도 있다. 그런 점에서 CASA의 연구 결과는 주목할 만하다. 가족식사가 0~2회인 12~13살의 10대들은 가족식사가 5~10회에 이르는 동년배에 비해 마리화나에 손을 댄 경험이 6배나 높고, 담배는 4배, 알코올 경험은 3배에 이르렀다.

과연 밥상머리에서 조각할 수 있는 이상적인 10대 아이의 뇌는 어떤 모습일까? 이젠 말도 통하지 않고 내 아이가 아닌 것 같은 느낌이 들더라도 다시 한번 생후 첫 3년 때의 감동으로 돌아가 아이의 잠재력을 끌어내기 위해 노력해야 한다. 여기 사춘기 때 진로를 바꾸면서도 성공적인 수험생활로 안착한 준희네 사연을 소개한다.

## 아침상에서 아이의 미래를 조각한다

준희네 집은 오전 7시 30분에 가족이 함께 모여 아침식사를 하는 것을 철칙으로 삼고 있다. 다른 가족들이 아침식사를 준비하는 마지막 10여 분 동안에도 준희는 놀라운 집중력으로 미동 없이 책상에 붙어 있었다. 무엇보다 인상적인 것은 준희 곁에 놓인 계획표였다. 공부시간 중 순수하게 공부에 집중했던 시간을 과목별로 5분 단위로 정리해 시간 계산을 하고, 하루가 끝날 때는 부족한 과목과 앞으로 공부해야 할 내용이 무엇인지 파악할 정도로 계획성이 있었다. 이런 노력 끝에 준희는 현재 모의고사 성적이 전국 상위 0.1%까지 올랐고 서울대를 목표로 하고 있다.

준희는 처음부터 그렇게 우등생의 길을 밟아온 것이 아니다. 중학교에 입학할 때까지 준희는 야구선수의 꿈을 키워왔다. 그런 준희가 공부로 선회하게 된 것은 사춘기에 이르러 '과연 프로야구 선수로 성공할 수 있을까?' 하는 자각이 있었기 때문이다.

준희 아버지는 매일 새벽에 일어나 준희에게 이야기해주기 위해 책을 읽는다. 한창 입시 공부에 힘이 든 아들에게 강압적인 훈계보다 좋은 글귀로 아침을 맞게 하는 것이 좋지 않겠느냐는 생각에서다. 책에서 발견한 좋은 글은 노트에 따로 적어두기도 한다고.

저는 체구가 큰 편도 아니고 힘도 부족했어요. 운동으로는 좀 힘들겠다는 생각이 들어서 공부로 전환하게 됐어요. 아버지와 상의했는데 '공부를 해보는 게 어떻겠냐' 하는 말씀을 들은 게 컸고요. 준희

공부로 방향 선회를 하긴 했지만 처음에는 타고난 머리가 좋은 편도 아니고, 남들보다 뒤처졌다는 초조감 때문에 공부가 손에 잡히지 않았다고 한다. 이런 준희를 다잡아주기 위해 아빠는 매일 아침 밥상머리를 지켰다. 거리를 걸으면서도, 지하철에 타서도, 하루 한 끼는 김밥으로 해결하면서까지 공부를 해야 하는 준희와 얼굴을 맞댈 수 있는 유일한 자리였기 때문이다.

이제 아빠의 아침 기상은 새벽 5시, 아침을 먹기 전 준희와의 대화를 준비하는 아빠만의 시간이다. 불과 20여 분에 불과한 아침식사를 위해 아버지는 그 시간 동안 책 한 권을 독파한다.

(좋은 책이나 글귀 등) 아주 좋은 얘기를 전달해줄 상황이 되면 미리

준희가 운동 대신 공부를 택한 뒤로 준희네 집은 아침마다 가족식사를 한다. 아침식사에서 아버지가 들려주는 책 이야기는 수험생인 준희가 긍정적인 사고를 하는 데 큰 도움이 되었다. 준희는 아침마다 가족식사를 하게 된 뒤부터 성적이 떨어진 적이 없다고 한다.

준비하는 시간도 필요하거든요. 신문 요약도 하고 책 내용을 적기도 해서 준비하는 것도 (아이에게 이야기를 들려줄 때) 준희에게 도움이 되지 않나 싶어요. 아버지

아이에게 공부를 하라는 훈계 대신 준희가 읽었으면 하는 책 한 권을 아버지가 대신 집어들었다. 준희는 밥을 먹으면서 아버지가 들려주는 책 내용을 함께 씹어 삼킨다. 그리고 그와 함께 성적도 올렸다. 아버지가 아침상에서 책을 읽어주기 시작한 고2 시절부터 준희는 단 한 번도 전교 1등을 놓쳐본 적이 없다.

초반에는 괜히 부모님한테 화풀이를 많이 했어요. 공부가 안 되고 짜증 나는 걸 부모님한테 풀고 그랬는데 좀 더 대화 시간을 갖다 보니까 불필요하게 서로 마찰을 일으키는 경우가 줄어들었어요. 그러다가 아빠가 나를 위해 뭘 좀 해줘야겠다고 하시면서 책 얘기를 해주시더라고요. 처음에는 아침에 졸리니까 한 귀로 듣고, 듣는 둥 마는 둥 했는데 듣다 보니까 내용이 되게 좋은 거예요. 졸리기는 해도

좋은 내용이 들어오니까 뭐랄까… 학교 다니면서 되게 힘든데, 힘든 가운데서도 긍정적으로 사고할 수 있게 해준 것 같아요. 준희

* 2009년 여름. 수험생이었던 준희는 2010학년 자신이 목표로 했던 서울대 수시모집에 합격했다.

영화 〈뻐꾸기 둥지 위로 날아간 새〉를 통해서도 잘 알려진 로보토미Lobotomy(전두엽 백질 절개술)는 전두엽의 연결 섬유를 끊어 폭력적 성향을 보이는 정신분열증을 치료하려는 시도로 시작됐다. 운동능력, 인지능력, 어느 것도 손상하지 않고 폭력 성향만 호전시킨 공로를 인정받아 1949년 집도의가 노벨상을 받았고, 1952년까지 로보토미는 세계적으로 각광을 받았다.

그러나 십 수 년이 흐른 후 이 수술을 받은 사람들에게서 공통적인 증상이 나타났다. 업무에 대한 자발성, 적극성이 없어지고 스스로 동기부여를 하지 못해 흥미를 잃는 등의 부작용이다.

이 계획하지 않은 생체 실험을 통해 전두엽의 기능들이 하나씩 밝혀졌다. 인간을 인간답게 만드는 전두엽은 방향 설정, 동기부여, 의욕 증대, 목표 설정 등의 제어능력을 주관한다는 것이다.

따라서 전두엽이 아직 성인 수준으로 발달하지 못한 10대를 다 그친들 자발적으로 행동할 수는 없는 노릇이다. 그보다는 왜 공부를 해야 하는지, 어떤 목표를 세워야 하는지, 동기를 유발하는 것이 중요하다. '내 아이를 잃은 것 같다'는 한탄을 접고, 10대에 이른 아이를 위해 무엇이 가장 필요한지 깨닫고 실천에 옮긴 준희 아버지의 지혜를 빌려보자.

제가 자랐을 때를 떠올려보니 아버지와 대화가 많지 않았다는 것이 생각났고, 만일 그 당시에 아버지가 내게 어떤 방향제시를 했으면 얼마나 좋았을까 하는 생각이 들었어요. 그래서 우리 아들이나 딸에게는 제가 겪은 이야기를 해줘서 시행착오를 줄이는 데 도움이 된다면 얼마나 좋을까 싶었습니다. '너는 이렇게 살아야 한다'가 아니라 제 생각을 말해줘서 '기왕이면 이런 방법도 있으니까 한번 생각해봐'라든가, '내가 만약에 다시 시작한다면 이렇게 살았을 것이다' 같은 식으로 얘기해주는 것이 아버지로서 도움이 될 것으로 생각했습니다. 아버지

# 사춘기 뇌 발달은
# 가족식사에 달려 있다

교복을 입지 않으면 어른과 구별하기 어려울 만큼 빠른 발육을 보이는 10대 아이들. 성장기가 전보다 훨씬 빨라진 덕에 요새 아이들은 초등학교 시절에 사춘기를 맞는다. 어른보다 첨단기기도 잘 다루고, 이전 세대보다 어려워진 교과 과정도 척척 따라가는 걸 보면, '다 컸다'는 말에 일면 수긍이 가기도 한다. 하지만 사춘기는 인생의 두 번째 시작이다. 몸은 비록 어른과 비슷할지언정 머릿속 두뇌는 이제 새로운 출발을 준비한다.

## 새로운 출발을 준비하는 사춘기의 뇌

프로이트는 인간의 성격은 사춘기 전에 거의 다 굳어진다고 주장했지만 최근 발달심리학자들은 사춘기를 자아 재형성의 시기로 보고 있다. '정체성 위기'라는 용어를 만들어낸 심리학자 에릭슨에 따르면 10대 청소년들의 주요과제는 더 독립적이고 자주적이 되는 것이다.

그러므로 아이가 부모의 말에 대꾸조차 하지 않고 가족과의 시간이 일시 중지되는 것은 어떻게 보면 자연스러운 일이다. "왜 말을 안 듣니?", "엄마는 나를 이해 못 해!"로 이어지는 10대 자녀와의 대화는 10대의 뇌 특성 때문일 확률이 높다는 것이다.

데버라 위글른 토드 박사는 10대와 성인들의 뇌의 차이를 자기공명장치를 통해 밝혀냈다.

10대부터 성인에 이르는 연령층의 사람들에게 여러 가지 감정을 드러내는 사진을 제시한 뒤 어떤 감정인지를 읽어보라는 것이었다. 그런데 10대와 성인은 같은 사진을 다르게 읽어냈다.

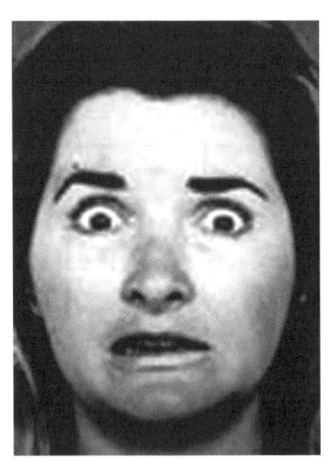

옆의 사진을 제시했을 때, 성인은 100% '공포'라고 답한 반면 절반의 10대가 '충격', '분노', '슬픔'이라고 대답한 것이다. 놀랍게도 10대 중 일부는 표정이 나타내는 감정을 전혀 이해하지 못하겠다고까지 했다. 11~17세 아이들을 대상으로 한 실험에서 특히 10대 초반의 아이들은 차이가 심각했다. 이렇듯 성인과 10대는 이미지를 읽는 데 뇌의 다른 부분을 사용한다.

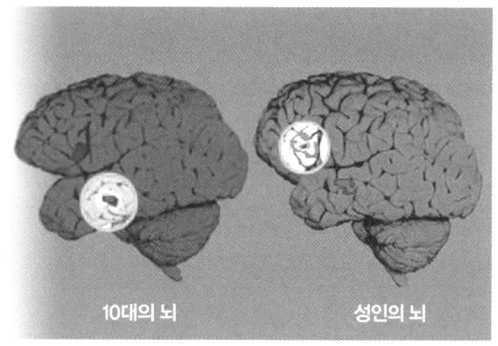

성인의 뇌 vs 10대의 뇌
성인의 뇌가 앞부분에 있는 전두엽을 활발하게 사용하는 반면, 10대의 뇌는 전두엽 대신 감정적 사고를 하는 편도체를 활발하게 사용한다. 이 때문에 10대는 외부에서 자극이 왔을 때 본능과 감정에 따라 행동한다.

10대는 성인들만큼 뇌의 앞부분을 활발하게 사용하지 않는다. 앞에서 언급했듯이 10대는 전두엽이 불완전하기 때문이다. 전두엽은 생각과 판단에 관련된 뇌의 CEO다. 어른의 뇌가 합리적인 판단을 하는 전두엽이 활성화된 반면 10대의 뇌에서는 감정적 사고를 하는 편도체의 활성화가 주로 나타난다. 편도체는 뇌 중앙 부근에 있는 아몬드 모양의 부위로 '싸우거나 회피하거나' 같은 원시적인 본능을 일깨운다. 이 때문에 10대는 외부의 자극에 대해 본능적·감정적으로 반응할 확률이 높은 것이다.

10대들은 외부의 시각적인 자극을 성인과 다르게 읽습니다. 성인의 전두엽과 10대의 전두엽이 다르게 움직이기 때문입니다. 이는 10대의 행동을 이해하는 중요한 열쇠입니다.
그 차이 때문에 10대는 어떤 행동을 할 때 그것이 가져올 결과에 대해 충분히 생각하지 않는 것처럼 보입니다. 그 행동은 뇌 활동이 만들어낸 '부분'에 불과합니다. 그들의 행동은 단순히 뭔가를 하기 싫거나 어른들을 골탕 먹이고 싶어서 하는 게 아닙니다. 데버라 토드

10대 아이의 반항은 아이의 뇌가 완성되기 위해 반드시 거치게 되는 통과의례인 셈이지만, 부모와의 의사소통에는 가장 큰 걸림돌이다.

10대들은 성인의 얼굴에 나타난 모든 표정을 정확하게 읽지 못합니다. 그래서 10대는 부모나 선생님과 이야기할 때 그들의 감정을 잘못 받아들일 수 있습니다. 다시 말하자면 화를 내는 것이 아닌데도 화내고 있다고 받아들일 수 있지요. 아이와의 대화가 명확하지 않은데 우리는 아이들과의 대화가 명확하다고 가정하고 있을 뿐이죠.

데버라 토드

## 반항아를 모범생으로

그렇다면 아이의 뇌가 충분히 발달할 때까지 부모 자식 간의 불협화음은 계속되어야 할까? 아이와 효과적으로 대화하는 방법을 본격적으로 익혀야 하는 것은 부모다. 이미 10대를 겪어본 경험을 떠올려서 아이에게 공감해주고, 설교가 아닌 대화를 통해 바른길을 제시해야 한다. 전두엽의 발달에 따라 관심과 적성, 흥미, 성격도 급변하는 시기이기 때문에 이때 부모의 도움은 아이의 생각과 생활 태도를 바꿀 수 있다.

그리고 한 번의 시도로 해결될 것이라는 생각을 버려야 한다. 이를 해결할 가장 좋은 자리는 바로 밥상머리다. 부모로부터 자신을 떼어내려는 특성이 있는 10대 아이라도 가족식사를 하는 경우, 밥 먹는 시간만 20분이 넘기 때문에 하루 20분 이상의 대화 시간을 확보할 수 있다.

수많은 문제 가정들을 상담해온 이보연 아동심리전문가는 바쁜 현대사회일수록, 따로 10대 아이들과의 시간을 내기 어려운 부모일수록 밥상머리는 최고의 대화 장소라고 추천한다.

청소년기는 흔히 제2의 유아기라고 불리는데 이 두 시기의 특징은 아주 유사하다. 청소년기에 부모는 멘토가 되어야 한다. 상담자로서 격려해주고 비전을 주는 것이 중요하다. 억지로 대화를 시도하면 100% 실패한다. 심문을 당하거나 비밀을 들킬 것으로 생각하기 때문이다.

하지만 식사 중에 자연스럽게 이뤄지는 대화는 일단 밥을 먹으면서 시선을 분산시키기 때문에 아이에게 안정감을 주고 대화하기가 더 쉽다. 흔히 부모들과 상담해보면 아이와 함께하려면 외식을 하거나 어디 좋은 곳을 가야 한다고 생각하고, '돈이 없어서', '시간이 없어서' 등의 핑계를 대며 현실적인 어려움을 토로한다.

누구나 밥을 먹기 위해 최소한 하루 두 번의 시간을 내는데, 그 시간을 알차고 지속적으로만 지내준다면 특별히 아이를 위해 어떤 일을 하지 않아도 좋은 부모의 요건을 갖추게 된다. 가족식사만 잘 활용해도 부모가 아이를 이끄는 시간은 충분하다.

## 가족식사를 위한 귀가 작전

예진이와 예리는 중학교 2학년 쌍둥이다. 이란성이라 외모도 성격도 전혀 다르지만 항상 등하교를 함께하는 절친한 친구이자 전교 1, 2등을 다투는 우등생이다.

그런데 이 둘은 초등학교부터 학원 순례를 하는 요새 아이들과는 다른 학습 습관을 가지고 있다. 학교가 끝나자마자 바로 집으로 돌아와 오로지 자습하는 것만으로 성적을 유지하는 것이다. 어려서부터 스스로 공부하는 습관을 길러주기 위해 아이들이 책상머리에 붙어 있는 동안 독서로 시간을 보낸다는 엄마는 늦은 오후가 되면 분주해진다. 쌍둥이 자매는 물론 퇴근시간이 들쭉날쭉한 아빠, 대학생인 오빠까지 온 가족의 귀가 시간을 조율하기 위해서다.

어느 때는 7시가 되기도 하고, 어느 날은 9시가 되기도 하는 저녁식사 때문에 요기를 할 간식을 마련하는 수고도 마다하지 않는다. 처음엔 가족식사의 중요성에 대해 큰 관심을 두지 않았다는 엄마. 그런 엄마가 가족식사 시간을 더욱 철저하게 지키게 된 것은 큰아들 진승이의 사춘기를 겪고 나서다.

저는 (가족식사를 함께하는 것이) 정말 습관이었어요. 다른 게 중요하다고 생각하지 않았어요. 그런데 그렇게 해도 크게 어려운 일 없이 진승이나 예진이, 예리 크는 걸 보니 잘한 것 같아요. 아마 식사 자리에서 이야기도 하고 서로 문제를 풀고 도와가면서 아이들이 그나마 잘 자라지 않았나 싶어요.

가만히 생각해보니 아마 그 과정이 없었으면 아들과도 딸들과도 많이 멀어졌을 것 같아요. 많은 말을 하진 않지만 식탁에 앉아서 아이들이 은연중에 학교생활을 말하고 아빠도 아이들 이야기를 들어주고…. 그러면서 '아, 우리는 가족이다' 하고 서로 느꼈던 것 같아요. 엄마

첫째 진승이 역시 학창시절 학원을 가지 않고도 고려대학교 의대에 진학할 만큼 성적이 좋았다. 본과에 올라가면서 실습과 공동 스터디까지 정신없는 상황이지만 아직도 저녁이면 귀가해 가족 밥상을 지킨다. 늦은 귀가시간으로 부모와 신경전을 벌이곤 하는 여느 대학생들과는 다른 모습이다. 진승이가 가족식사를 고집하는 이유는 사춘기에 접어든 여동생들 때문이기도 하다. 자신이 사춘기를 건널 무렵, 항상 밥상머리를 지킨 아버지, 어머니와의 대화가 얼마나 도움이 되었는지를 깨달았기 때문이다.

현실적으로 따로 대화 시간을 내기도 어렵고, 솔직히 말해서 "우리 대화하자!" 이러기도 어렵잖아요. 부모님이랑 싸운 적도 있지만, 그래도 습관이 들어서 식사는 같이 하니까 밥 먹으면서 풀어지기도 하고.
적어도 저녁식사만큼은 집에서 가족과 대화를 나누면서 같이 하니까 특별히 남들보다 힘든 사춘기를 겪지 않았어요. 오히려 더 편하고 부드럽게 사춘기를 잘 넘긴 것 같아요. 진승

부모로부터 독립하여 자기 힘으로 바로 설 힘을 갖추는 것이 사춘기의 과제다. 그렇게 하려면 부모의 태도와 가치관과 결별해 자기가 바라는 것이 무엇인지 탐색하고 그 과정을 통해 정체성을 찾아야 한다.

## 변하지 않는 교육 원칙

조사에 따르면 부모나 친구들과의 관계에 덜 사로잡힐수록 어떤 직업을 가질지, 어떤 사람이 될 것인지를 잘 결정하고, 성인이 되어서도 잘 적응할 수 있다고 한다. 반대로 아이가 자신의 정체성을 탐색할 의지 없이 그저 부모의 뜻에 편승하는 경우, 아이도 어른도 아닌 어정쩡한 상태로 성인의 세계에 진입하게 된다. 10대와 부모는 너무 가까워도, 너무 멀어져도 안 되는 특수한 상황에 놓여 있는 것이다. 이런 특수한 상황을 잘 넘기려면 서로 충분히 대화하여 각자 처한 상황을 이해하고 긴밀한 협조 관계를 유지해야 한다.

진승이가 성인이 된 이후에도 가족과 이상적인 관계를 유지할 수 있었던 것은 밥상머리를 통해 사춘기에 부모와의 대화 창구를 열어두었기 때문이다. 그렇다면 이제 조금씩 성인의 문턱에 다가가는 아이들의 입을 열 수 있는 밥상머리 대화의 주제는 무엇일까? 10대들을 이해하기 위해 노력하고 먼저 손을 내밀어야 하는 것은 부모의 몫이다.

서로 공통 관심사 같은 것을 이야기하는 것이 제일 자연스럽지 않을까 해요. 가능하면 부모가 나서서 아이들이 주로 관심을 보이는 것에 대해 접근하는 것이 좀 더 빠른 방법이 아닐까 생각합니다. 저 같은 경우는 제 취향은 아니지만 아이들이 좋아하는 가수에 대해 이야기하는 게 좋겠다 싶었어요. 아이들이 좋아하는 게임이나 캐릭터, 이런 것에 미리 공부도 하고요. 아빠

아이들을 학원에 보내고 가족식사를 포기하는 것은 돈으로 자녀교육을 해결했다고 믿는 것이라고 일침을 놓는 아빠. 대신 그는 아이들을 위해 자신의 저녁 시간을 비워두었다. 저녁 약속도 늦은 술자리도 모질게 마다해온 것이다. 사춘기 아이들은 이렇듯 식탁을 구심점으로 가족의 울타리에서 자랄 수 있다. 진부하게 들리겠지만 온갖 교육법이 남발하고 있는 21세기에도 좋은 교육의 기본 원칙은 변치 않는다.

아무리 과학기술이 발전해도 아이를 바로 자라게 하는 핵심적인 요인은 아주 기본적이죠. '아이들과 애정이 넘치는 양질의 시간을 보내라.' 뇌의 연결은 사회적인 상호작용과 양육자와의 애착형성으로 이뤄지기 때문이죠. 사람들은 이것이 실망스러울지 모릅니다. 이렇게 문명이 발전했는데도 과학자들이 줄 수 있는 조언이라는 게 할머니가 옛날 옛적에 말씀해주신 것뿐이라는 것을요. 제이 기드

# 가족식사에서 나오는
# 옥시토신의 비밀

편도체와 전두엽 피질의 연결을 활성화해서 자극에 대한 반응을 연결하는 도파민, 절정감과 도취감을 통해 몸에 상처가 나도 고통을 느끼지 못하게 하는 엔도르핀, 기분을 들뜨게 하는 세로토닌 등 다 열거할 수 없을 만큼 수많은 호르몬이 우리의 뇌 영역을 활성화하고 기분을 좌우한다.

신경학자 캔더시 퍼트Candace Pert는 인체의 이 호르몬 시스템을 '저렴하게 약을 구할 수 있는 훌륭한 약방'이라고 표현했다. 그러나 이 훌륭한 약방에서 아이가 좋은 약을 구할 수 있을지, 독약(이를테면 스트레스와 관련한 코르티솔, 불안과 분노를 일으키는 에피네프린 같은)을 생산해낼지는 많은 부분 부모의 양육 태도에 달려 있다.

유아기에 스트레스에 오랫동안 방치될 경우, 코르티솔 호르몬이 분비되어 뇌를 손상하고 영구적으로 호르몬 분비체계를 교란

시킨다고 한다. 그러나 안정적으로 유아기를 보낸 아이라고 해도 사춘기가 되면 호르몬의 급격한 변화를 겪게 된다. 테스토스테론, 에스트로겐같이 생식기를 발전시키는 성 호르몬이 분비되어 2차 성징을 나타내는 것은 물론 아이를 급격하게 자라게 하는 성장호르몬까지, 수많은 호르몬이 혈관을 타고 흐르면서 말 그대로 '감정의 화약고'에 놓이는 것이다.

## 10대의 뇌는 옥시토신이 키운다

그렇다면 부모가 아이가 만날 수 있는 시간이 절대적으로 부족한 사춘기 시절, 가족식사를 통해 10대 아이들의 뇌에 긍정적인 영향을 주는 호르몬 분비를 도와줄 수는 없을까? 많은 호르몬 중 부모와 자녀 관계에 가장 밀접하게 연결되어 있는 것은 옥시토신oxytocin이다. 옥시토신의 어원을 따져보면 '빠른 분만'이란 뜻이 있다. 이 호르몬이 자궁근육을 수축해서 출산을 돕고 수유가 가능하도록 여자의 몸을 준비시키기 때문이다. 그런데 최근 출산 관련 호르몬인 이 옥시토신이 그 외에도 여러 가지 효능을 가지고 있다는 연구 결과가 속속 드러나고 있다.

옥시토신은 혈압과 코르티솔 레벨을 낮추는 등 항스트레스성 효과를 가지고 있다. 또한 고통을 참게 해주고, 불안치료제와 유사한 효과를 발휘하며, 긍정적인 사회적 상호작용을 자극한다. 옥시토신에 반복적으로 노출되면 다른 신경전달물질의 활동에도 긍정적인 영향을 미쳐 장기적인 효과를 누릴 수 있다. 마리아 피터슨(스웨덴 카롤린스카 연구소 박사)

옥시토신을 투여한 쥐는 학습능력이 확연히 향상되었다. 이것은 옥시토신이 가진 항스트레스성 특성이 상황이 주는 요구를 성공적으로 해결하도록 했기 때문으로 보인다. 우나스 모버그(스웨덴 카롤린스카 연구소 박사)

옥시토신은 아이들의 몸과 마음에 필요한 훌륭한 '약방'을 채우는 기폭제인 셈이다. 이 호르몬은 '껴안기 호르몬'이라고 부르는데, 옥시토신이 직접적인 신체 접촉으로 쉽게 분비되기 때문이다. 한 예로 부모가 아이를 껴안아주거나 품에 안고 재울 때 아이가 금세 안정되는 것은 옥시토신이 분비되어 행복함과 만족감을 느끼기 때문이다. 이 만족감은 아이에게만 적용되는 것이 아니다. 엄마가 아이에게 모유 수유를 할 때 아기에게 느끼는 애정은 바로 이 호르몬의 영향이다. 막 태어난 아기를 안아 드는 순간 아빠의 뇌에도 옥시토신이 가득찬다.

비단 젖먹이 때뿐만 아니라 아이가 자라서도 자주 껴안아준다면 부모와 아이 모두 정신, 육체 건강에 더없이 좋은 약이 될 것이다. 실제로 취재진이 만나본 결과, 가족식사를 정기적으로 하는 가정의 10대들은 스스럼없이 부모를 포옹하는 모습을 자주 보였는데, 이는 옥시토신이 가족 간의 유대감을 더욱 증대시키기 때문이다.

## 옥시토신을 자극하는 부모의 말 한마디

하지만 말 그대로 더는 '품 안의 자식'이 아닌 10대 아이를 갑자기 껴안거나 볼을 비비며 애정 표현을 하기란 쉽지 않다. 이때 아이의 뇌에 긍정적인 영향을 미치는 옥시토신의 레벨을 올릴 수 있는 획기적인 방법은 바로 가족이 함께하는 화기애애한 밥상에서 찾을 수 있다.

일단 단순한 음식섭취 자체가 옥시토신을 분비시킨다. 뇌에서 얼굴, 가슴을 거쳐 복부까지 널리 분포하는 신경을 미주신경이라고 하는데, 이 미주신경의 구심섬유가 활성화되어야 식도와 위를 비롯한 담낭, 췌장, 소장 등의 연동운동이 가능하다. 우리의 의지로 움직일 수 없는 장기의 근육들이 운동을 할 때 옥시토신이 분비되는 것이다.

그러나 이때 아무리 좋은 음식을 먹는다고 해도 혼자 하는 식사는 가족식사를 이길 수 없다. 옥시토신은 근육의 움직임 없이도 순수한 심리적인 이유로 더 많이 만들어지기 때문이다. 즉 정서적인 지지를 받는다고 느낄 때, 친밀감을 느낄 때, 사랑을 느낄 때, 더 많이 분비되는 것이다. 세상에서 가장 친밀한 사람, 즉 가족과 이야기를 나누며 위로를 받을 때 아이의 뇌에선 옥시토신이 배가 될 것이다.

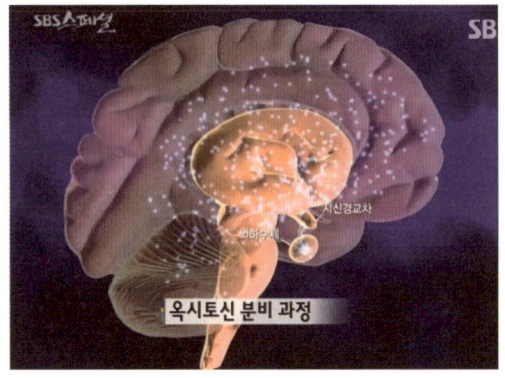

**10대의 뇌를 키우는 옥시토신**

사춘기 아이의 뇌 발달은 물론 정서적 안정까지 도와주는 옥시토신은 가족식사 중에 특히 많이 분비된다. 단순히 음식을 씹어 삼키는 소화 과정에서도 옥시토신이 분비되며, 특히 식사 중에 부모로부터 정서적 지지를 받거나 즐거운 대화를 나눌 때 많이 배출된다. 전문가들은 이 같은 이유로 같은 식사라도 혼자 밥을 먹는 것보다 온 가족이 함께 어울려 음식을 나누는 것이 사춘기 아이의 뇌 발달에 훨씬 효과적이라고 말한다.

## 미국 브라이언의 집에서 일어난 일

2006년 《뉴욕타임스》에 10년 동안 줄기만 하던 가족식사가 다시 늘고 있다는 기사가 실렸다. 기사에는 2남 1녀[브라이언(10세), 발레리(9세), 마이클(6세)]를 둔 빌 파월 부부가 소개됐다. 바쁜 현대 사회에서 아이들과의 저녁 시간을 확보하기란 당사자의 말대로 '큐브를 맞추는 것 같이' 복잡한 일이었다.

이들 가족은 달력에 아이별로 과외 활동과 등하교 시간을 표시해두고, 매일 시간을 바꿔가며 온 가족이 한 식탁에 앉도록 조정하고 있었다. '저녁식사는 하루를 어떻게 보냈는지 물어가면서 가족의 일체감을 느끼게 해주는 유일한 시간'이기 때문에 이 모든 번거로움을 감수한다던 빌 부부.

그리고 3년 후인 2009년, 취재진이 직접 방문했을 때 그 집에는 색깔별로 구분된 세 아이의 일정표가 빼곡히 붙어 있었다. 변한 것은 아이들이 10대에 들어섰다는 사실뿐이었다. 장남 브라이언은 14살, 딸 발레리는 사춘기 연령인 12살, 막내는 이제 막 10살이 되었다. '질풍노도와도 같다는 10대들을 밥상머리 교육만으로 훌륭하게 키울 수 있을까?'라는 질문에 엄마 케이시는 그럴 수 있다고 확신한다.

> 브라이언은 장학협회에 들어갔고 딸 발레리는 전체 평균이 94점이에요. 막내 역시 학교 성적이 좋아요. 전 이것이 모두가 집에서 함께했기 때문이라고 봐요. 더 이상 무언가를 할 필요는 없어요. 아이들의 성공을 자신하거든요. 엄마

아이들이 10대가 되고 각기 다른 학교로 진학하면서 부부의 일과는 한층 더 복잡해졌다. 큰아이는 대학교 진학 시 가산점을 받기 위한 과외 활동도 많아졌다. 아이 한 명당 평균 3.5개의 클럽에 속해 있다 보니 이제는 컴퓨터의 일정 프로그램을 사용해야 저녁 식사 시간을 맞출 수 있을 정도가 되었다.

아빠 빌의 퇴근 시간은 아이들이 함께 저녁식사를 할 수 있는 시간에 맞춰졌다. 회사에서 일감을 가지고 와서 늦은 밤까지 잔업을 해야 하는 날이 늘었다고 한다.

> 지금은 아이들의 일정이 바쁘니까 제가 더 움직여야 하죠. 일과 가정 사이에서 균형을 잡는 건 우선사항을 어디에 두느냐에 달렸다고 봐요. 가족과 시간을 보내려고 생각하면 다른 시간을 줄여야지 특별

한 답이 없어요. 아이들을 위해서라면 기꺼이 포기할 수 있죠. 아빠

아이들이 커갈수록 가족 밥상을 함께하려고 더욱 악착스럽게 시간을 내는 부부. 엄마 케이시가 오랫동안 중고등학교 교사로 있는 동안 아이와 부모의 갈등을 직접 보고 부모의 역할에 대해 통감했기 때문이다.

(아이들이 10대가 되면) 부모가 모르는 사이, 태도와 행동이 바뀌어요. 많은 부모가 인정하고 싶지 않아 하죠. 자기 자식이 아니라고 하고요. 하지만 주변에 머물면서 아이의 성격을 알 수 있다면 도움을 줄 수 있어요.
아이들이 평소와 다르게 행동할 때가 있는데 그때 가장 큰 변화를 염두에 두고 봐야 해요. 옆에 머물면서 계속 지적해주고, 대화를 하고 도움을 줄 수 있어요. 근처에 있지 않다면 어떻게 될지 모르죠. 엄마

이 가정은 유아기부터 발달 과정에 필요한 밥상머리 교육을 단계별로 잘 밟아온 경우다. 아이들이 어렸을 때는 영양소가 부족하지 않도록 음식에도 신경을 썼고, 교직생활의 경험을 살려 역사나 문화에 대한 다양한 화제로 아이들의 흥미를 붙잡아두기도 했고, 외국어 교육을 시도하기도 했다. 세 남매가 모두 훌륭한 학업성적을 거둔 것도 케이시의 확신대로 밥상머리에서 키운 학업열 때문일 수 있다.

하지만 아이들이 10대로 진입한 지금 케이시의 우선순위는 바뀌었다. 요리를 할 시간이 없을 때는 음식을 배달시키기도 하고, 간단하게 외식을 하기도 한다. 밥상머리는 아이들의 말을 들어주되, 무엇을 가르치기보다는 아이들의 감정 기복을 지켜보고, 용납하고, 안정시키는 자리로 탈바꿈했다.

가족 안에서는 울어도 되고, 화내도 되고, 말도 안 되는 말을 해도 돼요. 이것만 알면 뭐든 가능하죠. 집에 오면 누군가 사랑하는 사람이 있다는 걸 아니까요. 집에서는 누군가 이렇게 말하죠.
"너는 좋은 애야. 네가 한 거 맘에 들어. 네가 잘못한 것 알아. 하지만 여전히 널 사랑해. 널 포기하지 않아. 75%는 했으니까." 이곳이 지원 부대이고 사랑받고 성장하는 곳이에요. 엄마

세 아이가 10대에 접어든 이후 브라이언네 부모는 아이들의 일정에 맞춰 시간을 조정한다. 그 덕에 온 가족이 저녁식사를 함께하는 습관이 여전히 유지되고 있다. 이들 부모는 세 아이 모두 성공적인 삶을 살 것이라고 자신한다.

## 부모와 친밀도를 높이는 단 하나의 방법

화를 내고, 이해할 수 없는 말을 하는 아이에게 '너를 사랑하고, 포기하지 않는다'라는 말만큼 정서적 위로가 또 있을까? 이런 정

서적 위로야말로 아이의 뇌에서 옥시토신을 분비시키는 중요한 매개체다.

하지만 10대 아이와의 대화법이 익숙하지 않은 부모에게는 이런 말을 하는 것이 당장은 어려울 수도 있다. 밥상머리에서의 대화는 가족의 친밀도에 따라 내용을 달리할 것이다.

최근 미네소타 대학에서 가족 간의 친밀도가 낮은 문제가정이라도 가족식사를 자주 하면 10대 아이의 성적이 올라가고 비행을 할 확률이 떨어진다는 조사 결과가 나왔다. 가족이 화목하기 때문에 친밀도가 올라가는 것이 아니라, 가족식사를 해야 10대와 부모의 친밀도가 높아지는 것은 아닌지 생각해봐야 한다. 확인하는 방법은 단 하나, 일단 가족식사를 시작하는 것이다. 가족이 둘러앉은 밥상은 10대를 위한 뇌 호르몬을 무한대로 솟아나게 해줄 것이다.

# 일본, 밥상머리 교육의 부재가 낳은 비극

조시에이요女子栄養 대학 영양학과 교수인 아다치 미유키足立己幸는 1980년대 초등학생 2,000여 명을 대상으로 '아이들의 식생태 조사'를 한 후, 'Dr. Lonely Eating(혼자 밥먹기 박사)'이라는 특이한 별명을 가지게 되었다. 당시 아이들이 가진 문제적 식사 형태는 여러 가지로 나타났다. 처음에 아다치 미유키 교수는 아이들의 문제적 식사 형태를 다음과 같이 분류했다.

1 영양상 필요한 것보다 양을 적게 먹는 소식
2 자기가 좋아하는 것을 개인별로 각각 먹는 개식
3 정해진 것과 자기가 좋아하는 것만 고정적으로 먹는 편식
4 혼자 먹는 고식

그런데 이 중 문제가 되는 것은 하나, 바로 혼자 먹는 '고식孤食' 이었다. 설령 진수성찬을 먹는다고 해도 식사 교육이 제대로 안 된 아이들이 홀로 식탁을 지키다 보니, 아이들이 무엇을 얼마나 먹는지 아무도 관심을 기울이지 않았고, 그 결과 아이들이 영양 결핍에 이를 지경에 놓인 것이다.

## 어느 초등학생이 그린 식탁 그림

그런데 아이 혼자 밥을 먹는 문제는 단순히 영양학적인 결핍으로 끝나지 않았다. 아이들에게 '오늘의 식사'라는 주제로 그림을 그려보라고 요구했을 때, 그 그림들은 그대로 그 가정의 분위기를 전달해주고 있었다. 식탁 주변에 가족들이 빠짐없이 앉아 있는 그림 한 장. 배경을 봐도 밝은 톤에 창문은 활짝 열려 있고, 햇살이 방 안 구석구석을 채우고 있다. 식탁 위에는 보기에도 먹음직스럽게 김이 오르는 밥과 반찬이 놓여 있고, 사람들의 표정도 무척 밝다. 아이들은 이런 식사를 긍정적으로 보고 있다는 의미다.

(아이들이 그린 그림을 보면) 여럿이 함께 식사를 할 때 일단 차려진 음식이 좀 많다고 할까요? 이런 그림을 그린 아이들을 보면 신체적인 발육 상태가 아주 좋다는 걸 알게 되었지요. 무엇보다 맛있는 음식을 좋은 분위기에서 먹는다는 거죠. 그러니 가족과 함께 식사하는 게 좋다는 마음을 갖고 있고요. 이런 식사 분위기에서는 어느 정

**혼자 밥 먹는 아이들의 그림**
그림을 보면 식탁에 다른 가족의 자리는 없다. 그림에서 혼자 밥을 먹는 아이의 표정은 대부분 어둡고, 심지어 눈과 코가 없는 그림도 있다. 실제로 이 아이들은 부모로부터 방치된 예가 많았다. 가족식사의 부재는 아이들에게 영양 결핍 등 신체 문제는 물론이고 여러 가지 정서상의 문제도 일으켰다.

도 시간을 두고 천천히 먹게 되잖아요. 가족끼리 식사를 천천히 즐겁게 하는 모습은 인간다운 식사의 상징이 된다고 봅니다.

아다치 미유키(조시에이요 대학 교수)

그러나 혼자서 밥을 먹는 아이들의 그림은 사뭇 달랐다. 식탁에 혼자 앉아 있는 아이, 휑한 식탁 위에는 자기가 좋아하는 음식 하나만 덩그러니 놓여 있다. 간혹 어른들이 등장하는 그림도 있지만 어디까지나 배경일 뿐이다. 그림 밑에 있는 짧은 설명을 보면 어른들은 TV를 보고 있거나, 다른 일에 바쁘다. '아무 생각이 없다', '엄마는 TV를 보고 있다', '재미없고 먹고 싶은 것도 없다', '차가운 물(차)과 밥과 된장국' 등의 짤막한 메모를 곁들인 그림들. 그림 안에 있는 자신의 표정도 우울하다.

아다치 미유키 교수는 혼자 먹는 아이들의 그림에서 다른 가족의 흔적을 찾을 수 없는 것을 우려한다. 사람이 없는 대신 가구를 자세히 그려 넣는 아이들이 많았는데, 유독 식탁에서 가족의 자리는 남겨놓지 않는다는 것이다.

(밥을) 혼자 먹는 아이들의 그림을 보면 창문이 닫혀 있거나 식탁 주변이 어두워요. 또 혼자 식탁에 앉아 있는 아이의 얼굴이 어둡고 심지어 눈과 코가 없는 그림도 있어요. 가족 관계가 좋은 아이의 그림은 오늘 아빠가 없더라도 아빠는 출장 중이라며 자리는 그려져 있거든요. 정서적으로 불안정한 아이는 생략 혹은 삭제라고 쓰기도 해요. 아빠와 사이가 좋지 않으면 일단 아빠를 그림에서 빼버리고, 만일 그렸다고 해도 그 위에 X를 그려요. 가족을 소중히 여기는 그림이라고 볼 수 없지요. 아다치 미유키(조시에이요 대학 교수)

## 혼자 밥을 먹는 아이에게 생기는 문제들

아다치 미유키 교수는 식탁에서 부모의 부재가 장기화되면, 나중에는 가족이 집에 있든 없든 함께 식탁에 앉지 않고 자기 방으로 와서 자발적인 고립을 선택하는 개식個食이 된다고 지적한다. 오랫동안 가족식사를 하지 않은 아이들은 이미 '가족식사'의 의미를 잃어버리는 것이다. 그림에 써놓은 글도 가족과의 단절을 극명하게 보여주었다.

'시끄러우니까', '잔소리를 듣지 않으니까', '가족과 함께 먹어도 누구와도 이야기하지 않으니까'.

모든 신뢰의 기본 토대가 되는 부모와 아이의 관계가 흔들리는 이유를 아다치 미유키 교수는 바로 식사 시간의 부재에서 찾았다.

일본의 옛날 생활문화에는 식사를 할 때 다양한 정보를 교환하고 서로 잘 관찰해서 어른과 아이가 친근한 신뢰 관계를 형성했는데, 그 부분이 상당히 취약해졌어요. 그로 인한 문제들이 혼자 밥 먹는 아이들에게 극히 많다는 것을 알게 되었습니다.
가족들과 잘 못 지내고, 가족들에게 자기 생각도 잘 표현 못하고, 서로 신뢰하지 않는 거죠. 그 아이 중에 인간관계에 심각한 문제가 있는 경우도 있어요. 아다치 미유키(조시에이요 대학 교수)

밥상머리 교육의 부재는 그림에서뿐 아니라 아이의 몸에도 뚜렷한 흔적을 남기고 있다. 아래 문항은 일본소아학회에서 유아, 청소년이 4개 이상 항목에 일치하는 증상을 보일 경우 병원을 찾으라고 권고한 리스트다.

1 위 상태가 이상하다.
2 변비에 쉽게 걸린다.
3 식사를 맛있게 하지 못한다(기분이 안 좋음).
4 설사를 자주 한다.
5 자주 나른해진다.
6 다리가 무겁게 느껴진다.
7 활기가 없다.
8 머리가 자주 아프다.

9 어지럼증이 있다.

10 감기에 자주 걸린다.

11 숙면을 취하지 못한다.

12 손발이 차갑게 느껴진다.

13 심장이 자주 두근거린다.

14 다리가 붓는다.

15 안절부절 못한다.

16 걱정되는 일이 있다.

이 중 몇 항목은 극심한 스트레스를 받는 성인들이나 느낄 만한 증상이다. 그런데 놀라운 것은 혼자 밥을 먹는 그림을 그린 아이들은 어김없이 해당 항목이 4개에서 많게는 7개에 이른다는 것이다. '무엇을 먹는가?'가 중요하지 '누구와 어떤 기분으로 먹는가?'라는 문제가 영양학 논문이 되겠느냐는 반응을 보였던 학계에 파란을 일으킨 결과였다.

우리 아이들에게 '오늘의 식사'라는 주제를 주면 어떤 그림을 그릴까? 그 그림에 부모 자리가 없다면, 과연 아이의 마음속에 부모의 존재가 어떻게 각인되어 있는지 확인해볼 필요가 있다. 가족 식사에서 부모의 부재는 아이들로 하여금 '부모는 원래부터 없는 사람'이라는 인식을 심어줄지도 모를 일이다. 과연 홀로 지키는 식탁이 만드는 결과에서 우리 아이들은 얼마나 자유로운가?

2006년 한국에서 초등학교 5학년생을 대상으로 아침식사 실태조사를 했다. 큰 식탁 앞에 혼자 앉아 아침을 먹는 그림을 그린 아이들이 49%. 그 아이들은 그림에 대해 '아빠는 회사에 가셨다', '엄마는 다른 일로 바쁘다', '혼자 먹어서 쓸쓸하고 슬프다', '밥맛이 없다'라고 표현했다. 밥상머리에서 부모의 빈자리는 아이들에게 어떤 영향을 남기게 될까? 우리보다 먼저 가족식사의 붕괴를 겪었던 일본에서 그 답을 찾을 수 있을지 모른다.

## 같이 먹는 습관도 대물림된다

'구토 엄금'이라는 글이 곳곳에 붙어 있는 5평 남짓한 허름한 2층 공간. 식사 시간이 되면 30~40대의 직장인들이 작은 도시락이나 음식재료를 들고 이곳을 찾는다. 자그마한 부엌이 달린 이곳에서 삼삼오오 모여 요리를 하거나 식사를 한다. 딱히 친분 관계가 있는 것도 아니다. 각기 다른 연령대의 다른 직종에 종사하고 있는 사람들. 이들은 단순히 서로 먹는 것을 지켜봐 주고, 잘 먹는다고 칭찬해주려고 이곳에 모인다. 바로 식이장애를 겪은 사람들의 회복 모임이다.

이곳에서 만난 아야코(가명)는 사춘기 시절부터 시작된 거식증으로 몸무게가 32kg까지 떨어졌다. 몸에서 살을 밀어내야 한다며 하루 400정에 이르는 설사, 관장약을 먹을 만큼 극심한 식이장애를 겪었다. 입원과 퇴원을 반복하며 20대가 흘러가버렸고 결혼도 파경에 이르렀다. 정신 치료를 수없이 받으면서도 반복되던 악순환을 끊어준 것은 바로 '함께 먹는 사람들의 존재'였다. 무언가를 먹을 때마다 구토를 일으키던 몸이 사람들과 이야기를 나누면서 서서히 가라앉기 시작한 것이다.

혼자 먹으면 식사에 집중을 해버리는 게 무서웠어요. 여기 와서 같이 먹으면 사람들이 응원하고 칭찬을 해줬어요. 이곳에 온 뒤로 증상이 약해졌고, 그전에는 먹는 게 무척 무서웠는데 같이 먹은 뒤로 안심하고 먹을 수 있었어요.

1980년대 많은 일본 가정이 그랬던 것처럼, 혼자 밥을 먹는 것을 당연하게 여기던 아야코는 성인이 된 이후에야 대화를 나누는 식사의 중요성을 깨닫게 된 것이다. 집안에는 항상 음식이 있었지만 가족 모두가 따로 먹어서 가족 중 누가 뭘 먹는지, 누가 언제 먹는지는 아무도 몰랐다는 아야코. 그녀의 거식증은 외모에 관심이 많은 사춘기 시절 시작됐다. 만약 사춘기 시절 부모가 옆에서 지켜봐주었다면, 아야코는 20대의 대부분을 병원을 들락거리며 보내지 않았을지도 모른다.

실제로 일본에서는 혼자 먹는 식사의 부작용이 드러나면서 잃어버린 가족 밥상을 대신해 전 연령대를 거쳐 '밥 함께 먹기' 운동이 펼쳐졌다. 그러나 20년이 훌쩍 지난 2000년대에도 일본 사회의 혼자 먹는 아이들의 비율은 점점 높아지고 있었다. 바쁜 현대 생활이 그 이유이겠지만, 1980년대에 유년기를 보낸 부모들이 밥상머리 교육이 무엇인지 체득하지 못한 이유가 더 크다는 게 전문가들의 진단이다.

현재 일본은 전국적인 차원에서 '식육의 날'을 시행하고 있다. 특히 우수사례로 꼽히는 마시마시市의 경우 매월 19일 시내의 사업장 등과 연계해 퇴근 시간을 앞당기고, 지역 대형 상점마다 가족식사 메뉴를 선보이는 등 시 차원에서 대대적인 홍보에 나선다. 이는 잃어버린 가족식사 전통을 되살리는 것이 곧 각 가정과 사회 공동체의 건강을 되살리는 묘안이라는 자성에서 시작된 노력이다.

가족식사 운동의 선봉에 선 아다치 미유키 교수는 한국의 1980년대 어린이가 그린 가족식사 그림을 가장 이상적인 가족식사로 꼽는다. 이제야 "식사는 모두 푸짐하게. 온 가족이 모이지 않으면 식사는 시작되지 않습니다"라고 외치는 일본. 그들이 1980년대에 겪은 문제는 이제 1990년대를 기점으로 우리 역시 해결해야 할 과제로 자리 잡고 있다.

## 가족 밥상은 선순환의 시작

밥상머리 교육은 단순히 식탁을 둘러싼 생활반경에만 머무는 것이 아니다. 가족의 밥상에서 잘못 길러진 식습관은 아이들이 성인이 될 때까지 건강을 위협하는 악습으로 고착될 확률이 높다. 또한 언어능력을 살찌우고, 사회성을 길러야 할 밥상머리의 부재는 공동체까지 영향을 미친다. 아다치 미유키 교수는 각 가정의 육아를 둘러싼 고민거리는 가족식사를 통해 첫 실마리를 풀어야 한다고 강조한다. 밥상머리 교육만 해결되어도 아이의 건강, 정서가 함양되는 선순환이 시작된다는 것이다.

> 애석하게도 혼자 먹는 아이들에게 건강 문제도 마음의 문제도 많다는 것을 알았어요. "슬픈 연속, 슬픈 이어짐"이라고 부르는데, 건강 문제, 마음 문제, 가족 문제 전부가 서로 연결되어 있어요. 그런데 이 말을 달리 표현하면 무언가가 하나만 나아지면 다른 것도 좋아진다는 말이지요. 즉 슬픈 연속이 좋은 연속으로 바뀌면 좋은 방향으로 연결이 되는 거잖아요.
>
> 가족과 살다 보면 매일 작은 일이 일어납니다. 하루 한 번이든 두 번이든 식사를 함께하면 그 일을 서로 해결하지만, 가족이 만날 수 없으면 문제가 점점 커져서 알아차려도 늦은 거예요.
>
> 식사 시간은 다른 시간과는 달리 어른도 아이도 같은 일을 하는 순간이에요. 밥을 먹는 거죠. 어른이고 아이고 식탁에 둘러앉으면 모두 같아요. 인간관계가 가장 공평하게 이루어지는 순간이죠. 그러지 못하면 인간관계나 가족 관계, 교우 관계가 잘 이루어지지 못하는 경우가 많아요. 아다치 미유키(조시에이요 대학 교수)

밥상에서 몸도 마음도 뇌도 크는 아이들. 그런데 현재 우리나라에서는 아이의 건강, 정서, 그리고 사회성까지 키워주는 밥상머리 교육이 제대로 이루어지고 있는가? 아직도 숟가락을 들고 아이 뒤만 쫓아다니고 있다면, 잔소리와 고성으로 이어지는 가족식사는 과연 선순환의 빗장을 열 수 있을까?

# 아이가 바라는 가족식사

가족들이 밥상에 둘러앉을 저녁 7시, 대치동 학원가로 발길을 돌려보자. 저녁 어스름이 깔릴 무렵이면 주변 건물에서 교복을 입은 10대들이 무리를 지어 쏟아져 나온다. 하교 후 학원으로 직행했던 중고등학생들이다.

하지만 아직도 귀가는 아니다. 근처 편의점으로, 분식점으로 삼삼오오 흩어져 허기를 달래는 중이다. 학원수업이 끝나면 보통 밤 11시가 훌쩍 넘기 때문에 부모와 얼굴을 마주칠 시간도 없다고 말하는 학생들.

대치동이 소위 '사교육 메카'라고 하지만 다른 지역도 크게 다르지 않다. 한국에서는 초등학생 83.5%, 중학생 71.4%, 고등학생 61%가 사교육을 받고 있다고 한다(2019). 상황이 이렇다 보니 한 설문조사에서 가족식사 횟수가 1주일 2회 이하라고 응답한 비율이 초등학생 9.6%, 중학생 11.3%, 고등학생 24.7%였다. 공부만 시키기도 벅찬 마당에 좋은 걸 몰라서 안 하느냐며 밥상머리 교육에 대해 반감을 보이는 학부모도 많다. 무엇보다 아이들이 가족과 함께하는 식사를 반기지도 않는데, 무리수를 두면서까지 가족 식사를 고집할 이유가 있느냐는 것도 생각해볼 문제다.

## 식탁에 앉은 아이의 속마음

사실 아이가 10대가 되면 부모보다는 친구와 보내는 시간을 더 선호하는 것처럼 보이기도 한다. 하지만 이것이 정말 10대가 원하는 것일까? 서울 경기 지역의 중고등학교에 재학 중인 남녀 학생을 대상으로 한 조사(중학생 450명, 고등학생 350명)를 보면 중학생 67%, 고등학생 62%가 '가족과 식사할 때 즐겁다'라고 답했다. 가족식사를 하면 '함께 많은 이야기를 할 수 있기(중학생 65.8%, 고등학생 55.8%)'때문이다.

CASA의 조사 결과에 따르면 미국의 10대 65%는 '가족식사를 더 자주 할 수 있다면 친구들과의 활동을 기꺼이 포기할 수 있다'고 답했다. 바꿔 말하면 가족 밥상이 화기애애한 분위기일 때 아이들은 그 시간을 즐기고 적극적으로 동참할 수 있다는 것이다. 그렇다면 아이들이 원하는 가족 밥상이란 어떤 것일까?

중학교 한 곳을 선정해 조사한 결과 가족식사가 주당 1~2회 이하라는 답이 절반을 넘었다. 가족식사에 대한 부정적인 인상도

컸다. 밥상에서의 대화가 잔소리나 타박으로 이루어져 있는 경우가 많았다.

> 저희 집은요. (밥을 먹을 때) 일상생활에 관한 논쟁이 일어나요. 예를 들어서 제가 쓰레기를 안 버렸으면 부모님은 밥을 먹다가도 그 문제로 뭐라고 하세요. 학교에서 조금만 늦게 들어와도 왜 늦게 왔느냐고 하시고요. 그리고 아빠가 회사에서 늦게 들어와도 언성이 높아져요. 그래서 조금 짜증이 나요.

> 밥을 먹다가 성적 얘기가 나와요. 그러다가 숟가락으로 머리 한 대씩 맞고요. 그래서 (밥을 같이 먹는 게) 조금 거북해요. 말만 조금 해도 아빠가 화를 내고, 대들지도 못하고….

이러면 아이들은 당연히 점점 더 혼자 먹는 것을 선호하게 된다. 하지만 부모가 잊지 말아야 할 것은 가족식사가 아이의 정서 안정과 삶의 만족감에 밀접한 관계가 있다는 사실이다(중고등학생의 가족식사에 대한 인식과 태도 -경원대학교 식품영양학과 2007).

이런 정서 안정은 아이들의 성적에도 연쇄반응을 일으키는 것으로 밝혀졌다. 우리나라 전국 중고등학교 100개 학교의 전교 1등 학생들과 중간성적의 학생들을 비교해보면 1등 학생의 주당 가족식사 횟수가 월등히 높다. 1등 학생 중, 가족식사가 없는 경우는 중간성적 학생의 1/4 수준으로 적었고, 주당 6~10회 이상인 경우가 무려 73%에 이르렀다(중간성적 학생은 39%).

물론 이 결과만을 두고 가족이 함께 식사만 하면 모든 아이들이 성적이 올라가고, 비행의 유혹에서 벗어난다고 단정할 수는 없다. 아이의 타고난 지능과 학습태도, 교육제도, 가정의 사회경제적 위치 등 수많은 변수가 작용하기 때문이다.

그러나 다른 외부환경은 바꿀 수 없다 하더라도 가족식사는 10대를 지키는 최소한의 보루가 되어줄 수 있다. 10대 아이들이 부모에게 바라는 것은 뜻밖에 소박하기 때문이다.

## 10대를 위한 가장 좋은 예방접종: 미국 '가족의 날'

미국에서 9월 4번째 월요일은 '가족의 날'이다. 이날을 앞두고 몇 달 전부터 전국의 네트워크를 통해 방송되는 공익광고는 '100가지 해를 막는 한 가지 습관', '10대를 위한 가장 좋은 예방접종'이라는 문구를 내세운 가족식사다. 2001년부터 수십 개 주가 참여한 가족식사 운동의 결과, 2011년에는 주당 5~10회의 가족식사를 하는 10대가 58%에 이르는 것으로 보고되었다.

가족식사 운동에 적극적인 동조자이자 가족과의 식사가 미국 사회를 변화시키는 원동력이라 믿는 작가 미리엄 와인스타인은 밥상머리 교육은 한 번 페달을 밟으면 저절로 굴러가는 내리막의 자전거 타기와 같은 것이라고 소개한다.

많은 이들이 가족식사를 제대로 하지 못하거나 충분히 하지 못할 것이므로 그만두겠다고 생각하는데 가족식사가 불가능하다면 한 번만 하면 됩니다. 특별한 경우에 한 번, 식사를 함께하면 다음에도 할 수 있어요. 일주일에 한 번이 두 번이 됩니다.

본론은 즐거워야 한다는 겁니다. 안 그러면 하고 싶지 않을 테니까요. 만일 당신이 하루 가운데 어떤 시간이 되었을 때 가족과 함께할 수 있다는 사실을 안다면 가족이 중요하며, 당신이 기능적인 전체 중 일부라는 점을 느끼죠.

그 골조를 만드는 자체로도 가정의 기능이 발전하죠. 제가 느꼈던 것은 부모들이 자기 자신을 중요하게 생각하지 않는다는 것입니다. 아이들에게 부모가 중요하다고 말하는, 이게 우리가 가족으로서 해야 할 일이라고 말하는 자신감이 부족합니다. 미리엄 와인스타인

600명이 넘는 학부모와 자녀 1,023명의 생생한 인터뷰를 통해 '아이들에게 물어봐요 Ask the Children'라는 연구를 진행한 앨런 갤린스키 Ellen Galinsky는 아이들이 10대로 접어들수록 부모와의 대화를 의무사항으로 여길 뿐, 실제로는 친구들과의 시간을 더 중요시한다는 통념을 깨뜨렸다. 주말에 온종일 주변을 기웃거려도 눈길조차 마주치지 않고, 대꾸조차 하지 않는, 무심해 보이는 10대들이 부모와 보내는 시간이 너무 적다고 느낀다고 응답한 것이다. 왜 이런 모순된 반응을 보이는 것일까?

우리는 10대니까 부모님들을 밀어내기 바쁜 건 사실이에요. 그래서 부모님이 필요할 때 뭔가 요청하기가 어려워요.

뭔가 문제가 있다는 걸 부모님이 알아채고 물어봐주면 좋겠어요. 제가 그 장벽을 깨트리기는 어렵거든요.

앨런 박사는 이중적인 아이들의 메시지를 이렇게 요약한다.

10대가 부모에게 보내는 메시지는 '버텨줘요'입니다. 자신들이 비록 부모를 밀어내는 것처럼 보이더라도 말이지요. 10대가 부모를 소외시키는 것처럼 보이는 것은 부모로부터 진짜 떠나려는 게 아니라 성숙해진 관계를 다시 맺으려는 과정으로 봐야 합니다.

아무리 부모로부터 독립해야 하는 사춘기의 과제를 가진 10대라도 부모의 필요성과 영향력을 여전히 절대적으로 느끼는 것이다. '내 일은 내가 알아서 할 테니, 간섭하지 마라'는 반항 어린 목소리도 실은 자신에게 일어나는 일을 제대로 모른다는 불만의 표시다.

## 10대 자녀를 둔 부모들에게

부모와의 대화 창구가 줄어들 때, 10대 아이들은 섣부른 지식을 교환하고, 설익은 판단에 의존하게 된다. 이 단계에서 10대에게 줄 수 있는 가장 큰 선물은 바로 밥상을 지켜주는 부모의 존재일 수 있다. 10대들은 성인이 되었을 때, 자신의 청소년기에 대해서 무엇을 가장 인상적으로 기억할까?

앨런 박사에 따르면 부모와 10대의 대답은 확연히 다르다. 부모들이 한결같이 아이들이 자신들을 위해 애써 마련한 휴가, 커다란 친인척모임 등 특별한 이벤트를 기억할 것이라고 꼽은 반면, 아이들이 기억하는 것은 아주 소소한 일상사라는 것이다. 예를 들어 통학버스를 타러 달려나가는 자신에게 매일 아빠가 건네던 인사말, 엄마가 항상 불러주던 기상 노래 같은, 자기 가정만의 독특한 점이다.

10대들은 '우리는 가족'이라는 일체감을 불어넣는 일상적이지만 반복적인 가족만의 의식과 전통을 통해 부모를 상기한다. 10대들이 원하는 것은 뭔가 특별한 일이 아니라 그저 함께 보내는 시간인 것이다.

그런 의미에서 인류가 생긴 이래 가장 오래된 전통인 가족식사는 아이들에게 자신을 위해 그 자리에서 '버텨주는 부모', 자신에게 관심을 두고 먼저 '물어봐주는' 부모, 필요할 때 곁에 '있어주는' 부모를 선물하는 가장 좋은 방법이 아닐까.

## 말을 잘 듣는다고 꼭 좋아할 일은 아니다

부모는 아이가 무조건 말을 잘 듣기를 바란다. 밥상 앞에서 "흘리지 말고 먹어라" "밥 먹고 숙제해라" "어른이 먼저 먹기 전에 수저 들지 마라" 같이 무언가를 시키는 말에 "예" 하는 아이를 두고 흐뭇해하는 것이 보통 부모다.

하지만 자기 생각과 마음이 어떤지는 상관없이 무조건 부모 말을 듣는다면 심리적 장애가 있는 것은 아닌지 의심해볼 필요가 있다. 'Pathological Compliance'는 쉽게 말해 무조건 순종하는 병을 말한다. 이는 자신의 마음 상태, 감정과 생각에 대한 이해를 접고 오로지 부모에게 사랑받기 위해 자신을 억압하는 병이다.

특히 어린아이에게 이런 증상이 두드러지는데, 부모가 권위적이고 강압적일수록 이런 성향이 강하게 나타난다. 부모가 아이를 자신의 소유물처럼 대하거나 억압적인 말로 강요하면 아이는 점점 자신의 속마음을 들여다볼 기회를 놓치게 된다.

엄마에게 혼이 나거나 엄마가 실망할까 봐 하고 싶은 말을 참는다면 이것이 점점 습관이 되어 자기주도적으로 의견을 개진할 수 없게 된다. 증상이 악화하면 거짓말을 하거나 어느 날 갑자기 공격적인 모습을 보일 수도 있다.

무언가 아이에게 시킬 때에는 그것이 부모 자신이 일방적으로 정한 규칙인지 먼저 살펴라. 또한 아이로부터 듣고 싶고 확인하고 싶은 말이 있다면 아이가 말할 준비가 되었는지 먼저 점검해야 한다.

아이를 인격체로 대해야 하는 것은 양육의 기본이다. 아이 마음이 부모의 마음과 다르고, 부모가 해야 한다고 생각하는 일이 아이에게는 그다지 중요하지 않은 일일 수 있으며, 부모가 듣고 싶은 이야기를 정작 아이는 하고 싶어하지 않을 수 있다는 것을 늘 기억해야 한다.

• 인터뷰 • 명사의 밥상 4

# 밥상 위의 경영 수업

김영훈(대성그룹 회장)

창업보다 수성이 어렵다는 기업 2세의 경영, 대성그룹 김영훈 회장은 수성을 넘어 에너지 사업으로 시작한 선친의 사업을 케이블, 벤처 등으로 다각화하고 있다.

3남매 중 막내로 공부만 하다가 서른이 한참 넘어서야 경영 실전에 들어선 김영훈 회장에게 아버지와 함께하는 밥상은 '콩나물시루'와 같았다. 물이 밑으로 모두 빠져버리는 것 같지만 그 물을 먹고 어느 순간 자라는 콩나물처럼, 매일 반복되는 밥상에서의 대화를 통해 그는 경영의 기술보다 '기업은 돈으로 크는 게 아니라 정신으로 큰다'는 아버지의 경영 철학을 먼저 배우게 되었다고 한다. 김영훈 회장 자신도 그것이 교육이었다는 것을 깨닫지 못할 만큼 자연스럽게 이루어진 일이었다.

저희 아버님하고 저는 마침 취미가 비슷해서 책을 좋아하고 역사를 좋아했어요. 아버님은 평소에 책을 자주 보셨는데, 그러다 보니까 밥상에서 책 이야기를 많이 했던 것 같습니다. 그게 곧 인생 수업이

"콩나물시루에 물을 주듯, 식사 때마다 계속 내가 해줄 수 있는 이야기를 아이들에게 해 줍니다. 나중에 제가 밥상에서 해준 얘기들이 도움이 좀 되었느냐고 물으니 아이들이 고개를 끄덕이더라고요. 그걸 '사랑'이라고 표현하더군요. 이만큼 가치 있는 일이 또 있을까요?"

고 경영 수업이었죠.

그런데 그게 무언가를 가르치는 식이 아니었어요. 그냥 얘기하는 거예요. 꼭 저에게 말씀하시는 게 아니라 그냥 그 자리에서 대화가 오가는 식이었죠. 저를 그냥 앉혀 놓고 다른 사람들과 대화하셨죠. 생각해보니 제가 묻고 싶은 것을 대신 물어주시는 거였어요. 그러면 저는 앉아서 배우는 거죠. 콩나물이 물이 쭉쭉 빠지면서 자라는 것처럼, 그런 소소해 보이는 시간이 저를 자라게 했지요. 김영훈 회장

### 미래의 지도자를 키우는 최고의 방법

자신이 하버드 대학에서 배운 세미나 방식대로, 경험을 나누고 전수하는 것이 밥상머리에서 자연스럽게 이루어진다는 것을 비로소 깨달았다는 김영훈 회장. 그 역시 선친의 전철을 밟아 아이들의 저녁 밥상을 꼭 지키는 아빠가 되었다. 그래서 그의 일정표는 저녁식사 시간이 항상 채워져 있다. 가장 중요한 고객, 아이들과의 저녁식사 일정이다.

대신 그는 아침 시간이 항상 바쁘다. 매일 조찬 미팅이 잡혀 있는 것은 물론, 저녁 사이 밀린 결제도 새벽에 달려나가 처리해야 하기 때문이다. 그러나 자신의 경험으로 아이와 식사 중에 대화를 나누는 것이야말로 미래의 지도자를 키우는 일임을 알기에 오늘도 김영훈 회장은 밥상을 지킨다.

시간 내기 어렵죠. 하지만 제가 아이들을 도와줄 수 있는데, 사회에 대해서 인생에 대해서 이야기를 해줄 수 있는데, 그 시간을 가정에 쓴다면 잃는 것보다 얻는 것이 훨씬 많으니까요. 자녀교육이 다른 어떤 것보다 더 중요하다는 가치 판단을 한거예요. 그러면 웬만한 희생은 감내해야죠. 김영훈 회장

### 식탁에서 아이의 미래를 그린다

아이들의 유아기부터 계속해온 가족식사. 김영훈 회장은 이제 다 자란 아이들에게 자신의 밥상머리 교육에서 무얼 배웠는지 물어보고 그 답에 무척이나 흡족해했다. 아이들이 저녁식사 시간을 통해 '사랑'을 느꼈다고 대답했다는 것이다. 밥상에서 열린 아버지의 마음을 통해 아이들은 김영훈 회장이 그랬듯 시루 안 콩나물처럼 미래를 향해 쑥쑥 자라난 것이 아닐까.

특히 아이들한테 저는 하나의 비전이랄까, 미래를 자꾸 제시해주거든요? '내가 보기에 너는 어떤 사람이 될 수 있다', '어떤 사람이 바람직하다' 이런 것들이 대화의 중요한 요소입니다. 살아가는 데 가

장 중요한 일 아닙니까?

그런데 서로 신뢰하고 마음을 열지 않으면 그런 대화가 될 수 없잖아요. 신뢰하고 마음을 열 수 있는 자리가 바로 함께 밥 먹는 자리였어요. 아이들과의 대화를 잃어버리면 그다음에는 아이들을 잃어버리는 것과 마찬가지입니다. 김영훈 회장

아이들과의 대화를 잃는 것이 곧 아이를 잃는 것과 같다는 김영훈 회장. 그 대화를 유지하려고 식사 시간을 고수한다는 말은 아이를 키우는 모든 부모들이 꼭 한번 되새겨봐야 할 점이다.

• 인터뷰 • 명사의 밥상 5

## 스마트폰도 문자도 없는 가족만의 시간

짐 도널드(전 스타벅스 CEO)

세계적인 커피 체인점 스타벅스의 CEO였던 짐 도널드. 그는 우리가 흔히 생각하는 다국적 기업의 최고 경영자와는 사뭇 다른 이력을 가지고 있다. 아이비리그의 졸업장도 없고, MBA 코스도 밟지 않았다.

1970년, 16세의 나이에 식료품 체인점에서 물건을 포장하는 일을 했던 그는 6년 후 한 주를 아우르는 매니저 자리를 맡았고, 1991년부터 월마트의 창시자인 샘 월튼에게 스카우트되어 고작 6개였던 식료품 코너를 140개가 넘는 주력 코너로 발전시켰다. 그 뒤 불과 4년 뒤에는 25억 달러 규모의 사업체 사장이 되었다.

그리고 2005년, 마침내 스타벅스 회장 자리에 올랐다. 가진 것 하나 없는 어린 소년에서 초고속 승진 다리를 밟아 마침내 세계적 기업의 수장에 오를 수 있었던 원동력, 그는 그 힘이 가족식사에서 나왔다고 단언한다.

생생하게 기억납니다. 어머니는 항상 가정의 CEO였어요. 카운셀

링, 직업선택, 멘토링까지 맡았죠. 식탁에서 엄마는 내게 뭐가 되고 싶은지 말해보라고 하시고는 자신이 나를 그곳으로 이끌기 위해 최선을 다하겠노라고 말했습니다. 저와 제 여동생을 하루하루 돌보던 것은 어머니였습니다. 저녁 식탁에서 현명한 조언을 통해 저와 제 동생의 문제를 해결하면서 말입니다. 어머니께서는 우리의 일간·주간 계획을 세워줬습니다. 매일 해야 할 일들을 점검하며 우리가 어떻게 될지, 우리의 소망과 미래에 대해서도 자주 이야기하셨습니다. 짐 도널드

### 어머니가 들려준 인생철학 '사람을 존중하라'

학교 선생님이었던 아버지가 가족을 떠난 후, 남매를 먹이고 교육해야 할 임무를 맡은 어머니는 슈퍼마켓의 직원으로 일하는 전형적인 워킹맘이었다. 아이들을 돌볼 수 없는 상황이었지만, 그의 어머니는 저녁식사를 아이들의 미래를 의논하는 효과적인 회의 시간으로 사용했다.

아들이 판매업에 관심을 보인다는 것을 알고는 16살의 짐에게 슈퍼마켓에 일자리를 마련해준 것도 바로 어머니 조이스였다. 짐 도널드는 스타벅스 회장 시절, 살인적인 일정을 소화하면서도 하루에 10여 군데의 매장을 방문, 직원들을 독려하고, 고객의 의견을 직접 듣고, 매장을 점검하는 근면성으로 유명했다. 일선에서 일하는 사람들을 변화시키는 것이 조직을 변화시키는 가장 빠른 길이라는 것을 저녁 식탁에서 배웠기 때문이다.

어머니께서는 식사 때마다 항상 저에게 누구를 어디에서 만나든 항상 사람들을 존중하라고 말씀하셨습니다. 주유소 직원이든, 식당 종업원이든, 슈퍼마켓 점원이든 남을 존중해야만 저도 존중받는다고요. 사람들은 모두 공평하게 대접받아야 하며, 모두 중요한 존재라는 거죠. 짐 도널드

그런데 1992년 월마트 창시자인 샘 월튼이 죽기 전에 그에게 남긴 교훈은 어머니에게서 전해들은 말과 똑같았다. 인생에서 성공하고 싶다면 최일선의 노동자들을 존중해야 한다는 것이었다. 매니저나 CEO, 점원 등 조직을 이루는 모든 단계의 중요성을 이해한다면 더 많은 성공을 거둘 수 있다는 의미다. 말그대로 '인간 존중'이 핵심이라는 것. 그는 거꾸로 선 피라미드처럼 'CEO가 제일 바닥에 있고 제일 윗부분에 일선 노동자들이 있는 구조'가 이상적이라고 말한다.

제가 어머니와 샘에게 배운 것은 조직의 발전은 우두머리를 움직여서 되는 일이 아니라는 점입니다. 오히려 그들은 조직이 앞으로 나아가는 데 방해가 돼요. 하지만 조직의 일선부터 한 사람씩 움직이기 시작한다면 그 조직은 빠르게 발전할 것입니다. 짐 도널드

## 가족과의 저녁식사는 임원회의만큼 중요하다
자신이 성공적인 비즈니스맨으로 성공할 수 있었던 교훈은 모두 어머니와 함께한 저녁 식탁에서 배웠다는 짐 도널드는 이제 그

전 스타벅스 CEO 짐 도널드. 그는 식사 시간에 어머니로부터 누구를 어디에서 보든 '존중'으로 사람을 대해야 한다는 가르침을 들어왔다고 했다. 어머니의 그런 가르침은 그의 경영철학의 핵심이 되었다.

전통을 지키기 위해 살인적인 일정을 조정하고 있다. 새벽 5시 조찬 회의는 일상이 되었고, 출장 외에는 언제나 저녁 밥상을 지킨다. 대학생인 아들도 예외가 없다. 그는 아들 둘과 매일 함께하는 저녁식사의 중요성을 기업의 임원회의만큼이나 중요하다고 말한다.

세계 어느 곳에서든 가족 식탁은 가정을 경영하는 회의실입니다. 특히 저녁식사 때는 스마트폰도, 문자도, TV도 없어야죠. 모두가 하나가 되는 기회로 삼아야 합니다. 식사 시간은 이를테면 경영 계획을 세우는 일종의 비즈니스 미팅과 같으니까요. 안건은 당일, 다음 주, 다음 분기, 내년의 모습에 관한 것이겠죠. 아이가 그날 있었던 일들을 이야기하면 부모는 그 이야기를 듣고 아이의 미래에 어떤 도움을 줄 수도 있는지 이해하는 자리입니다. 아이들을 키우는 일이 비즈니스와는 달라서 해답을 구할 수 없을지라도, 아이들은 '서로 상황을 이해하여 도움을 줄 수 있는지를 모색할 수 있는 장'

이라고 생각할 겁니다. 짐 도널드

　식사 시간을 임원회의 시간만큼이나 중요하다고 말하는 짐 도널드. 그의 말처럼 회의 시간에 전화를 하거나 텔레비전을 보거나 다른 일에 집중하는 사람은 없다. 저녁식사 시간을 아이의 미래를 모색하기 위한 기회로 삼으려면 부모가 먼저 가족식사를 대하는 태도를 바꿔야 한다. 아이에게 얼른 먹고 일어나라고 말하지는 않는지, 어수선한 환경을 만들고 있지는 않은지, 언성을 높여 화를 내고 있지는 않은지 반성해볼 일이다.

• 인터뷰 • 명사의 밥상 6

# 유대인의 전통을 가족 식탁으로

미리엄 와인스타인(작가)

대한민국 인구의 1/3, 세계 인구 0.3%만으로 전체 노벨상 수상자의 30%를 배출한 유대인. 그 저력을 그들의 밥상머리 대화에서 찾는 시도들이 최근 늘고 있다. 실제로 유대인들의 가족식사는 감사의 기도라는 특별한 '의식'으로 시작된다. 자녀는 자연스럽게 밥상에서 전통을 접하고, 감사하는 마음을 체화하는 것이다.

## 유대인의 식탁에서 지켜지는 단 한 가지 원칙

그러나 종교를 배제하고라도 유대인의 밥상에는 특별한 것이 있다. 바로 어떤 잘못이 있어도 밥상에서는 절대 아이를 혼내는 일이 없다는 것이다. 컵을 깨는 사소한 잘못부터, 평소 같으면 호되게 꾸짖을 일까지도 모두 식사 뒤로 미룬다. 이는 유대인 부모들이 밥상머리에서 가족과 나누는 대화를 소중하게 생각하기 때문이다. 기원전 500년부터 기원후 500년에 이르기까지 구문으로 전해진 12,000페이지에 달하는 탈무드 역시 밥상머리 대화의 주요 소재를 제공해준다. 이런 유대인 가정에서 자란 미리엄 와인스타인은 유대인의 전통을 이렇게 설명한다.

> 유대교 자체가 가정에 기반을 둔 종교이며 가족의례가 많고 음식을 가운데 두고 모입니다. 음식은 많은 의미를 담고 있으며 의례의 일부가 되는 경우가 많아요. 예를 들어 8개의 초가 기적적으로 8일 동안이나 타올랐던 일을 기리고자 이날이 되면 유대인들은 초 8개에 불을 붙이고 기름에 튀긴 음식을 먹습니다. 아이들에게 그 이야기를 가르치기 위해서입니다. 그리고 물론 이 튀긴 음식과 관련된 가족식사를 하죠. 미리엄 와인스타인

민족의 전통과 역사를 식사 중에 전하는 유대인. 유대인이 이집트의 노예생활을 탈출한 것을 기념하는 유월절은 당시 유대인이 먹었던 '맛초matzo'를 먹으며 노예생활과 자유를 주제로 토론하는 식이다. 아이들에게 민족성과 공동체 의식을 심어주는 중심에는 언제나 가족 식탁이 놓여 있었다.

이런 유대인 가정에서 자란 미리암 와인스타인 역시 저널리스트로 일하면서도 가족 식탁을 고수해왔다. 사실 미리암 와인스타인이 가정을 꾸린 20여 년 전만 해도 온 가족이 함께하는 가족식사는 그리 드문 일이 아니었다. 그러나 그녀 역시 최근 미국 내에서 이루어지는 밥상머리의 효과에 대한 연구 결과들은 미처 깨닫지 못했다. 가족 밥상이 사라지는 현대에 이르러서야 그동안 당연시해왔던 가족식사가 가지고 있던 장점이 두드러지게 나타나기 시작한 것이다.

아이들의 어휘를 늘려주고, 비만을 예방하고 영양공급도 개선한다는 연구 결과를 보고 놀랐습니다. 우리 삶이 가족식사로 인해 더 나아진다는 예가 아주 많아요.

우리는 늘 저녁을 함께 들기는 했었지만 제가 그 일에 대해서 그다지 깊은 생각을 하지는 않았어요. 제가 그렇게 자랐기 때문에 별다른 생각 없이 그냥 그렇게 해왔던 겁니다. 이제는 도움이 많이 된다는 것을 알죠. 문제가 있거나 논의해야 할 일이 생기면 정해진 시간에 가족이 함께한다는 점이 도움이 됩니다. 늘 저녁을 함께 들어요, 제가 지금은 가족식사의 중요성과 효과에 대해서 더 잘 알고 있다는 것뿐입니다. 미리엄 와인스타인

### 가족식사는 인류의 가장 오래된 전통

『가족식사의 힘』이라는 책을 내고, 가족식사에 관한 요리법부터 시간 조절 방법까지 광범위한 정보를 망라하는 블로그를 운영하는 미리엄 와인스타인은 이제 자타공인 가족 밥상 전도사가 되었다. 그녀의 블로그에는 이혼 후 아이와 함께 저녁식사를 요리하고 음식을 나누면서 잃었던 아이를 찾았다는 외부모의 감사편지 등 한번 시작한 가족식사가 일회성으로 그치지 않고 가족을 결속시킨 성공 사례가 넘쳐난다. 가족 밥상은 인류의 가장 오래된 의식이며, 그 의식을 통해 선조의 지혜가 전달될 수 있다고 믿는 미리엄 와인스타인. 그러나 모든 논문을 떠나 중요한 한 가지는 가족 밥상이 아이뿐 아니라 부모에게도 의무가 아닌 기쁨이 되어야 한다는 것이다.

아이들에게 좋아서 해야 하는 일이지만 기본적으로 부모가 즐거워서 하는 거죠. 식사라는 건 기본적으로 기분 좋은 일입니다. 그래서 가족식사는 온 가족이 즐거운 일을 함께하는 자리여야 하죠. 즐겁게 시간을 보낼 수 있는 가장 쉬운 방법인 셈입니다. 먼저 부모가 깨달아야 해요. 가족이 정말 소중하다는 것을요. 또 실행하는 것이 생각보다 훨씬 쉽다는 걸 알았으면 합니다. 중요한 건 매일, 같은 시간에 온 가족이 모이지는 못하더라도 '노력은 한다'는 사실입니다. 시작하는 게 가장 중요한 일입니다. 미리엄 와인스타인

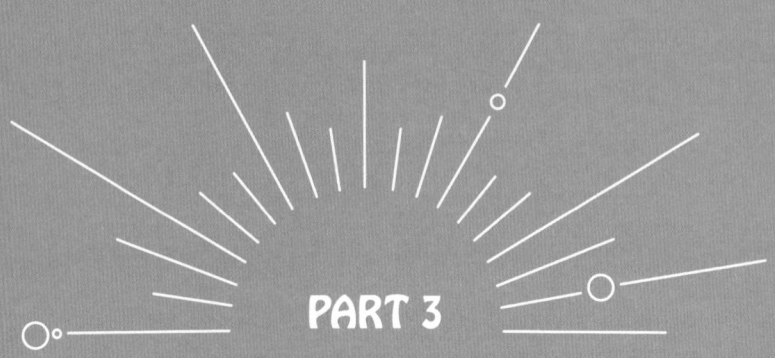

PART 3

# 성공적인 가족식사의 7가지 열쇠
### 실전편

부모가 자신감과 의욕을 잃고 아이 뜻에 끌려 다니거나 음식만 차려둔 채 식탁 앞에 아이 홀로 내버려둔다면 밥상머리 교육은 제대로 이루어지지 않는다. 따라서 부모에게는 밥상머리를 거부하는 아이의 마음을 돌릴 수 있는 기술이 필요하다. 권위를 앞세워 아이를 다그치는 것은 아무런 도움이 되지 않는다. 밥상머리에서의 대화를 잘 풀어가려면 가족식사부터 제대로 이루어져야 한다.

밥상머리에서 무슨 말을 할 수 있을지
고민하는 부모가 생각보다 많다.
하지만 아이의 작은 일상에 관심을 두고
밥상머리를 함께 지켜온 부모라면
아이와 어떤 말을 할지 쉽게 떠올릴 수 있다.
여기 부모의 밥상머리 대화를 돕는 지침을 소개한다.

# 우리 가족의
# 식사 의식 만들기

 밥상머리 교육을 하는 데 제일 먼저 충족되어야 할 요건은 무엇인가? 두말할 것 없이 가족구성원 모두가 우선 밥상에 둘러앉는 것이다. 그런데 이 최소한의 조건을 충족시키는 게 사실 가장 어렵다. 일단 모두 모이는 것 자체가 쉽지 않다는 말이다. 학교, 학원, 직장으로 뿔뿔이 흩어진 가족들이 한데 모이는 시간을 어떻게 맞출 것이며, 이미 혼자 먹는 것에 익숙한 가족이 어떻게 타협점을 찾을 것이며, 제각각인 입맛을 맞추려면 또 어떤 메뉴를 준비해야 할 것인지….

 하지만 너무 부담을 느낄 필요는 없다. 의식이 바뀌면 행동은 저절로 따르게 마련이기 때문이다. 따라서 먼저 가족식사에 의미를 부여하는 작업을 먼저 해야 한다. 일종의 '의식화' 작업이다.

## 반복적인 훈련이 식사 의식을 만든다

저녁 먹기 전 간식을 먹지 않는다든가, 용돈을 모으도록 한다든가, 크리스마스 전에 선물 풀어보지 않기 같은 아주 작은 일도 인지훈련입니다. 그런데 이런 사소한 것들이 습관이 되려면 수년간에 걸쳐 꾸준히 연습해야 하지요. 우리는 우리의 욕망을 속일 수 있게 자신을 훈련할 수 있어요. 바로 이 점에서 부모들의 역할이 중요합니다. 부모들은 스스로 되물어봐야 합니다.
'과연 나는 자식들에게 식사 시간을 기다리는 의식을 만들어놓았는가?' '식사 시간을 기다리도록 의지를 북돋우고, 그에 대한 가치를 느끼게 하는가?' 월터 미셸

월터 미셸은 이런 의식화 과정을 통해 아이들이 하루아침에 이룰 수 없는 인지 훈련을 할 수 있다고 지적한 바 있다. 반복되는 '의식'이란 이런 점에서 매우 중요하다. 어떤 행동이 반복되고, 내재화되면서 자연스럽게 받아들이는 과정이기 때문이다.

이런 점에서 상식적인 밥상머리 훈련은 언제나 유효하다. 어른이 수저를 들 때까지 기다리게 하고, 다른 사람들과 식사 속도를 맞추는 것 등이다. 그 밖에도 전 세계의 어느 자리에서나 통용되는 보편적인 식사 예절은 다음과 같다.

- 음식을 씹거나 젓가락을 내려놓을 때 소리를 내지 않는다.
- 물을 마실 때 양치질하듯 입을 오물거리지 않는다.

- 음식을 입 안에 넣고 있는 사람에게 말을 걸지 않는다.
- 먼 곳의 음식은 손을 뻗어 집는 대신 가까운 사람에게 부탁해 건네받는다.
- 젓가락으로 음식물을 뒤적거리지 않는다.
- 재채기나 기침을 참기 어려울 때는 고개를 돌리고 손으로 입을 가린 채 한다.
- 허리를 펴고 앉고 고개를 너무 숙이지 않는다.

## 예절은 최소화하고 가족 전통은 풍부하게

하지만 앞에 열거한 이런 규칙이 우선순위가 되어서는 안 된다. 예를 들어 아이가 어리다면 밥상머리 예절의 기준을 아이에게 맞추어야 한다. 어린아이에게 어른의 식사 예절을 기대해선 안 된다는 말이다.

처음에는 우선 아이들이 즐겁게 밥을 잘 먹는 데 우선을 두게 해야죠. 나이에 따라서도 다릅니다. 두 살짜리에게 열 살짜리의 식사예절을 기대해서는 안 되죠. 식탁에서 소란을 떨지 못하게 하는 것도 연령에 맞춰 도와줘야 해요. 미리엄 와인스타인

두 돌 이전 아이는 호기심이 많다. 밥상에서 손으로 음식물을 만지며 탐색하는 것도 호기심의 연장이다. 이때 아이의 손을 때리

거나 밥을 흘리지 말라고 잔소리를 하면 어른과 밥 먹는 것 자체를 싫어하게 된다. 손 근육 조절능력이 충분히 발달하는 4세까지는 가족과 함께 식탁에 동등하게 앉는 것, 엄마와 아빠가 평소에 아무리 친구처럼 친해도 식탁에서만큼은 예의를 지킨다는 것 자체가 특별한 경험이자 의식이 된다.

평소에 대화가 거의 없는 가족이라면 식사 시간 중 말을 제지할 필요도 없다. 다른 가족과 식사할 때, 크게 예의에 벗어나는 행동을 하지 않을 정도의 예절 교육이면 충분하다.

가장 중요한 것은 가족의 현실에 맞춰 규칙을 정하고 고유한 가족 밥상 문화를 만들어나가는 것이다. 매일 있는 일상적인 식사 시간을 가족만의 특별한 의식으로 바꾸는 방법은 뜻밖에 간단하다.

## 우리 집만의 의식을 만들어라

종교를 가진 가족이라면 가족구성원이 차례로 돌아가며 식사 감사 기도를 드리는 것도 방법이다. 꼭 종교적인 의식이 아니더라도 음식이 식탁에 차려지기까지의 과정을 생각하며 수고한 사람에 대한 고마움을 표시할 수도 있다. 가깝게는 당장 요리를 준비한 가족, 좀 멀리는 농부 등도 고마움의 대상이 될 수 있을 것이다.

거창한 기도가 아니더라도 그저 "잘 먹겠습니다"라는 짧은 말로 식사를 시작해, "잘 먹었습니다", "맛있게 먹었습니다"라는 말로 끝내는 것도 그 가족만의 의식이 될 수 있다. 짧은 순간이지만 식사를 준비해준 부모님에게 감사하는 마음을 심어주고 음식의 소중함을 깨닫게 하는 데 도움이 되기 때문이다.

아이에게 식사 전에 손을 씻는 규칙을 심어주고 싶다면 아이를 억지로 끌고 화장실로 들어가기 전에 엄마 아빠가 먼저 비누로 손을 씻는 모습을 보여주면 된다. 앞서 말한 대로 어린아이일수록 부모의 모습을 그대로 따라 하려는 모방 심리가 있기 때문에, 아이는 시키지 않아도 그런 부모의 행동을 눈여겨보고 따라 해보려는 마음을 먹을 것이다. 이런 보여주기식 훈련 과정은 부모가 의식적으로 반복할수록 효과가 크다. 반복적인 행동을 통해 아이는 손을 씻는 행위를 식사 의식 중 꼭 지켜야 할 일로 여길 것이다.

## 일상 공간과 가족 식탁의 분리

가족식사는 일정한 공간에서 하는 것이 좋다. 일정한 시간에 일정한 장소에서 규칙적으로 같은 일이 반복될 때 그것이 곧 의식이 되기 때문이다. 식사 시간이 되면 온 가족이 한 장소에 모이는 것이 규칙이라는 것을 알게 되면 아이의 식사습관도 그에 맞춰 규칙적으로 자리 잡힌다. 아이가 어릴수록 부모는 먹이는 데 급급해 아무 데서나 밥을 먹게 하는 경향이 있는데, 부득이한 경우를 제외하고 한 자리에서 일정한 시간에 밥을 먹는 습관을 들게 해야 한다. 미리엄 와인스타인은 이 문제를 두고 현실적으로 어렵다고 생각하지 말고 일단 시작하는 게 중요하다고 말한다.

정해진 시간에 같은 장소에서 밥을 먹는 게 쉽지 않다고 생각하지만, 우선 그것을 아이를 비롯한 식구 모두에게 알리는 것부터 시작해보세요. 매일 실천할 수는 없더라도 노력은 한다는 자세부터가 중요합니다. 시작하는 게 가장 중요한 일이지요.
평일에 매일 실천하기가 어렵다면 일주일에 단 하루만이라도 '정해진 시간, 같은 공간'이라는 규칙을 실천해보는 겁니다. 가족의 일과를 맞출 방법은 생각보다 많습니다. 미리엄 와인스타인

이때 공간이 협소해 식탁을 놓는 것이 불가능하다면 밥상을 펴고 바닥에 가족구성원별로 색깔이 다른 방석을 놓는 것도 좋은 방법이다. 식탁에서 정확한 자리를 지정해주는 것은 아이들에게 '우리는 가족'이라는 일체감을 심어주며 식사를 좀 더 특별한 자리로 기억하게 할 것이다.

## 식사 준비 과정에 아이를 참여시켜라

식사 준비 과정에서 아이에게 연령에 맞는 임무를 주는 것이 좋다. 창동 범진이네 집의 경우를 살펴보자. 가족이 많은 만큼 밥상을 준비하는데 많은 시간이 걸릴 것 같지만 그렇지 않다. 아이들에게도 역할이 분담되어 있기 때문이다.
장보기부터 요리를 돕는 것이 장남 범진이의 일이라면, 식탁을 닦고 수저와 젓가락을 놓는 것은 셋째의 몫이다. 이렇게 다섯 남

매가 확실히 역할을 분담하고 있고, 가족 모두 식사가 끝나면 반드시 설거지통에 밥그릇을 놓는 것이 생활화되어 있다.

아이가 식사 준비부터 설거지까지 밥을 먹는 전 과정에 동참하면 부모의 스트레스를 줄여줄 뿐 아니라, 연령이 어린아이들의 경우 식탁에 밥그릇을 놓는다든가, 수저를 어른 수대로 놓는 일 등 아주 간단한 것이라도 놀이의 일부분으로 받아들이면서 가족식사 자체에 흥미를 느끼게 된다.

## 가족의 일과는 식사를 중심으로

주 5회 이상의 가족식사가 가장 이상적인 밥상교육의 모습으로 꼽히지만, 현실을 고려하면 최소 주 3회 정도의 가족식사만으로도 전 연령에 걸쳐 밥상머리 효과를 볼 수 있다는 것이 전문가들의 의견이다. 문제는 횟수가 아니라 얼마나 정기적이고 아이들에게 예고 효과가 있느냐다.

밥상머리 교육을 망치게 되는 가장 큰 원인은 아이들의 시간이 남을 때, 그 여유를 이용해 가족식사를 하겠다고 여기기 때문이다. 시험기간이니 식사 시간만이라도 줄여주겠다고 밥상을 다 차린 후에 아이만 불러 밥을 먹이는 것은 장기적으로 볼 때 아이들에게 가족식사를 피할 핑계를 만들어줄 뿐이다. 오히려 가족식사를 중심으로 가족의 일정을 조정하게 되면 시간활용도를 높일 수 있다. 가족식사에 걸리는 시간을 고려해 다른 시간을 줄이는 방법을 택하도록 시간활용의 중심을 옮겨놓을 때, 반복되는 의식으로서의 가족식사 효과는 높아질 것이다.

하지만 여기에는 부모의 노력이 필수다. 직장의 야근이 잦다면 과감히 아침형 인간이 될 수도 있다. 온 가족이 30분만 일찍 기상하면 아이에게 밤잠보다 더 몸에 좋은 아침 가족식사를 선사해줄 수 있다. 직장의 퇴근시간이 비교적 일정하다면 아이들의 학원 시간을 조정해 저녁식사만큼은 넉넉하게 짬을 낼 수 있도록 할 수 있다. 밥상머리 교육이 필요하다고 느낀다면, 우선순위도 학교, 학원, 사교육보다 더 높이 두는 것이 당연하다.

# 밥상 대화를 이어가는 3단계 기술

밥상머리에서 무슨 말을 할 수 있을지가 가장 큰 고민이라는 부모가 생각보다 많다. 밥상머리 대화는 빈익빈 부익부가 가장 극명하게 나타난다. 어린 시절부터 아이의 작은 일상에도 관심을 두고 밥상머리를 함께 지켜왔던 부모는 아이와 어떤 말을 해야 할지를 굳이 고민하지 않는다.

아이가 어릴 때부터 야구를 좋아했고, 아이의 뜻에 따라 야구 선수를 시켰으며, 야구라는 관심사로 밥상에서 대화가 끊이지 않았다는 준희네. 어린 시절부터 야구 얘기로 밥상의 주제를 이어왔기 때문에, 아이가 자라서 수험생이 된 지금에는 정신력에 도움이 되는 책 이야기를 밥상의 화제로 올릴 수 있었다고 한다.

식구가 많은 까닭에 서로 일정을 챙기고 조언 한 마디씩 보태는 것만으로도 밥상머리 대화가 풍성했다는 범진이네. 범진이네 역시 어릴 때부터 가족이 식탁에 둘러앉아 일상을 나누는 것에 익숙해진 탓에 가족식사 중에 무엇을 이야기할지 따로 고민하지는 않았다고 한다. 물론 대화를 하면서 언성이 높아질 때도 간혹 있지만 앞서 말했듯이 여러 번의 시행착오 끝에 즐거운 분위기로 전환하는 방법을 터득했다고 한다.

이렇듯 취재진이 만난 밥상머리 교육이 잘된 집의 아이들은 부모와의 쌍방 대화에서 어떤 어려움도 느끼지 않았다. 부모와의 대화가 일상화되어 마음이 열린 상태로, 의견 개진이 서로 자유롭기 때문이다. 이럴 때에는 아이들과 관련된 어떤 대화도 가능하다. 가족마다 다른 밥상머리 주제를 일괄적으로 선별할 수도 없지만, 처음 시도하는 가족식사라도 무난히 따를 수 있는 단계가 있다.

## 1단계: 대답을 기대하지 말고 질문 던지기

학교에서 있었던 일, 그날의 계획 등 아주 일상적인 일을 우선 물어보자. 어떤 대답을 기대하지 않고 그냥 묻기만 해도 아이를 이해하는 데 도움이 된다.

아이의 반응이 심드렁하다면 질문의 방식을 조금 달리해볼 필요가 있다. "학교에서 뭐 했니?"라는 질문보다는 "요새는 체육 시간에 뭘 배우니?"라는 식으로 구체적인 상황을 묻는 것도 방법이다.

처음엔 별다른 대답이 나오지 않더라도, 질문에 대한 반응을 잘 살피면 아이의 생활 전반에 대한 이해도를 높일 수 있다. 또한 이런 이해는 다음 대화를 이어가는 데 초석이 된다. 예를 들어 어느 날 우연히 아이의 친구에 대해 알게 되었다고 하자. 부모가 아이의 친구에 대해 아는 것이 생겼다면, 아이는 친구와 함께한 일들에 대해 더욱 적극적으로 말문을 열 것이고, 대화가 길어질 수 있다. 중요한 것은 이때 가족식사를 서둘러서는 안 된다는 것이다. 밥을 먹는 것에 신경을 쓰는 것도 중요하지만, 아이의 말을 끝까지 듣는 것도 가족식사에서는 중요하다.

특히 아버지들은 가족식사에 익숙하지 않아, 잠깐 식탁에 앉았다가 밥그릇을 비우면 서둘러 자리에서 일어나곤 한다. 평균적으로 보면 한국의 아버지들이 밥 한 공기를 비우는 데 걸리는 시간은 고작 10분 남짓하다. 하지만 아이 입장에서 오늘 밥상에선 이런 말을 하고, 이런 의사를 밝혀야겠다고 마음먹지 않은 이상, 화젯거리를 떠올리고 말문을 열어 대화를 하기에 10여 분은 너무 짧다. 밥을 먹으면서 아이가 불쑥 꺼내는 이야기는 아이에게 인상이 깊거나, 오랫동안 고민하던 문제일 수도 있다. 아이 스스로 말문을 열 수 있도록 준비 시간을 주어야 한다.

## 2단계: 공감과 경청을 통한 방향 제시

그러나 이 일과 확인이 그야말로 확인으로만 끝나게 되면 대화는 이어지지 않는다. 관심을 두고 들어주는 '경청'을 통해, 아이가 진짜 원하는 것이 무엇인지 이야기를 끌어나가라. 설령 그 일과가 부모가 원하는 방향과 다르더라도 일단은 아이의 말을 끝까지 성심성의껏 들어야 한다. 부모의 듣는 태도가 어떠한가에 따라 대화 자체가 중단되기도 하고, 아이의 생각이 바뀌어 건설적으로 방향 선회가 되기도 한다.

자신의 말을 듣게 하고 이해시키고 싶은 것이 바로 아이가 원하는 심리적 욕구다. 따라서 효과적인 밥상머리 대화가 이뤄지려면 부모는 경청하는 법부터 익혀야 한다. 자기의 말을 들어주고 이해해주고 받아들여준다는 것을 아이 스스로 깨달을 때, 비로소 막히지 않는 의사소통이 이루어진다.

이때 특히 중요한 것이 '공감'이다. 올바른 부모 자식 관계에서 공감은 피동적으로 의사소통을 하는 아이가 적극적으로 자신으로 표현하게 하는 좋은 수단이다. 가능한 한 아이의 입장에 서서 아이의 생각과 감정이 어떨지 추측해본다. 전문가들은 밥상에서 아이의 말을 경청할 때 다음과 같은 점을 주의하라고 말한다.

1. 부모 자신이 먼저 마음의 안정을 유지한다 아이가 밥을 먹다가 어떤 말을 할 때 최대한 참견하지 말고 말을 마칠 때까지 기다린다. 참견하거나 중간에 말을 끊으면 감정이 고조되어 안정을 유지하기 어렵다.

2. 아이가 입을 열 때 집중한다 무슨 말이든 아이의 입에서 말이 나오면 일단 아이의 눈을 맞춰야 한다. 식사 시간에 다른 일을 생각하면 자칫 아이의 말을 놓칠 수 있으므로 식탁에 앉을 때만큼은 머리를

비워야 한다. 또한 책을 보거나 TV를 보는 등 다른 곳에 관심이 있는 듯한 행동을 해서는 안 된다.

3. 반응을 보인다 경청을 하더라도 표현하지 않으면 아이는 부모가 자신의 말을 잘 듣고 있다는 걸 깨닫지 못한다. 특히 아이가 어릴수록 부모의 반응에 민감하므로, 아이가 말이나 행동으로 의사표현을 할 때에는 과장되게 보일 만큼 반응을 보일 필요가 있다. 또한 아이의 말에 "이해가 간다" "정말 그러니?" "좀 더 자세하게 말해보렴" 하고 내용 이해에 대한 표현을 해줘야 한다.

4. 표정에 주의한다 밥상에서 부모가 짓는 표정은 비언어적인 의사전달 수단이다. 구체적으로는 손동작이나 자세, 눈빛, 표정 등으로 정보를 교류하는 것이다. 심리학 연구 결과에 따르면 생활 속에서 사람의 정보 교류는 30~40% 정도만 언어를 통해 전달되고, 나머지 60~70%는 비언어적 수단으로 전달된다고 한다. 또한 언어와 비교해서 비언어적 의사소통은 더 강한 매력이 있다. 즐겁게 먹어야 소화도 잘 되듯이, 밥상머리에서 이야기를 주고받을 때에는 즐거운 표정, 따뜻한 눈빛으로 대화의 윤활유를 만들 필요가 있다.

이런 조건이 갖추어질 때 비로소 부모는 아이의 말에 경청하고 공감할 수 있게 되고, 아이는 더 많은 이야기를 할 수 있는 마음의 준비가 된다. 아이의 말에 섣부르게 "그럼 안 되지", "그럴 시간에 공부를 해야지"라는 식의 대응을 하기보다는 그에 대한 아이의 생각을 물어보고 아이가 스스로 판단을 내리도록 해야 한다. 오랜 청소년 상담을 통해 대화 기술을 익힌 강지원 변호사는 경청의 중요성을 이렇게 말한다.

(부모들에게) 예를 들면 "어제 뭐 했니?" 하고 물었을 때 아이가 무얼 했다고 대답하면 "재미있었니?", "그중에서 어떤 게 제일 재미있었니?", "무엇이 마음에 들었니?" 하고 자꾸 물어보라고 합니다. 그것이 결국 아이 스스로 자신이 하고 싶은 일, 잘할 수 있는 일을 찾게 해주지요. 아이는 질문에 대답하면서 스스로 답을 찾습니다. 이거 해라, 저거 해라 식의 강요보다는 스스로 생각해서 대답하게 하고, 그 말을 끝까지 들어주는 게 중요합니다. 강지원 변호사

## 3단계: 관심사를 토론으로 연결시키기

범진이네 식구를 보자. 취재진이 방문하던 날 밥상머리에서는 고등학생이 되는 딸에게 공부방을 내줄 것인가, 말 것인가 하는 대화가 주제로 올랐다. 그러려면 다른 형제들의 양보가 필수적인 상태. 이들의 대화를 들어보자.

세진 수경이가 이제 내신 관리해야 할 때니까 수경이 혼자 방을 쓰는 게 중요하지.
엄마 그러니까 수경이한테 독방을 줘야 한다?

세진 그거는 맞는 것 같아.

엄마 그런데 성진이가 너랑 방을 같이 쓰게 되면 너 공부하는 데는 방해가 안 되겠니?

세진 저는 밖에서 공부하고 와서 잠만 자잖아요.

아빠 그럼 큰방은 거의 성진이가 혼자 쓰겠네.

성진 (둘이 한 방에서 산다고 해도) 어차피 혼자 쓰네. 나도 어차피 학원에 있는데 뭐. 그런데 자려고 할 때 현경이랑 수경이가 싸우는 소리가 들려요. 시끄럽기도 하고. (웃음)

수경 계속 싸우는 건 맞는데….

아빠 성진이가 아주 속이 꽉 찼군요. 가족의 평화를 위해서 어려운 결정을 해준 성진이에게 박수! (일동 박수)

부모의 역할은 아이들의 이견을 조율하면서, 합리적인 판단을 할 근거를 제시하고 칭찬을 해준 것뿐이다. 아이들의 의견개진이 활발한 상태에서는 밥상머리 대화의 흐름만 조정해주는 능력이 필요하다. 직접적으로 지적하거나, 지시를 내리는 대신 어떻게 생각하는지 질문을 던짐으로써 스스로 판단하도록 돕는 것이다.

굳이 결정을 내려주지 않고 질문만 던져보아도 아이들의 생각을 들어볼 좋은 기회가 된다. 이럴 때 대화가 확장되어 아이는 논리력까지 키울 수 있다.

미래를 살아갈 아이들이 갖춰야 할 큰 능력 가운데 하나가 주도적인 사고능력입니다. 그래서 부모는 특별히 아이가 뚜렷한 주관과 자기 생각을 갖고 살 수 있도록 도와야 하는데, 이때 아주 중요한 부분이 식탁 위의 토론입니다. 저는 제 아들과 밥상 위에서 열띤 대화를 하곤 했습니다. 그 사이에 아들은 자기 생각을 정리하죠. 자기 생각이 다른 친구들과 다른 점, 또 다른 부모님과 다른 점. 왜 다른지 이런 부분에 대해서도 서로 많은 대화를 나눴습니다. 밥상에 앉아 매사 그런 식으로 대화하면 아이에게 자긍심도 심어줄 수 있고, 어른들과 대등하게 의견을 나눌 기회도 제공할 수 있지요. 공병호(공병호연구소 소장)

하지만 무엇이든 처음 시작하는 법이 어려운 법이다. 아이와 마주 앉은 식탁에서 어떤 말부터 꺼내야 할지 몰라 난감하다면 다음의 질문들을 참고해볼 수 있을 것이다. 아래에 소개한 질문들은 미국의 가족식사 운동 조직에서 권장하는 주제들로, 가족식사에서 대화를 풀어내기에 자연스럽고 모든 구성원이 동참할 수 있는 방법이다.

- 집에서 가장 편안한 곳이 어디니?
- 오늘 밥 먹을 때 좋은 음악을 고르라면 어떤 걸 고를래?
- TV에 나오는 가족들 중 우리와 비슷한 가족이 있니?
- 친구를 고를 땐 어떤 점을 보고 사귀니?
- 어느 놀이 공원이 제일 좋니? 어떤 기구가 제일 재미있어?
- 야생동물을 마음대로 고를 수 있다면 어떤 동물을 키우고 싶어?
- 역사상 가장 훌륭한 발명품은 뭘까?

- 우리 가족을 한 마디로 표현하는 적당한 단어가 있을까?
- 특별한 재능을 가질 수 있다면 어떤 능력을 가지고 싶어?
- 가족들이랑 가장 하고 싶은 건 뭐고, 가장 하기 싫은 건 어떤 거야?

사실 그 어떤 말보다도 아이의 입을 열게 하는 것은 아이에 대한 관심이다. 아이가 기분이 나빠 보이면 아이의 SNS에 들어가본다는 준희 어머니, 아이들이 좋아하는 음악과 영화는 빼놓지 않고 찾아본다는 예리, 예진이 아빠, 연구 활동이 바빠 주말에도 학교에 나와야 할 때면 아이들을 데리고 와 근처에서 놀게 했다는 카이스트 유룡 교수. 아이에게 관심과 애정을 주려고 노력한다면 가족 식탁의 화제는 화수분처럼 마르지 않을 것이다.

# 아이를 밥상으로 유혹하려면

아이들은 모순투성이다. 배가 고프다고 해서 허겁지겁 밥상을 차려주지만, 막상 식탁에 앉히면 언제 그랬느냐는 듯 딴짓에 몰두한다. 밥상머리 앞에서 장난감을 가지고 놀거나, TV나 게임기에서 눈을 못 떼는 아이들과 매일 승강이를 벌이는 집도 많다.

그런데 한번 머릿속으로 떠올려보자. 그토록 아이들이 앉기 거부하는 그 식탁에 누가 함께하고 있는가? 아이만 앉혀두고 다른 집안일을 하느라 동분서주하는 엄마, 그릇에 수저까지 다 차려지기 전에는 부엌 근처에 얼씬도 않거나 아직 귀가 전인 아빠. 식탁엔 아이 홀로 앉아 있고 아빠와 엄마가 함께할 자리엔 빈 의자만 덩그러니 놓여 있지는 않은가?

한 잡지사가 어린이 380명을 대상으로 조사한 결과, 가정생활 중 가장 좋아하는 순간을 '온 가족이 모여앉아 밥을 먹을 때'라고 꼽았다고 한다. 엄마 아빠는 존재 자체만으로 아이에게 가장 좋은 식욕 증진제다. 단 그 식욕 증진제가 제 기능을 발휘하려면 부모 스스로 자신에 대한 믿음과 밥상 앞에서 사랑을 표현하는 적극성이 있어야 한다.

자신감과 의욕을 잃고 아이의 뜻에 끌려다니거나, 음식만 차려둔 채 식탁 앞에 아이 홀로 내버려둔다면 밥상머리 교육의 효과를 기대할 수 없다. 다음의 방법들은 밥상머리 교육을 실천하려는 마음은 있으나 실제로 적용하는 데 서툰 부모들을 위한 것이다. 이른바, 밥상머리를 거부하는 아이의 마음을 돌리는 기술이라고 할 수 있다.

## 오감을 만족시켜라

다음은 본 프로그램 취재차 만났던 가족들이 묘사한 가족식사 장면이다. 영유아기의 자녀를 둔 가정에서 흔히 볼 수 있는 풍경으로, 밥상 대화를 하기 전에 바로잡아줘야 할 식습관이다. 당신이라면 어떤 해결책을 내놓겠는지 생각해보자.

**엄마의 고민:** 첫째 남아 (만 5세), 둘째 여아 (12개월)

큰아이는 심하게 배가 고파야만 혼자 밥을 먹습니다. 둘째 아이는 먹여주기만 바라고 절대 스스로 먹으려고 하지 않고, 온몸에 음식을 덕지덕지 묻힌 채 계속 소리 지르면서 식탁으로 돌진합니다. 아빼는 밥을 먹는 둥 마는 둥하고 허겁지겁 둘째를 안고 방으로 갑니다. 그때부터 큰아이는 부엌 밖의 상황이 궁금해 안절부절못합니다. 한 숟갈 먹고 뛰쳐나가고 제가 고래고래 소리 지르면 돌아와 한 숟갈 받아먹고 또 달려나가고…. 그렇게 하면서 밥을 먹다 보니 엄마인 저는 매번 식은 밥을 혼자 먹기 일쑤입니다.

아이를 식사준비 과정에 참여시키는 것은 식탁으로 유혹하는 가장 좋은 방법이다. 수저 놓기, 식탁 닦기 등 간단한 역할을 맡기면 아이에게 가족식사에 자신이 기여한다는 성취감을 줄 것이다.

유난히 음식을 가리는 아이라면 조리 과정에도 참여시켜보자. 세 돌 이전이라면, 음식재료를 만지고 놀게 해서 흥미를 유발하는 것으로 충분하다. 이후에는 간단한 반죽이나, 콩나물 다듬기, 콩 골라내기, 달걀 풀기 등 위험한 도구를 사용하지 않아도 되는 일을 시켜보자. 더불어 재료에 대해 "표면이 우툴두툴하네. 냄새는 어때?" 등 오감을 자극하는 대화를 곁들인다면 아이의 호기심과 언어표현이 두드러지게 늘어날 것이다.

아이들은 새로운 음식을 일단 눈으로 탐색한다. 이미 음식 고유의 맛을 아는 어른들 역시도 "음식은 눈으로 먼저 먹는다"라고 하니, 일단 아이의 시선을 잡아두자. 음식 재료 자체의 알록달록한 색감을 느껴보게 하고, 아이들이 좋아하는 모양을 만들어 담아줘도 좋다.

아이가 좋아하는 캐릭터가 그려진 식기나 수저, 포크 등을 사용하는 것도 아이들이 식탁을 즐거운 장소로 여기게 하는 데 도움이 된다. 아이는 기본적으로 호기심과 재미에 따라 움직이는 존재다. TV나 장난감보다 식탁을 더 재미있게 만들 방법을 생각해보자.

식사 시간에 흥미를 느끼면 음식 투정도 자연스럽게 줄고, 투정이 주는 만큼 대화할 여유도 생긴다. 아이가 너무 버릇없이 제멋대로 식사를 하려 든다면 앞서 말한 대로 식사 준비 과정에 동참시켜 자신이 만든 음식에 흥미를 느끼고 식감 자체를 즐기도록 하는 것이 좋은 방법이 된다.

## 시키고 싶은 것을 부모가 먼저 해라

가족이 식탁에 앉아 있는 이유만으로도 아이들은 균형 잡힌 영양소를 섭취하게 된다. 미국 미네소타 대학 연구진

연구 결과로 밝혀진 사실이지만, 가족 식탁에 오르는 음식 자체가 영양학적으로 좋다는 것은 쉽게 생각할 수 있다. 좋은 음식은 먼저 아이에게 주는 부모가 끼니 때 영양을 고려하는 건 당연한 일이 아니겠는가. 또한 아이들의 편식 습관도 쉽게 알아챌 수 있어, 가족구성원들이 함께 나서서 아이의 식습관을 바로잡아줄 수 있다.

그러나 굳이 편식습관을 바꾸려 들지 않아도 가족식사를 하는 자체만으로 아이는 바른 식습관을 가질 확률이 높다. 아이들이 부모를 모방하는 습관을 가지고 있기 때문이라는 것이 연구진의 해

석이다. 이는 비단 식습관에 국한되지 않는다.

　가족식사에 임하는 전반적인 부모의 태도 역시 아이는 그대로 닮고 싶어한다. 가족 밥상에서 대화를 하고 싶으면 부모가 먼저 자신의 이야기를 꺼내야 한다. 그 모습을 보며 아이는 '식사는 즐거운 말을 주고받는 것'이라는 생각을 하게 되고 이를 내재화하였다가 어느 순간부터 자신도 그 모습을 따라 하게 되는 것이다.

　즐겁고 기분 좋은 주제를 두고 부모가 서로 이야기를 나누는 모습을 보인다면 아이 역시 그 대화에 동참하고 싶어 스스로 변하게 될 것이다. 반대로 식사 시간에 부모가 서로 다투거나 말을 하지 않는다면 아이는 그 모습 그대로 내재화하여 가족식사에 흥미를 잃게 될 것이다. 아이에게 부모는 살아 있는 교과서나 마찬가지라는 사실을 잊어선 안 된다. 아이의 식사습관을 고치고 싶다면, 식탁 앞에서 아이와 즐거운 대화를 나누고 싶다면 부모가 먼저 그 모습을 보여야 한다.

## '권위적'인 밥상 대신 '권위 있는' 밥상을 만들어라

　한국 가정의 식사 문화를 파악하던 중 만났던 엄마는 다음과 같은 고민을 털어놓았다.

**엄마의 고민: (첫째 남아 6세/ 둘째 남아 8개월)**
　직장 맘이라 아침만 함께 식사하고 점심, 저녁은 가족 모두 각자 회

# 밥상 대화를 위해 식습관을 들이는 요령

### 1. 식사 시간이 지나면 식탁을 정리한다

부모가 밥상에서 흔히 저지르는 실수가, 어떻게든 아이가 밥을 다 먹을 때까지 기다리는 것이다. 그런 식으로 몇 번은 성공할 수 있지만, 계속 반복하면 아이가 식사 시간에 대한 개념을 잃게 된다. 전문가들은 식사 대화가 좋은 분위기에서 유지되어야 하지만 꼭 지켜야 할 규칙 앞에서는 단호할 필요가 있다고 강조한다. 만일 아이가 식사가 끝난 후에 밥을 달라고 하면 한 끼 정도 굶게 하여 가족식사에 임하는 자세를 알려줘야 한다.

### 2. 식탁이 아닌 곳에서 음식을 주지 않는다

따라다니면서 식사를 챙기는 것은 좋지 않다. 그릇을 들고 따라다니며 밥을 먹게 하면 제대로 된 대화는커녕 부모도 지쳐 아이와의 관계가 더 악화될 수 있다. 밥을 먹든 이야기를 나누든 음식을 두고 벌어지는 가정 안의 일들은 모두 식탁에서 이루어져야 한다.

### 3. 아이의 먹는 성향을 파악하라

대화를 제대로 하기 위해서는 '억지로 먹인다'는 생각은 금물이다. 아이와 이야기를 나누겠다는 마음이 오히려 아이의 마음을 다치게 할 수 있기 때문이다. 대부분 아이가 그 가정의 식사 문화에 맞춰 음식의 선호도도 부모를 닮아가지만, 타고난 기질도 작용한다. 부모가 준비한 음식에 잘 적응하는 아이가 있는 반면, 한 가지 음식만 고집하는 아이도 있고 특정 음식에 심한 거부 반응을 보이는 아이도 있다. 다른 집 아이와 다르다고 불안해할 게 아니라 아이의 식성을 파악해서 식습관을 들이는 것이 현명하다.

사, 유치원에서 해결합니다. 아침 시간은 전쟁입니다. 저희 집 위계질서는 조금 특이해서 아들이 어른처럼 우선순위에 있어요.

맞벌이 부부로 지내면서 큰아이를 백일부터 22개월까지 남의 손에 키웠는데, 그게 안쓰러워 모든 걸 다 해준 것이 문제가 된 것 같습니다. 집에서 식사를 할 때는 누워버리거나 딴짓을 하기 일쑤입니다. 유치원에서도 밥 먹이기가 어렵다고 하네요. '똑바로 앉아라', '얼른 먹어라', '꼭꼭 씹어라' 잔소리만 하게 됩니다. 가족이 함께 먹는 유일한 식사인데 아침마다 전쟁을 치르고 있어요.

2007년 서울 경기 지역의 중고등학교에 재학 중인 남녀 학생을 대상으로 한 조사를 보면 약 65%가 '가족과 식사할 때 즐겁다'고 답했다. 미국도 마찬가지다. 미국의 10대 65%는 가족식사를 더 자주 할 수 있다면 친구들과의 활동을 기꺼이 포기할 수 있다고 답했다. 아이들에게 가족식사 자리는 단순히 영양소를 섭취하는 장소가 아니라 가족과 상호작용을 하고, 스트레스를 풀 수 있는 장소인 것이다.

그렇다면 나머지 35%의 아이들은 왜 가족과의 식사를 '그저 그렇다' 혹은 '피하고 싶다'라고 답한 것일까? 당신의 아이는 어떤 대답을 할 것인가? 우선 당신의 밥상에서 오가는 대화와 반응을 곰곰이 되살려보자. 예를 들면 이런 것이다.

### 시끄럽게 음식을 먹는 아이에게

1 엄마가 (혹은 아빠가) 밥 먹을 때 소리 내지 말라고 했지!

2 밥 먹을 때 소리를 내면 옆 사람에게 방해가 되지 않을까?

### 채소를 싫어하는 아이에게

1 채소도 다 네 몸에 좋으니까 먹으라는 거야. 먹기 싫어도 다 먹어!
2 채소가 몸에 좋다는 건 알고 있지? 여러 가지 채소 중에 하나씩 맛을 봐. 엄마 아빠는 참 좋아하는 음식인데 너는 어떠니? ○○이도 참 잘 먹는구나.

### 식사 중 아이가 컵을 깨뜨린다면

1 무조건 야단을 친다.
2 아이가 할 수 있는 실수임으로 야단을 치지 않고, 다치지 않았는지 물어보고 조심해서 치우게 한다.

아이에게 1처럼 말하거나 행동한다면 '권위적인' 부모라고 할 수 있다. 식탁에서의 대화와 행동은 부모의 양육태도를 극명하게 보여준다. 부모의 기준에 맞추어 아이의 행동을 통제하고, 토론을 용납하지 않는 권위적인 부모는 아주 쉽게 아이들에게 식탁에 둘러앉도록 '명령'할 수 있다. 그러나 이 경우 아이들은 부모를 어려워해서 밥상머리 교육의 필수조건인 상호작용이나 대화는 불가능하다. 밥상머리에 앉는 자체가 고역일 뿐이다.

반대로 전혀 권위가 없는 부모는 아이들을 밥상으로 불러들일 수가 없다. 아이들은 부모의 말을 귓등으로 흘려들을 것이기 때문이다. 진정한 밥상머리 교육을 위해 부모는 '권위적'이 아닌 '권위 있는' 부모가 되어야 한다. 가족 내에서 지켜야 할 규칙은 확실히 알려주고, 왜 지켜야 하는지, 충분한 의사소통을 통해 따뜻하고 사랑이 넘치는 분위기를 느끼게 해주는 것이다. 식사 시간에는 부모가 자녀를 관찰하고 정서적인 교류를 해야 할 뿐, 부모의 명령을 일방적으로 알려서는 안 된다.

밥상머리 교육에 성공적인 대화법을 익힌 범진이네 집, 앞에서 밥상머리에서 어떤 주제라도 대화할 수 있는 집으로 소개한 가정이지만, 단 한 가지 금지사항이 있다. 그것은 밥을 먹는 중에는 어떤 심각한 일이 있더라도 잔소리를 하지 않는다는 것이다.

식사 중에 아이들의 단점이나 잘못된 행동을 말해주는 것은 안 된다고 보거든요. 우리가 만나는 시간이 많지 않기 때문에 그 시간에 모든 걸 해결하고 싶은 마음도 없진 않지만, 그것 때문에 식사 시간을 괴롭게 만들면 안 되잖아요. 그래서 우리는 하고 싶은 말을 돌려

### 당신은 권위적인 부모인가?
혹시 밥상머리에서 이런 태도를 보인다면 당신은 권위는 없고 '권위적'이기만 한 부모일 가능성이 크다.
1 내가 정한 기준이 있다. 그 기준에 따라 아이의 행동과 태도를 지도, 통제하고 평가한다.
2 내 아이가 나에게 복종하는 것은 당연하다.
3 내 아이는 나에게 말대꾸를 하면 안 된다.
4 내 아이는 아직 스스로 하지 못하는 것이 많다고 생각한다.
5 내 아이는 가르쳐주지 않으면 무엇이 옳은지 스스로 판단하지 못한다.
6 부모는 버릇없는 행동에 대해 훈육으로 가르쳐야만 한다.

서 그 문제에 대해 어떻게 생각하는지 질문하는 방법을 써요. 그러면 아이가 먼저 "그렇게 하면 안 되겠네요" 하고 말해요.

질문을 해도 "너 오늘 시험 못 봤어? 왜 못 봤다고 생각해?"라고 하는 게 아니라, "이번에 시험이 너무 어렵게 나왔나 보다. 다음번에는 어떻게 하면 잘 볼 수 있을까?"라고 하죠. 아이 스스로 '아, 내가 이번엔 이런 실수를 했는데, 다음에는 이것을 잘할 수 있도록 하겠다' 이런 대답을 하도록 질문을 해야죠. 범진이네 엄마

'권위적인' 부모의 말하기 방식과 '권위 있는' 부모의 말하기 방식이 어떤 차이가 있는지 잘 알려주는 설명이다. 권위라는 것은 강압적인 말에 있는 것이 아니라, 마음을 움직이는 말에서 비롯된다는 것을 명심해야 한다.

# 바쁜 일상에서
# 식탁을 사수하는 법

　잦은 외근에, 회식, 솜뭉치가 되어 밤늦게 귀가하는 직장인들에게 힘을 주는 것으로 우리는 주저 없이 가족, 특히 아이를 꼽는다. 아이를 더 건강하게 키우고, 더 잘 교육하기 위해서라면 어떤 희생도 마다하지 않는다는 부모들. 그러나 그런 부모의 일과표를 살펴보자. 아이와 함께하는 가족식사가 우선순위에 들어 있는가?

　우리나라 평균 출생아 수는, 이미 2018년 0.98명으로 1명 아래로 떨어진 뒤, 2019년에는 0.92명으로 추락을 거듭하고 있다. 하지만 사교육에 대한 부담감 때문인지 갈수록 현실은 각박해지고, 하나뿐인 귀한 아이를 '나 홀로 밥상'에 버려두는 가정이 갈수록 늘고 있다.

　가족 밥상의 의미를 모르는 아이들은 부모와 한 상에 앉는 가족 밥상 대신 TV 앞을 택하고, 시도 때도 없이 울리는 아이의 스마트폰은 가족 간의 대화를 끊어버린다. 언제까지 바쁜 일상에 식탁이 밀려나도록 내버려둘 것인가?

## 전교 1등이 가족 식사를 많이 할 수 있는 이유

앞서 취재진은 전국 100개 중고등학교의 전교 1등을 대상으로 주당 가족식사 횟수에 대한 조사 결과를 밝힌 바 있다. 전교 1등 학생들은 비교군인 중위권 학생보다 주당 가족식사 횟수가 월등히 높긴 했지만, 그들 가족 역시 바쁜 생활과 학업을 병행하기 어려운 것은 마찬가지였다.

전교 1등생 100명에게 '가족식사를 저해하는 요인'을 물었을 때, 학교생활과 학원 공부가 84%, 부모님의 바쁜 일정이 15%를 차지했다. 이는 중간 성적의 학생들과도 크게 다르지 않은 수치다. 그러나 같은 조건에서도 전교 1등생들은 주 6회 이상 가족식사를 한다는 수치는 무려 73%에 이르렀다. 중간성적 학생들의 39%보다 월등히 높은 수치다. 똑같은 환경에서 전교 1등 가정은 어떻게 온 가족이 식사 시간을 맞출 수 있는 것일까? 그것은 바로

아침, 저녁, 주말의 정기적인 가족식사(단위 %)

| 구분 | 아침 | 저녁 | 주말 | 부정기적 |
|---|---|---|---|---|
| 전교 1등 | 31 | 23 | 36 | 11 |
| 중간 성적 | 15 | 24 | 35 | 26 |

아침 시간을 이용하는 것이다.

앞의 표에서 알 수 있듯 전교 1등과 중간성적 학생의 저녁과 주말의 가족식사 수치는 비슷하다. 그러나 아침식사를 정기적으로 하는 경우는 전교 1등생들이 중간성적 학생의 2배 이상으로 나타난다. 가족식사를 위해서는 기꺼이 '아침형 인간'이 되기로 결심한 부모들이 있다는 것이다. 주중에 최소한 하루 걸러 아침에 가족식사를 한다면, 주말을 포함하여 일주일에 4~5번의 가족식사가 가능하다는 결론이 나온다.

다만 아이가 어릴 때에는 부모의 출근 시간에 맞춰 기상하는 것이 어렵기 때문에 가능한 한 저녁에 가족식사를 정하는 것이 더 효율적이다. 중고등학생은 저녁에 학원이나 친구들과 약속 등을 피해 등교 전 아침식사나 이른 저녁 시간으로 맞춰주는 지혜가 필요하다. 즉 아이의 성장에 맞춰 가족식사를 정하는 것이다.

하지만 이보다 더 중요한 것은 부모의 마음가짐이다. 부모 자신이 시간이 나거나 즉흥적으로 기분이 날 때 가족식사를 하겠다는 태도는 버려야 한다. 가족식사를 비즈니스 미팅만큼 중요한 일과의 축으로 놓는 것이 효과적인 밥상머리 교육을 위한 가족식사의 기본 전제 조건이다. 부모가 먼저 자신의 일정표를 펴고 가족식사를 적어놔야 한다. 부모 스스로 가족식사를 우선순위로 놓을 때, 아이들 역시 친구들과의 약속이나 게임보다 식탁으로 모이는 것이 우선임을 깨달을 것이다.

## TV 없이 식사하는 법

취재 중에 만난 성재, 성철, 성훈이 엄마는 가족식사 중에도 제대로 된 대화를 할 수 없어 고민이었다. 원인은 TV. 30분이 채 넘지 않는 가족식사 시간을 TV가 망쳐놓는다며 하소연을 했다.

**엄마의 고민: 큰아이(남아 11) /둘째(남아 7)/ 셋째(남아 5)**

아빠는 말없이 TV를 보면서 밥을 먹다가 아이들이 떠든다 싶으면 조용히 하라고 야단을 치고, 아이들이 하는 이야기를 듣나 싶으면 건성으로 대답하고요. 책을 좋아하는 둘째는 밥을 먹다가 조용히 하라는 말만 나오면 바로 책부터 들고 와요. 엄마인 저는 아이들 반찬 챙기느라 쉴 새 없이 움직이고요. 아빠는 먼저 식사를 끝내고 자리에서 일어나 TV 리모컨을 집어 들고요.

이전에 밥상이 가족을 모여들게 하는 구심점이었다면, 이제는 유일하게 가족을 모이게 하는 건 TV라는 말이 나올 만큼 TV가 가정생활의 중심에 놓였다. 위 가정처럼 심지어는 TV가 식탁까지 침범한다. 그나마 아이를 붙잡아둘 수 있다는 이유로 TV 앞에서 밥을 먹이는 엄마도 적지 않다고 한다.

부모라면 우리 가정의 모습은 어떤지 생각해보아야 한다. 아이가 TV에 시선을 고정한 채 밥을 먹고 있더라도 일단 먹이고 봐야 한다는 생각에 용인해주고 있지는 않은가? TV 앞을 떠나지 않으려는 아이들과의 실랑이가 싫어 말없이 수저만 쥐여주지는 않는가?

그러나 TV나 모니터 앞에서 음식을 먹을 때 아이들의 뇌는 포만감을 제대로 포착하지 못한다. TV 시청 시간이 비만과 직결되는 이유는 이 때문이다. 이 아이들이 청소년이 되면 이제는 컴퓨터 모니터 앞으로 음식을 들고 가 각자의 방에서 식사를 해결하는 버릇으로 이어진다. 결국 식사 습관을 키우려다 더 나쁜 습관을 키우게 되는 셈이다.

가족 밥상의 가장 중요한 요소는 가족 간의 대화다. 그러므로 가족식사의 제1원칙은 대화를 방해하는 요소, TV를 끄는 것이다. 단 무작정 TV를 끈다고 문제가 해결되지는 않는다. 저녁식사를 앞두고 TV 앞을 떠나지 않으려는 아이와 다투지 않으려면 최소 식사 시간 30분~1시간 전에는 TV 전원을 꺼두는 것이 좋다.

물론 일부 학자들이 주장하듯이 TV가 부정적인 영향만 주는 것은 아니다. 특히나 우리나라처럼 어릴 때부터 공부에 스트레스를 받는 청소년들은 텔레비전을 보면서 스트레스를 풀 수 있고, 프로그램에 대해 이야기하는 것이 곧 친구와 교류하는 매개체가 되기도 한다.

따라서 아이의 TV 시청권을 억지로 빼앗는다면 오히려 가족식사에 대한 반감만 키울 수도 있다. 아이가 정말 좋아하는 프로그램이 있다면 방영 시간을 피해 가족식사 시간을 잡는 것도 한 방법이다.

함께 본 프로그램이 인상 깊었다면 밥상머리 대화의 주제로 올려 서로 토론하는 것도 현명한 처사라고 할 수 있다. 그러나 무엇보다 먼저 해야 할 일은 밥상에 앉아 있는 시간만큼은 가족들이 서로에게 집중하는 시간임을 주지시키는 것이다.

## 스마트폰은 퇴출 대상 0순위로

호기심이 많은 어린아이들은 장난감을 식탁까지 가져오는 예가 빈번하다. 장난감은 두 돌 전후까지 아이를 식탁에 앉게 하는 유용한 유인책이 되기도 한다. 하지만 아이가 세 돌 정도가 되어 본격적으로 밥상머리 교육을 시작할 때에는 장난감을 제자리에 놓고 오는 습관을 길러주는 것이 좋다.

청소년의 경우, 가족식사에 가장 방해가 되는 것은 스마트폰일 것이다. 예전에는 식사 때를 피해 통화하는 것이 당연한 예의로 여겨졌지만, 이제는 학교수업 시간에도 스마트폰을 손에서 놓지 못하는 아이들도 많다.

하지만 밥상머리에서 온전한 대화를 하려면 식탁 주변에는 애초에 스마트폰이 없어야 한다. 아이에게 식사 시간만큼은 아무리 중요한 일이더라도 스마트폰을 사용할 수 없음을 알려주고 방에 두고 나오도록 단호하게 말할 필요가 있다. 가족식사는 어떤 응급상황도 끼어들 수 없는 시간임을 주지시키는 것이다. 통화는 물론 문자 전송이나 확인도 식사 시간 이후로 미루게 한다. 식사 시간 중 통화 금지를 규칙으로 만들면 아이의 친구들도 그 시간에 통화하는 것을 점차 포기할 것이다. TV도 스마트폰도 없는 가족식

사. 그 시간을 채워야 하는 건 오로지 대화뿐이다.

## 가족 식탁 대화를 지켜야 하는 이유

요즘 아이들은 두세 가지 과제를 한꺼번에 해결하는 이른바 '멀티태스킹'에 강하다. 길을 걸으면서 스마트폰으로 영화를 보거나 기사를 검색하는 아이들 모습은 이제 어디서든 볼 수 있다. 아이들의 그런 놀라운(?) 능력에 감탄하는 어른들은 또 얼마나 많은지.

하지만 그런 아이들이 뇌 발달상 심각한 문제를 일으킬 수 있다는 사실을 아는 사람은 많지 않다. 문제는 집중력이다. 인간이 보이는 집중력은 크게 수동적 집중과 능동적 집중으로 나뉜다. 사람과 일대일로 이야기를 나누는 것은 상호활동이기 때문에 능동적으로 집중하는 반면, 컴퓨터나 텔레비전 등의 모니터를 볼 때는 반응 없는 일방향 활동이기 때문에 수동적으로 집중하게 된다.

문제는 수동적 집중 상태에 익숙해지면 능동적인 집중이 필요한 일을 제대로 하지 못하게 된다는 것이다. 뇌의 구조상 후두엽이 발달하는 청소년기에는 자극적인 영상에 대한 관심이 특히 높아진다. 이때 화려한 영상이나 자극적인 볼거리가 넘치는 모니터에 익숙해지면, 이 시기에 발달해야 할 전두엽의 발달은 지연될 수밖에 없다.

앞서 말한 대로 전두엽은 인간을 인간답게 만드는 뇌의 가장 중요한 부위라고 할 수 있다. 이 부분에 문제가 생기면 미래에 대한 계획을 세우거나 복잡한 문제를 해결하거나 창조적인 생각을 떠올리지 못하게 될 가능성이 있다.

문명이 만들어낸 각종 첨단 기기들은 분명히 인간의 생활을 편리하고 재미있게 만들어준다. 하지만 문명의 이기가 주는 달콤함에 탐닉하는 아이는 뇌 발달 저해로 결국 미래에 대한 가능성을 저당 잡히는 형국에 놓이고 만다.

전문가들은 아무리 과학 문명이 발달해도 인간의 삶을 균형 있게 만드는 기본 원칙은 변하지 않는다고 말한다. 특히 아이의 성장 발달, 그 안에 필요한 요소들이 그렇다. 아이의 뇌가 제대로 발달하고, 그 능력을 키우려면 기본이 되는 것들부터 챙겨야 한다. 제대로 된 밥상머리 대화가 그중 하나다. 그런 의미에서 가족식사를 방해할 뿐 아니라 뇌 발달에 장애를 불러일으킬 만한 문명의 이기들은 부모가 나서서 철저히 관리할 필요가 있다.

# 완벽한 밥상머리 교육은 없다

밥상머리에서의 버릇이 인생 전반을 규제한다고 믿어 『소학』, 『사소절』, 『여사서』, 『내훈』을 비롯, 각 가문에서 자녀를 위해 만들어 대물림한 가훈까지 합해 수백 종에 이르는 밥상머리 문헌을 남겼던 조선시대. 밥상머리 교육을 얼마나 중요시했던지 법도 있는 집안에 밥상머리 교육을 위탁하는 풍습까지 있었다고 한다.

당시 당대의 뛰어난 문장가이자, 역사, 고전에 아울러 통달했다는 강희맹은 현대에 와서도 가장 뛰어난 밥상머리 교육의 전문가로 평가받는다. 그는 어휘력, 지식, 문장구사력, 사회경험을 두루 갖추고서도 겸손을 잃지 않아 시대의 귀감이 되기도 했다. 하지만 당시 그가 밥상머리 교육을 위탁받았던 아이는 훗날 폭정으로 유명한 연산군이 되었다.

또 하나의 일화를 보자. 평균소득, 자살률, 구인율 등 각종 통계 자료를 종합하여 일본 47개 현 가운데 가장 가난한 지역에 속하는 아키타 현. 아키타 현에 있는 소박한 시골의 한 초등학교는 전국 학력평가에서 1위를 차지했다. 이곳의 초등학생이 가족과 식사를 하는 비율은 아침식사 67%, 저녁식사는 91%나 됐다. 부모의 교육수준, 소득수준과 아이들의 학교성적이 비례한다는 통념을 뒤집는 결과다.

이렇게 보면 아이의 미래를 결정짓는 완벽한 밥상머리 교육이 과연 존재하는가 하는 의문이 생긴다. 그러나 완벽한 밥상머리 교육이 존재하지 않는다고 해서 그 효과에 의심을 품는 것은 옳지 않다. 완벽한 밥상머리 교육은 존재하지 않는다는 말은, 밥상머리 교육에 대해서 많이 안다고 해서 효과가 보장되는 것이 아니며, 그 밥상을 지키는 사람의 학식과 경제력을 갖춘다고 해서 효과가 커지지 않는다는 의미다.

어떤 가정의 성공사례도 세상에 하나뿐인 독특한 성품과 기질을 가진 내 아이에게 그대로 적용될 수는 없다. 어떤 부모도 효과가 큰 밥상머리 교육의 비법을 그대로 베껴올 수는 없다는 말이다. 밥상머리 교육은 가족마다 다른 형태로 여러 가지 변주를 시도하며 진화하게 마련이다.

따라서 이 책에서 소개한 밥상머리 교육의 성공적인 사례와 조건이 맞지 않는다고 해서 미리 포기할 필요는 없다. 완벽하지 않다고 해서 포기할 수 없는 밥상머리 교육, 그렇다면 어떻게 최선에 가깝게 완성할 것인가. 현실적으로 부딪히는 문제들을 최대한 해결하는 방법을 찾아보자.

## 슈퍼우먼이 되려고 들지 마라

파김치가 되어 퇴근을 하고 배고프다는 아이들 밥상 차려주고 청소에 빨랫거리까지 하나 가득한 집 안. 한국에서 맞벌이를 한다는 것은 여자 입장에서 슈퍼우먼이 되는 것이다. 가장 이상적인 문제 해결 방법은 가사분담이다.

식사준비부터, 집 안의 가사 노동을 부부가 함께 나누는 것은 아이들에게 자연스러운 양성평등 교육이 될 것이다.

취재진이 인터뷰했던 춘천 영현이네의 경우, 밥상머리 교육 초기 엄마의 스트레스는 바로 반찬 만들기였다. 엄마는 음식 준비를 하다 보면 아이들 등교를 챙기기가 어려워지고, 정돈되지 않은 집 안을 보면 잔소리부터 나와 자기도 모르게 큰 소리를 내곤 했다. 그 문제는 바로 아빠와 아이들이 조금씩 가사 일에 손을 보태면서 해결됐다. 한 사람이 요리를 하면 다른 사람은 밥상 차리기를 돕고, 또 다른 사람은 정리 정돈을 돕는 식이다. 요리할 시간이 부족할 때에는 믿을 만한 업체를 수소문해 반찬 배달 서비스도 적극적으로 이용했다. 미국의 가족식사 전도사인 미리엄 와인스타인은 가족식사는 어떤 요리가 올라오느냐에 상관없이 그 자체로 훌륭한 의식이라는 점을 강조한다.

전문 요리사나 미식가가 될 필요가 없이 그저 사는 형편에 맞춘 우리 모습 그대로면 됩니다. 완벽하지 않더라도 괜찮아요. 정말 간단한 가족식사로 우리가 얼마나 도움을 받을 수 있는지 조금 더 의식을 가지고 임하면 됩니다. 우리 삶이 가족식사로 인해 더 나아진 예는 아주 많습니다. 미리엄 와인스타인

가족이 좋아하는 음식, 아이들의 젓가락이 한 번이라도 더 가는 음식을 만들어주는 것은 매우 중요하다. 하지만 그보다 중요한 밥상머리 교육의 핵심은 가족이 모두 밥상에 앉는 것이다. 엄마 자신을 부엌에서 가족들의 식사 시중을 드는 사람으로 전락시켜야만 이뤄지는 것은 아니다.

완벽해 보이는 식탁을 만들어놓고 가족들을 부르는 대신, 수저를 놓고 반찬을 꺼내는 등의 일 정도는 아이들의 도움을 받자. 가족식사를 풍성하게 하는 것은 식탁에 놓인 음식 가짓수가 아니라 부모의 존재라는 것을 명심하면서 말이다.

가족들이 모두 모일 수만 있다면 음식을 시켜먹는 것도 차선책이 될 수 있다. 외식보다는 집 안에서 음식을 먹기를 권하는데, 아이들에게 가족 의식을 심어주는 것은 익숙한 집 안의 일정한 장소에서 반복되는 식사이기 때문이다.

특히 영유아의 경우, 새로운 환경에 가면 자연스런 호기심을 억누르기 어려워서 자칫 산만한 모습을 보여 밥상머리 교육을 하기 쉽지 않다. 음식점 같은 공공장소만 가면 소란을 피우는 아이들이 많은 것은 가정교육의 잘못이 아니라, 자연스러운 호기심의

발로일 수 있다.

10대의 경우 외식을 할 때 대화가 가족만의 주제에서 벗어나 식당의 음식 맛, 실내장식 등의 단순한 주제로 흐르기 쉽다는 단점이 있다. 그러나 텔레비전이나 모니터 앞에서 홀로 하는 식사보다는 어느 장소라도 가족끼리 얼굴을 마주 대고 하는 식사가 훨씬 낫다는 것을 기억하자.

## 분위기에 좌우되지 마라

가족 밥상은 가족의 분위기가 단면처럼 극명하게 드러나는 곳이다. 가족 간의 관계가 좋다면 대화가 많을 것이고, 가족식사를 자주 즐기게 될 것이다. 반대로 가족끼리 한자리에 앉을 때 서먹할 정도의 정서라면 당연히 대화도 줄어들 것이고, 가족식사도 점점 줄어들 수밖에 없다.

하지만 잠깐 발상을 전환해보자. 가족식사 때문에 가족 간의 관계가 돈독해질 수도 있다는 것이다. 실제로 취재 중 가족식사를 주 5회로 늘렸던 가족은 가족 간에 무엇인가 함께한다는 생각 자체가 유대감을 키우는 계기가 되었다고 고백한다.

우리가 늘 얘기하고 책에서도 읽는 말 있잖아요. 가족적인 분위기. 그런 것은 억지로 연출해서 되는 게 아니라는 걸 알게 됐어요. 그냥 식사를 같이하다 보니까 '아, 이게 가족적인 분위기구나, 이게 가족이구나' 하는 걸 아이들도 느끼고 아내도 느끼고 저도 느꼈죠. 아이들 나름대로 자기 생각이 있고 저도 저 나름대로 생각이 있는데 그걸 일치시키려면 교과서 같은 방법대로 따라 하는 건 좀 힘들 것 같아요. 그래서 저희한테 임무를 주신 것처럼 가장 가까워지고 접근하기 쉬운 것, 거기에서부터 시작하면 어느 순간에 '내가 그래도 아이들하고 이 정도의 공감대를 형성하고 있구나' 하고 느끼는 거죠. 가장 어려우면서도 가장 쉬운 게 가족식사 같아요. 경열, 경윤 형제 아빠

중학생 4만 명의 가정을 조사한 미국 미네소타 대학의 연구에 따르면 가족 간의 친밀도와는 별개로 '식사 시간에 부모와 같이 앉아 있는 것만으로도' 그 효과는 크다고 한다. 가족식사가 없는 가정보다 아이들의 식생활이 개선되는 것은 물론, 성적이 올라가고 알코올과 약물을 접할 가능성도 떨어진다는 것이다.

가장 중요한 것은 식사 시간에 부모와 함께 앉는 것이다. 분위기가 서먹하더라도 일단 아이와 식탁에 앉자. 함께 나누는 음식과 함께 아이의 감정도, 부모의 서먹함도 나뉠 것이다.

## 생각만큼 어렵지 않은 좋은 부모의 요건

밥상머리 교육을 위해 부모가 유의할 것과 절대 우선순위에 놓아야 할 것은 바로 식탁에 앉는 것이다. 잘할 수 없다고 포기하지

않는다면 가족식사는 제 힘을 발휘한다. 수많은 문제 가족들을 상담해온 이보연 아동심리학자의 말을 들어보자.

많은 부모들이 식사 시간을 어떻게 보낼 것인가보다 무엇을 먹일 것인가를 고민합니다. 아이와 함께하려면 외식을 하거나 어디 좋은 곳을 가야 한다고 생각하고 돈이 없어서, 시간이 없어서 등의 핑계를 대며 현실적인 어려움을 토로합니다. 하지만 누구나 밥을 먹으려고 하루 2회의 시간을 내는데, 그 시간을 알차고 지속적으로만 지켜준다면 특별히 아이를 위해 어떤 일을 하지 않아도 좋은 부모의 요건을 갖추게 되는 셈입니다. 가족식사만 잘해도 부모가 아이에게 개입하고 이끄는 시간은 충분합니다. 25분 동안 허겁지겁 밥을 먹는 식사 시간에 30분을 더해 충분한 대화를 나눌 수 있는 1시간을 만든다면 기적은 일어날 수 있습니다. 이보연

미국의 가족식사 운동 본부에서 좋은 부모가 되는 서약으로 꼽은 것도 다르지 않다.

S 저녁을 함께하며 아이들과 시간을 보낸다.
(Spend time with my kids by having dinner together.)
T 친구들과의 관계에 대해, 요즘 관심을 갖는 것에 대해, 그리고 약물과 알코올의 위험성에 대해 아이들과 이야기한다.
(Talk to them about their friends, interests and the dangers of drugs and alcohol.)

A 아이들의 질문에 답하고 아이들의 말에 귀기울인다.

(Answer their questions and listen to what they say.)

R 내 아이들이 나쁜 유혹(약물 등)에 빠지지 않도록 도울 힘이 나에게 있음을 스스로 깨닫는다.

(Recognize that I have the power to help keep my kids substance free.)

이것만 지킨다면 당신도 아이를 지키는 멋진 부모가 될 수 있다. 완벽한 밥상머리 교육 매뉴얼은 있을 수 없다. 다만 밥상머리에서 아이에게 최선을 다하기 위해 노력하는 부모가 있을 뿐이다. 따듯한 시선으로 눈을 맞추면서 이야기를 들어주는 부모가 부재하지 않는다면 밥상머리 교육은 언제나 그 효과를 발휘한다. 하지 않는 것만 못한 밥상머리 교육이란 있을 수 없다는 얘기다. 그럼 이제 남은 일은 단 한 가지, 일단 함께 식탁에 앉는 것이다.

## 바쁜 것은 핑계가
## 되지 않는다

### – 평범한 가정의 실천 사례

겉으로는 평범해 보이지만, 밥상머리 교육이 부재한 집안에선 어떤 일이 벌어지고 있을까? 아이들은 학교와 학원에 다니느라 바쁘고 엄마 아빠 역시 자영업을 하느라 동분서주하는 정아네 집. 아침이면 네 식구가 뿔뿔이 흩어졌다가 저녁 늦게 집으로 돌아와 겨우 얼굴 한 번 마주할 기회가 있는 평범한 가정이다. 엄마는 아침 일찍 일어나 아침밥을 챙기고 아이들을 학교에 보낸 뒤 출근 준비를 서두른다. 그나마 사춘기에 이른 딸의 변화를 걱정하고 있는 것은 엄마뿐. 아빠는 아이들에게 일어나는 일에 대해 전혀 감지조차 못하는 상태다.

밤늦게까지 일하기 때문에 아이들이 등교하는 시간에 일어나는 것은 무리예요. 정기적은 아니지만 그래도 아이들과 많이 놀아주면서 시간을 함께 보내려고 노력해요. 사실 아이들과 대화를 많이 하지는 못하는데, 그건 내가 어릴 적부터 가족식사를 많이 안 해봐서 그런 것 같아요. 부모님과 함께 밥을 먹지 않고 커서 그런지 가족식사의 필요성이나 절실함 같은 건 잘 못 느껴요. 또 아이들 엄마가 다 하니까. 여태까지 잘 해왔고요. 아빠

정아(초5/딸)는 워낙 소심해요. 사춘기인지 성적도 많이 떨어졌는데, 성적이 떨어진 다음에 더 소심해진 것 같아요. 요즘은 눈도 마주치려고 하지 않아요. 애하고 대화도 못하고, 어렸을 때는 책도 많이 같이 읽었는데, 이제는 다 컸으니 그냥 "가서 책 읽어" 그러고 말죠. 아이랑 가깝게 못 지내는 게, 대화가 없어서 그런가 싶기도 하고요. 엄마

사춘기는 부모에게서 독립해 자신만의 세계를 탐색하는 시기인 만큼 정아가 부모에게 보이는, 특히 아빠에게 보이는 무관심은 당연할 수도 있다. 일생 동안 딸과 아빠가 가장 소원한 시기에 접어드는 것이다. 사춘기일 뿐 별문제가 없다고 생각하는 엄마 아빠의 판단은 맞는 걸까. 아버지와 딸의 대화는 삐걱거리기만 할 뿐이다.

엄마 오늘 정아는 수영 갔다 왔어.
아빠 정아가 수영 잘했어?
정아 네.

아빠 그런데 깊은 물에는 못 들어가잖아.

엄마 오늘 그냥 수영만 배웠대.

정아 깊은 물에 왜 못 들어가요?

아빠 이제 할 수 있어?

엄마 아빠한테 뭘 배웠는지 얘기를 해줘. 아빠는 모르잖아, 네가 뭘 했는지.

정아 …….

정아 (다시 말을 이으며) 물장구치기 하고, 붕 뜨는 거랑 숨 쉬는 거랑.

아빠 애들 밥 많이 먹었나?

엄마 응. 많이 먹었어. 영인이 오늘 햄 먹고 싶다고 그래서 다른 반찬은 안 먹고.

엄마가 종용하지 않으면 정아는 아빠에게 대꾸도 하지 않았고, 아빠 역시 금세 아이와의 대화를 포기하고 엄마에게 아이들의 소식을 간접적으로 듣는 것을 선택했다. 대화로는 마음을 열지 않는 정아를 위해 그림 심리와 자아상을 알아보는 문장완성검사를 했다. 다음 밑줄 그은 부분이 정아가 채운 부분이다.

나의 나쁜 점은 <u>공부를 열심히 안 한다</u>. 그리고 나는 <u>공부를 좋아하는 것도 아니고, 싫어하는 것도 아니고</u>, 그리고 나는 조금 더 나이가 많다면 <u>공부가 어렵다</u>. 대부분 아이는 <u>공부를 잘한다</u>. 내가 조금 어렸다면 <u>공부가 더 쉽다</u>.

아이는 모든 빈칸을 공부와 관련된 문장으로 채웠다. 공부에 대한 강박관념이 아이의 머릿속에 가득 차 있다는 진단이 나왔다. 쳇바퀴 돌듯 학교와 학원, 집을 오가면서도 군소리 한 번 없어서 잘 적응하고 있다고만 믿던 엄마는 상상하지 못했던 일이었다.

정아는 워낙 어렸을 때부터 학원을 많이 다녀서 이제는 학원 다니는 걸 힘들어하지 않는 거 같고, 영인이(초2/아들)는 계속 학원 다니는 것 때문에 갈등이 있긴 해요. 좀 산만한 편이라 최근에는 되도록 저녁식사를 함께하려고 노력하고 있어요. 일주일에 세 번 정도는 같이 저녁을 먹는 것 같아요. 하지만 정아는 워낙 늦게 들어오고, 그 시간이면 벌써 영인이랑 밥을 먹은 뒤여서, 거의 밥만 차려줘요.
엄마

또 하나의 문제. 정아와 아빠의 거리감은 상당했다. 정아는 물론 동생 영인이도 무의식중에 아빠를 사물화하는 경향을 보였다.

엄마에 대해서는 <u>착하다</u>, 영인이도 우리 엄마는 <u>예쁘다예요</u>. 정아는 아빠에 대해서 '우리 아빠는 <u>일을 많이 하신다</u>', 영인이는 '우리 아빠는 <u>담배를 많이 피운다</u>, 이렇게 어떤 사실에 대해서만 표현했어요. 그걸 보면 아이들의 마음속에 아빠에 대한 감정이 조금 없어요. 아빠는 지금 열심히 살고 있는데…. 안타깝지만 아이들의 내면에 아빠가 심리적으로 자리 잡지 못하고 있어요. 만일 아이들이 훨씬 더 커서 사춘기가 본격적으로 시작되었을 때 아빠가 갑자기 영향력을 미치려고 한다면, 아빠의 말이나 행동에 힘이 없을 거예요.

심리상담사

## 식탁에서의 거리는 마음의 거리

아이들 마음속에서 아빠는 그저 가족의 부양자일 뿐이다. 그런 마음의 거리는 어떻게 생긴 것이며, 아이들의 성장발달에 어떤 영향을 끼치고 있을까? 우선 아이의 하루 일과를 살펴보자. 이제 사춘기에 이른 정아. 친구들과 조잘조잘 할 말도 많고, 하고 싶은 것도 많지만 시간이 없다. 학교에서 학원으로 다시 다른 학원으로 종종걸음을 치며 다녀야 하는 하루. 영인이 역시 비슷한 스케줄로 움직인다. 그러다 보니 남매이지만 집에서 마주칠 일이 거의 없다. 현관을 나서는 순간부터 네 식구가 모이는 시간은 거의 없는 셈이다. 특히 아이들의 학교 갈 시간에 아침잠을 자고, 저녁에는 아이들이 잠들고 나서야 돌아오는 아빠는 얼굴 한 번 볼 수 없다. 다음은 정아의 시간표다.

맞벌이 부부로 아빠 엄마 모두 자영업이라 둘 중 한 명은 저녁 시간을 낼 수는 있지만 모두 함께하기는 불가능한 상황. 정아는 하루 평균 2개의 과외 수업을 4시간 반 동안 하고 있고, 영인이 역시 하루 평균 2.5개의 과외 수업을 3시간에 걸쳐 하고 있다. 가족이 모두 함께 얼굴을 대하는 시간은 전혀 없다.

|  |  | 월 | 화 | 수 | 목 | 금 |
|---|---|---|---|---|---|---|
| 아침 | | 정아 / 영인 등교준비 및 식사 / 아버지 취침, 엄마 출근준비 | | | | |
| | | 정아 / 영인 등교 후, 아빠 기상 출근 | | | | |
| 점심 | | 학교에서 점심식사 | | | | |
| 하교 후 | 2:30~ 5:00 | 공부방 수업 | 미술학원 | 공부방 수업 | 미술학원 | 공부방 수업 |
| | | 혼자 간식 | | 혼자 간식 | | 혼자 간식 |
| | 5:30 | 영어 학원 | 저녁 | 영어 학원 | 저녁 | 영어 학원 |
| | 6:30 | 저녁 | 피아노 레슨 | 저녁 | 피아노 레슨 | 저녁 |
| 밤 10~11시 | | 정아 / 영인 취침: 아빠 귀가 | | | | |

## 맞벌이 부모를 둔 아이의 퇴행 현상

그런데 정아는 적막한 집에 돌아온 순간 이상한 버릇을 보인다. 어릴 적 갖고 놀던 봉제 인형을 꼭 손에 쥔 채, 말을 걸면서 간식을 먹는 것이다. "그냥 심심해서…"라고 말을 흐리는 정아. 정아는 학원 수업을 저녁 늦게까지 받으면서 이제는 혼자 지키는 식탁이 오히려 편하고 익숙하다고 말했다.

혼자 먹는 게 익숙해져서 이제는 아무렇지도 않아요. 그냥 밥에다 물 말아 먹는 거요. TV 보면서 먹으니까 괜찮아요. 반찬도 안 먹어도 되니까 편하고…. 엄마는 대화를 하는 편이지만, 아빠는 뭐라고 할 말이 없어요. 그냥 아무렇지도 않은 사람이죠. 정아

정아는 왜 가족식사를 원하지 않게 됐을까? 정아네 집, 특히 아침은 온 가족이 모이는 유일한 시간이다. 그러나 아침식사 풍경을 보면 식탁에는 항상 정아와 동생 영인이 뿐이다. 엄마는 빨리 식사를 차린 다음 출근준비를 하고, 밤늦게 귀가한 아빠는 잠자리에서 일어나지 않는다. 멀리서 들려오는 엄마의 목소리는 주로 밥을 빨리 먹으라는 잔소리다.

엄마가 아이들과 마주 대하는 시간은 저녁. 저녁에 홀로 밥상을 지키는 아이들이 안쓰러워 지난해부터는 아르바이트생을 고용했다. 하지만 여전히 아빠와 교대를 하는 등 몸이 2개라도 모자랄 만큼 바쁜 일과를 보낸다. 6시에 집에 돌아오자마자 바로 저녁상을 차리고, 아이들이 밥을 먹는 사이 빨래부터 청소까지 집안일을 했다.

같은 집에 있지만 막상 식사를 함께하기는 쉽지 않다. 아이들과 얼굴을 대하는 시간 자체가 적기 때문에 꾸중도 충고도 모두 식탁에서 이뤄진다. 아이들의 이야기를 들을 틈이 없는 것이다.

사실 엄마가 아이들의 저녁식사 자리를 지키게 된 것은 대화를 위해서라기보다는 아이들이 앓았던 아토피 때문이었다. 병에 좋은 음식을 먹이려고 아옹다옹할 여유가 없었던 것이다. 아토피 증세가 많이 나아진 이후에도 저녁식사 자리를 지키는 것이 그나마 다행이었다.

아침에는 너무 바빠서 대화도 많이 못 해요. 애들 밥 차려놓고 저는 화장하러 가고. '빨리 먹어', '빨리 가방 챙겨', '빨리 가자', '빨리'가

입에 밴 것 같고. 시간이 맞으면 같이 먹는데 애들이 학원 시간이 들쭉날쭉하다 보니까 저희끼리 함께 먹는 것도 일주일에 한두 번밖에 안 되거든요. 그런데 정아가 이번 중간고사에서 초등학교 5년 중에 제일 나쁜 점수를 받았어요.

자기도 느꼈겠죠. 자기가 공부 안 한 만큼 점수가 떨어진 거예요. 그래서 숙제 다 하면 책이라도 읽고 자라고 해요. 영인이한테 하는 말은 만날 똑같죠. 학교 갔다 와서 TV에 정신이 팔려가지고 숙제도 안 하니. 어제 아침에는 받아쓰기 연습을 했어요. 저녁에 받아쓰기 연습을 하고 자기로 했었거든요. 했다고 해서 그런 줄 알았는데 받아쓰기 보니까 50점이 나온 거예요. 그래서 혼이 났죠. 엄마

정아의 성적이 떨어지면서 요즘 저녁식사는 주로 성적 얘기가 주를 이룬다. 하지만 정아의 목소리는 들리지 않는다. 같이 밥을 먹지만 혼자 식탁을 지키는 것과 다름없는 모습이다. 엄마는 밥상 위에 무엇을 놓을지, 왜 성적이 떨어졌는지 신경 쓰느라 정작 아이가 원하는 것이 무엇인지 잊은 듯했다.

## 아빠와의 아침식사가 가져온 변화

가족식사가 전혀 없는 정아네. 그 결과 사춘기를 겪고 있는 정아의 극심한 학업 스트레스를 부모는 인식조차 못하고, 가족 간의 단절은 계속되고 있었다.

대화 상대가 없어 다시 인형을 찾는 퇴행 현상을 겪는 정아와 부모의 감시가 없으면 자기 시간을 조절하지 못하는 동생 영인이의 생활 습관을 밥상머리 교육으로 해결할 수 있을까? 하지만 그러기 위해서는 10년 넘게 고수하던 생활 습관을 모두 고쳐야 했다.

학원 순례로 바쁜 아이들과 아침 늦게 출근해 밤늦게 퇴근하는 아빠의 일정상 저녁식사 시간을 빼기란 불가능했다. 특히 일하는 시간이 곧 수입으로 연결되는 자영업의 특성상 경제적 출혈까지 감수할 수 없었기 때문에 가족식사는 아침 시간대를 잡기로 했다. 이른 아침은 직장인들도 노력 여부에 따라 활용할 수 있는 시간이고 아이들의 기상 습관도 바로잡아 줄 수 있다는 장점이 있다.

온 가족이 밥상을 함께하려고 기상 시간을 30분 앞당겼다. 기상 후 20분 만에 집에서 나가느라 얼굴도 마주치지 못했던 분주함에서 벗어나기 위해, 잠을 포기하고 여유로운 가족식사를 하기로 한 것이다.

가장 변화가 컸던 것은 아빠다. 새벽에 잠들어 9시쯤 일어나던 아빠는 첫날 아침잠의 유혹을 이기지 못한 채, 겨우 눈을 비비며 식탁에 앉았다. 식탁에서는 엄마의 목소리만 들릴 뿐 침묵이 무겁게 깔렸었다. 하지만 아이들이 태어난 후, 10여 년 만에 처음으로 이뤄진 아침 가족식사는 많은 변화를 예고하고 있었다.

아침 가족식사가 시작된 지 5일 만에 가족의 아침 풍경은 많이 달라져 있었다. 엄마가 식사를 준비하는 동안, 아빠가 아이들을 깨우고 등교 준비를 하면서 평소에 말수가 적었던 아빠가 아이들과 직접 말할 기회가 많아진 것이다. 물론 아직은 '일어나라' '준비물은 뭐냐' 정도의 단순한 대화지만 아빠는 아이들에 대해 이렇게 몰랐던 것이 많았다며 놀라워했다. 아이의 소지품에서 버스 카드를 발견하고는 자신의 부재중에 아이들이 훌쩍 커버린 것을 알게 되었다고 했다.

'애가 벌써 버스를 타고 다니나' 하고 깜짝 놀랐어요. 수영장은 가까워서 걸어서 갔는데, 버스를 처음 탔다고 그러더라고요. 역 앞에서 영화를 봤다고도 하고. 아이가 저한테 그런 얘기를 하는 걸 보고 저도 조금 더 노력해야겠다는 생각이 들었죠. 자연스럽게 아이들한테 오늘 있었던 일도 얘기하고. 아이들 반응은 전보다 좀 나아진 것도 같은데, 하루아침에 눈에 띄게 좋아지고 이러는 건 아직 못 느끼겠더라고요. 그래도 이렇게 하니까 전보다는 훨씬 자연스러워진 것 같아요. 아빠

아이들의 작은 성취에도 아빠는 애써 칭찬 거리를 찾아냈다. 아토피로 고생하는 아이들이 과일이나 채소를 먹을 때마다 독려하는 것도 그중 하나였다. 2주가 지나고 나서 아이들이 아빠를 대하는 태도는 많이 달라져 있었다. 아빠에 대해 '아무것도 아닌 아빠'라고 대답했던 정아의 반응을 들어보자.

제작진 요즘 정아가 생활 중에 제일 많이 바뀐 게 뭐예요?
정아 아침이요. 아침에 다 같이 밥을 먹어요.
제작진 밥 먹는 건 어때요?

정아 좋은 것 같아요.

제작진 왜요?

정아 얘기하니까.

제작진 원래 엄마랑은 얘기 많이 했었잖아.

정아 근데, 자랑할 게…. 좋은 일 있으면 더 자랑할 사람이 많아졌어요. 좋은 일 있으면.

불과 30분의 차이는 아이들에게 아빠의 존재를 바꿔놓고 있었다. 꾸준하게 계속되는 아침식사. 2주가 지날 무렵 가장 큰 변화는 식사 시간뿐 아니라 아빠의 귀가 시간까지 기다리는 아이들의 모습이었다.

아이들이 아빠를 많이 찾는다는 거? 애들이 전에는 아빠가 있는지 없는지 오셨는지 나가시는지 잘…. 솔직히 무신경하다고 해야 하나. 전에는 안 보고도 그냥 지나가는 날이 많으니까 못 보는 날도 크게 신경 쓰지 않았는데, 요즘에는 아빠가 하루라도 안 들어오면 아빠 없어서 썰렁하다고, 허전하다고 그리고 뭔가 이상하다고 그래요. 그러면 저는 "아빠한테 전화하자" 그러고. 엄마

아침 일찍 가족식사를 즐기게 되면서 영인이는 자기 전에 과제물과 준비물 등을 미리 챙겨놓는 준비성도 키우게 되었다. 아침마다 전날 못했던 일로 잔소리를 해야 했던 엄마의 아침 대화 내용도 바뀌었다.

(잔소리를 하면) 분위기가 차분히 가라앉는 게 할 말도 딱히 없고. 저도 기분이 별로니까 말도 더 안 나오고. 그럼 아침식사가 금방 끝나더라고요. 그래서 그런 말은 자제하게 되고…. 엄마

심리적으로 가장 거리가 먼 사이인 사춘기 딸과 아빠, 가족식사 시간에서 좁혀진 거리를 이용해 대화를 유지하는 것은 장기적으로 봐야 할 목표이지만 좀 더 집중적으로 시도할 필요가 있다. TV도 켜 있지 않고, 등교 준비가 완료된 상황. 가족식사에서 이어진 10여 분간의 대화를 아이들은 자연스럽게 받아들였다. 엄마 아빠 입에서 따로 별도의 시간을 내자는 말이 나온 것도 아닌데, 대화가 이어질 기회를 조금 더 늘린 것이다. 또래 친구와 있을 때만 재잘대던 정아의 입문도 열리기 시작했다.

제작진  옛날에는 많이 안 했는데 아빠가 불편하지 않아요?
정아  네, 밥 먹으면서 하니까 괜찮은데. 학교생활도 물어보고 운동한 것도 물어보고.
제작진  그런 게 안 귀찮아요? 괜찮아요?
정아  괜찮아요.
제작진  전에는 누구랑 이야기하는 게 재미있었어요?
정아  전에는 친구.
제작진  그러면 지금은 누구랑 이야기하는 게 재미있어요?
정아  지금은 가족들.

한 달쯤 지나고 나서, 가족은 용감한 결정을 내렸다. 바로 정아와 영인이의 과외 수업을 하나씩 줄이기로 한 것이다. 밥상머리 대화를 하다 보니, 아이가 학업성적에 대한 압박감을 심하게 느끼고 있다는 것을 깨달았다는 엄마. 엄마는 정아가 학원 다니는 것을 '뺑뺑이'라고 표현한다며 그간의 일을 안타까워했다. 아이에게 한 달 동안만이라도 과외를 그만두면 어떻겠냐고 물었을 때 그렇게 하고 싶다는 대답을 들었다고 한다. 엄마는 이제 학원에만 맡겨두었던 교육을 부모의 손에 되찾고 싶어한다. 밥상머리 교육을 통해서 아빠는 더욱더 많은 변화를 겪었다.

저희는 그동안 아이들을 양육한다고만 생각했던 것 같아요. 가족이라는 생각을 별로 안 한 거죠. 양육에 필요한 것만 제공해주고. 아이가 사춘기라고 하니까, 전에는 그냥 혼자 내버려두는 게 낫지 않을까 그런 생각도 했었어요. 그래서 대화도 안 하고 그렇게 지냈는데, 지금은 다 같이 서로서로 많이 생각해주는 것 같습니다. 아빠

밥상머리 교육은 오래갈수록 효과가 눈덩이처럼 커지는 선순환 효과가 있다. 처음 대화를 찾지 못해 어색한 과정을 넘기기만 하면, 그 뒤로 점점 아이에 대해 더 많이 알게 되고 화젯거리가 풍부해진다. 대화를 통해 공고해진 가족관계는 다시 아이들을 밥상머리로 불러모은다. 잃어버린 밥상머리를 되찾은 가족들. 되찾은 건 비단 밥상머리만이 아니었다. 아빠와 딸은 밥상머리에서 서로 관심을 확인할 수 있었고, 그 관심과 사랑이 무엇보다 좋다고 했

다. 가족 모두가 저녁의 밥상을 온종일 기다릴 정도라고.

밥상머리가 우리에게 주는 선물을 떠올린다면 바쁘다는 건 핑계밖에 되지 않는다. 바쁘고 어려울수록 한걸음 멈춰 서서, 우리에게 정작 중요한 것이 무엇인지 생각해보아야 한다.

## 바쁜 부모를 위한 대화 관리 요령

전문가들은 한결같이 아이에게 필요한 것은 부모와 함께하는 절대적인 시간이라고 말한다. 가족식사가 의미를 지니는 것도 그 시간만큼은 싫든 좋든 간에 부모와 자식이 함께하기 때문이다. 하지만 맞벌이 부모들에게는 그 시간을 내는 것이 현실적으로 쉽지 않다. 가족 밥상에서 대화를 하고 싶어도 출근 시간에 쫓겨 시계만 쳐다보기 일쑤다. 그런 부모들은 평소에 대화 관리 요령을 익혀, 바쁜 시간에도 효과적으로 아이와 대화하는 방법을 익혀야 한다.

### 1. 사실에 근거하여 이야기하라

바쁜 부모들은 아이와 마주할 시간이 상대적으로 부족하기 때문에 아이에 대한 이해도가 떨어진다. 아이 상태가 어떤지 정확히 파악하지 못한 채 추론과 상상으로 판단하게 마련이다. 그런 상태에서 아이와 대화한들 핵심을 찌르지 못한다.

바쁜 부모가 효과적으로 밥상 대화를 하려면, 사실에 근거하여 대화 주제를 잡아야 한다. 아이가 실제로 어제 겪은 일, 오늘 한 일, 내일 계획된 일 등 구체적이고 사실에 근거한 주제를 잡아 이야기를 풀어가도록 하자.

### 2. 의사전달을 확실하게 하라

맞벌이 부모들은 평소 아이를 제대로 돌보지 못한다는 죄책감에 정말 고쳐줘야 할 잘못을 이야기할 때조차 정확한 의사전달을 하지 않고 차일피일 나아지기만 기다리는 성향이 있다. 그런 부모에게 전문가들은 '훈육'과 '교정'의 차이를 알아야 한다고 말한다. 가르쳐 훈계하는 훈육은 아이의 감정을 다치게 해 말문을 닫게 하지만, 정확한 의사전달에 의한 교정은 아이로 하여금 옳고 그름의 판단 기준을 배우게 한다.

쉽게 말해 야단을 치지 말고 설명하는 것이다. 아이가 어떤 잘못을 저질렀다면 그 상황을 구체적으로 설명하여 아이 스스로 판단하게 한다.

### 3. 반복적인 대화를 귀찮아하지 마라

부모가 밥상머리 대화를 힘들어하는 이유 중 하나가 똑같은 말을 반복해야 하기 때문이다. 특히 어제와 별반 다를 게 없는 일상적인 일들을 두고 화제를 이어가기란 쉽지 않다. 바쁜 부모일수록 그런 대화를 지루해하고, 아이와의 대화에 진전이 없다는 생각에 초조감을 느낀다. 하지만 아이의 언어 발달 과정상 같은 말을 반복하게 되는 건 당연하다. 아이는 반복된 행동과 말을 통해 학습하는 특성이 있다. 따라서 부모는 그 상황을 자연스럽게 받아들일 필요가 있다.

이때 아이는 더 중요한 것을 얻는다. 바로 부모로부터 존중받는다는 느낌이다. 인내심을 갖고 같은 말을 반복하는 부모를 보며 부모와 세상에 대한 신뢰를 얻을 수 있다. 이는 곧 긍정적이고 건전한 가치관으로 이어진다.

# 아빠가 함께하는 밥상은 이렇게 다르다

**- 창동 범진이네 집**

밥상머리 교육의 성패를 좌우하는 것은 바로 아빠의 존재다. 성공적인 밥상머리 교육을 실행했던 가정의 아버지들은 모두 아이들과의 식사 시간을 어떤 비즈니스 약속보다 귀중하게 여겼다. 퇴근시간이 불규칙할 때는 기상 시간을 당겨 아침식사를 가족식사로 만들거나, 아침에 아이들의 등교시간을 맞출 수 없으면 퇴근 후 약속을 절대 잡지 않는 등의 묘안을 내어 하루에 한 번은 꼭 아이들과 눈을 맞추고 밥 한술을 뜨는 가족만의 '의식'을 잊지 않았다. '아이를 키우는 데는 마을 전체가 필요하다'는 말처럼 잘 자란 아이 뒤에는 조화를 이룬 엄마 아빠의 노력이 있었다.

## 성 구분이 아닌 역할 구분

**아빠** 밥상머리에서 저는 자유로운 걸 좋아하고 대신 아내는 규칙을 중요시하죠. 그래서 어른이 수저를 들기까지 기다리고, 밥을 깨끗하게 먹는 등 그런 규칙은 있어요. 아빠가 해야 할 수도 있지만 우리 집은 아내가 했어요. 저는 편하게 아이들을 대했어요. 아이들이 아빠를 무서워하지 않고 가깝게 느끼기를 원하거든요, 친구처럼. 그게 조화를 이루지 않았나 싶어요.

**엄마** 항상 악역은 제가 맡고 좋은 것은 아빠가 맡아서, 아이들 교육에서 대부분 혼내는 것은 제가 합니다. 그래서 밥상머리에서도 밥을 소리 내면서 먹거나 시끄럽게 하면 제가 못하게 했어요. 수저를 탁탁 놓으면 "그렇게 소리를 내는 건 남에게 피해를 주는 일이다" 그런 교육을 하게 되죠.

창동 범진이네 집

**아빠** 직장에서 일어난 일을 얘기하면서 직업에 대한 가치관도 심어 줄 수 있고요. 저녁식사 시간을 지키려고 집으로 일감을 가져오는 날이 많은데 그런 날은 새로운 프로젝트에 대한 이야기가 주를 이루죠.

**엄마** 애들이 아빠와 저녁 시간을 보내요. 남자아이에게는 아주 근사한 일이죠. 여자아이에게 중요한 남자는 아빠예요. 이 점이 긍정적이고 중요한 거예요. 사회에 나갈 아이들을 교육하는 것이기 때문이지요. 부모가 어떻게 하느냐에 따라 아이들은 대통령도 의사도 변호사도 될 수 있어요. 일을 제대로 올바르게 하는 법을 알려줘야 해요. 실례를 따르는 것이 그런 것이에요.

빌 파월(Bill Powel) 부부

취재 중에 만난 이들 부부는 모두 부모 중 어느 한쪽만으로는 역할을 모두 해낼 수 없다는 것을 분명히 알고 실천에 옮기고 있었다. 굳이 성의 구분이 아니더라도 부부의 성향에 따라 역할분담이 되는 것이다.

범진이네 집처럼 전통적인 '엄모자부'의 지혜를 따를 수도 있고, 빌 부부처럼 사회에서 활동이 활발한 아빠가 아이들이 진출할 사회에 대해 미리 준비를 시킬 수도 있다. 전업주부인 엄마가 세심한 부분을 챙긴다면, 사회경험이 많은 아빠가 아이에게 거시적인 안목을 제시할 수도 있다.

## 아빠만이 식탁에 가져올 수 있는 것

많은 전문가는 아이를 키우는 데 아빠의 존재가 엄마 못지않게 중요하다고 말한다. 우리는 이미 앞에서 주 양육자(엄마)와 다른 경험을 식탁으로 가져오는 부 양육자(아빠)의 역할이 학습에서 더 효과적인 이유에 대해서 설명한 바 있다.

저녁 식탁에 아빠가 오셔서 오늘 뭘 했느냐고 물으면 아빠는 아이들이 아는 세계와는 아주 다른 세계에 대해서 이야기할 것입니다. 만일 놀이터에서 있었던 일을 어머니에게 설명하려 한다면 열심히 그 상황을 묘사하지 않아도 됩니다. 엄마가 거기서 아이를 지켜봤기 때문이죠. 하지만 거기 없었던 아빠에게 설명을 하자면 애를 써서 이야기를 해야 할 것이며 더 긴 토론이 되기가 쉽죠. 그러므로 다른 어른들과 함께하는 식사 시간, 이 경우에는 확장된 담론으로 이어지는 대화가 훨씬 더 풍부해집니다. 캐서린 스노(하버드 대학 교수)

하지만 아이의 식탁에 이런 신세계를 가져다주는 아빠는 드물다. 밥상머리 교육을 전적으로 엄마의 몫으로 생각하기 때문이다. 실제로 가족 밥상이 어렵다고 할 때, 가장 큰 장애물로 꼽히는 것이 바로 아빠의 부재다. 맞벌이일 경우도 주 부양자라는 의식이 강하기 때문에, 바쁜 직장생활과 여흥 활동에 대해 면죄부를 받을 수 있다고 생각한다. 그러나 하루 20분의 식사를 아이와 함께할 때, 아빠는 어떤 유산보다 오래가는 재산을 남겨줄 수 있다. 바로 차별화된 가족 대화를 통해서다.

## 전문가가 말하는 아빠의 역할

엄마가 이해와 공감이 강하다면, 아빠는 옳고 그름을 판단하는 경향이 강하거든요. 대체로 아빠는 규칙을 지키고 원칙을 중요시하죠. 아빠와 엄마는 달라서 아이들이 자극을 다양하게 받아요. 아이가 아빠에게 듣는 세상은 엄마가 보여주는 세상과 달라요. 보통 아빠들이 좀 더 현실적이에요. 아빠와 더 많은 접촉을 하면 아이가 강하고 합리적이고 든든해지지요. 이보연(아동심리전문가)

전문가들은 그동안 양육의 변방에서 머물던 아빠의 역할을 속속 밝혀내고 있다. 아빠가 양육에 적극적으로 참여한 가정의 경우, 아빠의 역할모델이 사회성 함양과 도덕성 발달이라는 공통적인 특징을 보인다고 한다. 특히 딸에게 미치는 영향은 더욱 크다.

높은 자긍심과 성취욕을 지니고, 학업과 리더십에서 남성보다 우월한 여학생들을 일컬어 "완전히 새로운 사회계층이 출현했다"며 '알파걸'이라는 신조어를 만든 하버드 대학 댄 킨들런 교수. 그는 딸들에게 사회에서 부딪칠 남성들을 '편하게' 대하는 방법을 가르치려면 아빠가 양육에 적극적으로 참여하라고 말한다.

그러나 주당 근무시간이 49.3시간에 이른다는 한국에서 과연 가능한 일일까. 하지만 답은 이미 나와 있다. 문제는 그 답을 실행에 옮길 방법을 모색하는 일이다. 어렵고 힘들다고 처음부터 포기하면 그 무엇도 이룰 수 없다. 밥상머리 교육은 단순히 먹는 교육이 아니다. 식탁의 균형을 잡아주는 아빠의 존재는 아이의 미래에 날개를 달아줄 것이다.

# 아빠 역할 진단표

진단법: 문항별로 체크한 뒤 점수를 더한다.
그렇다(5), 대체로 그렇다(4), 보통이다(3), 대체로 아니다(2), 아니다(1)

## 아이에 대한 관심도

1 아이가 좋아하는 음식과 싫어하는 음식을 안다. ( )
2 아이가 좋아하는 운동과 싫어하는 운동을 안다. ( )
3 아이의 좋은 습관과 나쁜 습관을 안다. ( )
4 평소 아이의 나쁜 습관을 고쳐주려고 노력한다. ( )
5 아이가 컴퓨터나 TV 시청을 적당히 하도록 관심을 보이고 있다. ( )

## 아이와의 대화

6 아이의 현재 고민을 알고 있다. ( )
7 아이의 감정 변화를 읽을 수 있다. ( )
8 아이와 최근에 (일주일 이내) 진지한 대화를 나눈 적이 있다. ( )
9 아이의 마음을 여는 나만의 방법이 있다. ( )
10 아이의 이야기를 주의 깊게 듣는다. ( )

## 아이의 미래 인지도

11 아이의 재능과 적성을 알고 있다. ( )
12 아이가 하고 싶은 것이 어떻게 변해왔는지 안다. ( )
13 아이가 관심을 보이는 부분에 주목하고 있다. ( )
14 아이에게 꿈을 심어주는 동기부여 방법을 알고 있다. ( )
15 아이의 직업에 대해 많이 생각하는 편이다. ( )

### 친구 관계에 대한 인식

**16** 아이의 친한 친구를 안다. ( )

**17** 아이가 평소 친구와 무엇을 하며 노는지 알고 있다. ( )

**18** 아이와 20분 이상 재미있게 놀 수 있다. ( )

**19** 왕따의 원인과 대책에 대해 알고 있다. ( )

### 아이와의 공감도

**20** 아이를 인격체로 대하려고 노력한다. ( )

**21** 아이가 울면 곧바로 해결해줄 수 있다. ( )

**22** 아이와의 의견 차이를 극복하는 법이 있다. ( )

**23** 아이가 잘못을 저질러도 이성적으로 해결하는 편이다. ( )

**24** 아이의 자신감을 살려주는 말을 알고 있다. ( )

### 교육법

**25** 아이에게 잔소리를 하지 않는다. ( )

**26** 아이에게 칭찬을 많이 한다. ( )

**27** 아이에게 항상 스스로 할 수 있다고 격려한다. ( )

**28** 방임형 부모와 자율형 부모의 차이를 알고 있다. ( )

**29** 주말에는 아이를 위해 보낸다. ( )

**30** 언론매체의 교육 정보에 관심이 있다. ( )

120 이상: 매우 훌륭하다
110 이상: 훌륭하다
100 이상: 양호하다
90 이상: 노력이 조금 필요하다
80 이상: 노력이 많이 필요하다
70 이상: 적극적인 행동 개선이 필요하다
0~60: 전문적인 도움이 필요하다

• 인터뷰 • 명사의 밥상 7

# 밥상 위의 난상토론

최불암(배우)

23년간 방송된 장수드라마 〈전원일기〉에서 한국의 아버지상을 정립한 배우 최불암. 그가 드라마에서 보여준 아버지상은 전통적이면서도 이상적인 아버지, 엄격하지만 한편 자상하고 도리를 지키는, 한마디로 정신적 지주다. 하지만 정작 최불암 씨에게는 그런 아버지에 대한 기억이 없다. 아버지가 35살에, 당시 8살이던 그를 두고 세상을 떠났기 때문이다. 그가 아버지와 함께 보낸 시간은 채 3년도 되지 않았다고 기억한다. 연기를 할 때 그 기억의 공백 때문에 아버지 노릇이 낯설게 느껴지기도 했다. 불규칙한 연기 생활 때문에 자식들 교육은 부인에게 전부 맡긴 것이 안타까웠던 그는 드라마에서 벤치마킹한 가족식사에서 그 해결책을 찾았다.

### 드라마 속 가족식사 자리를 통해 얻은 지혜

드라마에서 4대가 모여 앉아서 식사를 하는 장면이 꼭 있는데, 우리 정서상 사는 것과 관련한 모든 원초적인 대화가 사실 밥상머리에서 시작되거든요. 할머니 말씀. 또 아버지, 어머니, 또 큰아들, 작은아들. 그 이야기들을 어린 손주들이 듣지요. 그게 모두 가정교육이라고 할까. 밥상은 아이들 생활과 관련해서 사회, 마을, 학교, 이렇게 세 가지가 중첩되어 한 번에 모든 교육이 이뤄집니다. 교육의 좋은 생산처가 되죠. 그래서 저도 집에서 드라마 흉내를 내곤 했죠. 최불암

물론 차이점은 있었다. 어른들과 겸상을 하지 않던 옛날식 밥상과는 달리, 가족들 간의 의사소통을 최우선 과제로 삼은 것이다. 또 하나, 가족이 다 모인 가족식사는 특별한 의식이라는 걸 강조하려고 종교와는 상관없는 묵례도 정례화했다. 그러다 보니 아이들도 절대 빠질 수 없는 가족 의식으로 진지하게 받아들이기 시작했다.

제사 지내는데 '나 아직 이 안 닦았어', '세수 안 했어', '이부자리 속에 있어'라고 하는 사람은 없으리라고 봅니다. 생일이나 제사, 정초, 추석 같은 날에는 아이들이 경건한 마음으로 모이거든요. 가족식사도 그런 경건한 마음으로 모여야 합니다. 그런 다음 그 자리가 무거워지지 않게 충고보다는 스스럼없이 서로 이야기를 주고받는 재미난 자리로 만들면 됩니다. 최불암

### 재미있는 대화가 난상토론으로 이어지다

그러다 보니 가족식사 시간에 일어나는 것은 난상토론. 부모라도

실수한 것은 솔직하게 털어놓고 자식에게 조언을 구할 정도였다. 그런데 가족 밥상이 만들어낸 토론 문화는 아이들이 분가한 이후에도 종종 가족을 엮어주는 끈이 되었다. 분가한 이후에도 아이들을 가족 밥상으로 불러들이는 힘은 '재미있는 대화'였다고 한다. 되도록 재미있어야 한다는 것이 그의 밥상 대화 철학. 억지로 재미있게 만들려고 애쓰기보다는 오가는 대화 자체가 흥미 있는 내용이어야 한다는 것. 그래야 아이들이 억지로 앉아 듣기만 하는 게 아니라 스스로 대화에 끼어들게 된다. 그리고 많은 말이 오가면서 '난상토론'으로 이어진다.

하지만 처음부터 그의 생각이 성공한 것은 아니었다. 맨 처음 아이들은 그저 상 위에 맛있는 음식이 있고 아버지가 재미있게 얘기를 해주니 그 분위기가 좋아 모였다고 했다. 그러다가 식사 시간이 재미있고 좋은 자리라는 인식이 생겼고, 결국 아이들은 굳이 밥을 먹자고 부르지 않아도 으레 아침에는 밥상으로 모였다.

그는 밥상머리가 '어른을 모신 엄격한 자리'라는 생각에서 벗어나야 한다고 조언한다. 그저 식구 전부가 모여서 서슴없이 이야기를 주고받는 자리가 되어야 한다는 것이다. 드라마에서 연기를 하며 화기애애한 밥상을 경험한 그는 연기생활이 자신에게 가장 큰 도움을 준 것이 바로 그것이라고 말했다. 전원일기의 가족 밥상을 흉내 낸 것이 아이 모두를 무사히 대학에 보내고, 가족을 가족답게 만들었다는 것이다.

· 인터뷰 · 명사의 밥상 8

## 말없이 전해지는 내림 교육

강부자(배우)

촌부, 재벌회장, 대왕대비 등 젊은 시절부터 지금에 이르기까지 다양한 한국의 여성상을 보여준 배우 강부자.

40년간 그녀는 한결같은 연기 인생을 고집하며 국민에게는 대배우로, 후배들에게는 미래의 모습을 대신하는 큰 어른으로 자리매김했다. 하지만 그녀 자신의 인생에서 가장 악착같이 고수했던 역할은 바로 두 자녀를 길러내는 밥상에서의 역할이었다.

출연작품 목록을 셀 수 없을 만큼 바쁘게 살면서도 아이들과 같이 밥을 먹는 것은 '철칙'으로 알았다는 강부자 씨. 남편 역시 배우로 불규칙한 일정에 시달리기는 마찬가지였다. 새벽에 들어와 이제 막 잠자리에 든 남편을 깨우는 한이 있더라도 아침식사만큼은 온 가족이 머리를 맞대고 먹는 유난을 떨었다고 한다.

우리 집안 분위기가 그랬어요. 시골에서 7남매가 함께 컸는데, 아버지와 엄마, 형제자매가 모두 둥그런 상에 옹기종기 붙어 앉아서 밥을 먹는데 얼마나 불편했겠어요.

그런데도 그게 당연한 줄 알고 쭉 둘러앉아서 함께 밥을 먹었죠. 밥을 먹으면서 아버지가 이런저런 얘기를 들려주시고, 또 우리도 하루에 생긴 일을 아버지 어머니께 들려드리기도 하고….

밥을 먹는 건 당연하게 하는 일이잖아요? 그렇게 자랐기 때문에 자연스럽게 습관이 밴 거고, 저는 우리 아이들한테 또 당연하게 그렇게 했죠. 강부자

## 말로 전할 수 없는 밥상에서 배운 것들

누구나 어렵게 자랐던 시절, 그 밥상에서 아버지는 강부자 씨에게 배움의 중요성을 누차 강조했고, 덕분에 그녀는 당시 시골에선 드물게 대학에 진학한 여학생이 되기도 했다.

하지만 그녀가 자녀들에게 물려주고 싶은 밥상머리 교육은 정작 따로 있었다. 밥상머리에서 자연스럽게 터득한 우애와 배려. 그것은 그녀 자신조차 인식하지 못했던 것으로, 말로는 도저히 전할 수 없는 밥상머리 교육의 산물이었다.

밥상머리에서는 늘 우애가 있었어요. 효도가 있었고 배려가 있었죠. 반찬 하나를 두고도 "아버지 잡수세요", "아니다, 너 먹어라", "언니 먹어", "오빠 먹어" 이러면서 자랐죠. 나중에 살면서 '내가 교육을 잘 받았구나' 하는 걸 많이 느꼈어요. 집안에서 귀하게 자란 귀염둥이가 나가서는 천덕꾸러기가 된다는 말이 있잖아요. 귀하게 키운다고 귀한 사람이 되는 건 아니거든요. 강부자

한평생 배우로 살면서도 가족 모두 모이는 아침식사만큼은 고수해왔다는 강부자 씨. 그녀는 어린 시절 밥상에서 배려와 효도, 우애 같은 덕목을 저절로 터득했다고 말했다.

어린 시절에 밥상에서 받은 교육이 얼마나 효과가 좋은지 자신이 어른이 되고 나서 깨달았다고 말하는 강부자 씨. 그런 그녀가 강조하는 밥상머리 교육은 바로 어른들의 본보기다. 부모들이 밥상머리를 지키며 모범을 보이면 자연스레 가풍이 생기고 엄격한 훈육이 없어도 그 분위기에 맞춰 자연스럽게 교육이 이뤄진다는 것이다.

가풍이라는 게 무슨 예절이니 도덕이니 하는 것처럼 교과서에 나오는 거창한 게 아니에요. 그저 밥은 이렇게 먹어야 하고, 남과 함께 먹을 땐 어떤 것에 주의해야 하고, 어른이나 형제들에겐 무엇을 배려해야 하고…. 그런데 그런 것들을 가르치지 않아도 되거든요. 밥상에서 엄마가 하는 것, 아버지가 하는 것, 할머니가 하는 것을 보고 애들도 그대로 따라 하거든요. 그러니까 그게 내리 물림 교육이에요. 강부자

흔히 가정교육이라고 하면 아이들을 불러 앉혀놓고 부모가 훈

계하는 모습을 떠올린다. 부모들이 부담스러워하는 것도 그런 지점이다. 하지만 강부자 씨의 말처럼 밥상에서는 그럴 필요가 없다. 그저 부모가 하는 걸 그대로 따라 하면서 배울 수 있는 공간이기 때문이다. 그녀가 밥상머리 교육의 신봉자가 된 것은 그녀 자신이 부모님으로부터 물려받은 것이 그대로 자신의 삶에 적용되었고, 또 그대로 자신의 자녀들에게도 이어졌기 때문이다. 말로 하지 않아도 행동으로 내리 물림되는 교육, 그것이 밥상머리 교육의 가장 큰 힘인 듯하다.

• 인터뷰 • 명사의 밥상 9

# 10년 계획을 세우는 교육 사령탑 저녁 밥상

공병호(공병호연구소 소장)

자기경영 콘텐츠 전문가 공병호, 그는 가족의 저녁 밥상을 10년 교육 계획의 사령탑이자, 상황실에 비유한다. 초등학교 3학년부터 고등학교 3학년까지의 로드맵을 짜고, 그 진전 상황을 점검하는 자리가 될 수 있는 유일한 시간이기 때문이다. 그의 가족식사 대화는 아이의 성향과 적성을 파악하려는 면밀한 질문 리스트로 구성되어 있다.

저녁 식탁 자리에서 아이들에게 앞으로 어떻게 살아갈 것인가, 미래가 어떻게 바뀔 것인가, 또 무엇을 직업으로 택할 것인가 하는 것을 주제로 대화를 나누고 질문을 던졌습니다. 아이들의 10년 후를 준비하는 그런 프로젝트는 모두 저녁식사 자리에서 만들어졌다고도 볼 수 있지요.

저녁식사 시간에 한번 그런 이야기들이 오가면 그다음에는 다른 자리에서도 그 주제로 대화를 이어갈 수 있습니다. 우리 집은 이성 친구, 대학 입시, 직업관 그런 것들에 대해 자주 이야기를 나누고, 또

제가 아이들에게 많이 묻는 편이에요. 일방적으로 이야기하는 게 아니고 "그건 어떻게 생각하니?" "네 생각이 뭐니?" 이런 식으로요. 그런 기회를 통해서 유대 관계도 깊어지지요. 하지만 가장 중요한 것은 아이 스스로 생각할 힘을 키우는 장점이 있다는 점입니다.

## 장단기 실천사항까지 정하는 밥상 위 계획표

그렇다면 밥상에서 키워지는 10년 계획이란 무엇일까? 그것은 목표를 길게 잡고 그 목표를 이루기 위한 장기 단기 실천사항을 만들어가는 것이다. '영어: 토익 목표점수, 독서: 영어·한국어책 몇 권 읽기, 수학: 대수까지' 등 주요 과목의 학습이 1년간 단기계획이라면, 특목고 입학을 목표로 세웠다면 전교 몇 등 안에 들어야 하는지는 5년 계획에 써 넣는 것이다. 그리고 초등학교 3학년으로부터 10년 후, '어느 대학에서 어떤 전공을 선택할 것인가?'까지의 계획까지도 밥상에서 수립되어야 한다는 것이 공병호 소장 가족의 원칙.

사실 수많은 강연과 저술 활동으로 바쁜 공병호 소장에게 규칙적인 저녁식사란 쉽지 않았다. 때로는 일주일에 두 번, 세 번 정도밖에 되지 않았지만 그는 그 기회를 남들의 두 배, 세 배로 활용했다고 한다. 실제로 공병호 소장은 '식탁 토론'을 통해 자녀의 재능과 적성을 발견하기 위해 아이들이 하는 말을 단 한 마디도 놓치지 않았다고 한다. '전 글짓기가 좋아요' '토론은 싫어요' 같은 말이 무심결에 흘러나올 때도 빠짐없이 기억하고 메모했다.

그 결과 다양한 정보를 연결해 미래를 예측하는 능력이 있는 큰아이에게는 투자은행 전문가를, 토론을 즐기고 승부근성이 남다른 둘째에게는 법대나 법학대학원 진학을 권할 수 있었다. 가족 식탁은 부모에겐 아이의 적성을 파악하는 자리였고, 아이들로서는 자신의 미래를 위한 계획을 담금질하는 자리였던 것이다.

가족 식탁 토론은 아이의 적성을 파악하는 자리일 뿐 아니라, 아버지인 공병호 소장이 생각하는 미래의 경쟁력을 배양하는 곳이기도 하다. 10년 후의 세계를 진단하는 전문가인 아빠가 아이들에게 물려주고 싶은 능력은 바로 자기 주도적인 사고능력이었다. 학교나 학원에서 배울 수 없는 개개인의 뚜렷한 주관을 세우는 일. 이 역시도 가족과의 밥상에서 이루어질 수 있다는 것이 공병호 소장의 주장이다. 단지 눈앞의 성적을 올리기 위한 자리가 아니라, 고유의 의견을 가진 인간으로서 자존감을 키워주는 자리라는 것이다.

> 저는 미래를 살아가는 아이들이 갖춰야 할 큰 능력 가운데 하나가 주도적인 사고능력이라고 생각하거든요. 지금은 조금 나아졌다고 해도 우리 교육은 암기에 많은 비중을 두지 않습니까? 그래서 특별히 부모님들은 아이들이 주관을 뚜렷이 갖고 살 수 있도록, 자기 생각을 갖고 살 수 있도록 도와야 하고 이것을 위해 아주 중요한 부분이 식탁 토론이라고 생각해요. 공병호 소장

어떤 사건이나 현상을 두고 다른 사람의 생각보다 나 자신이 먼저 그것을 생각하고 판단을 내리는 것, 그리고 자신에 대한 자

궁심, 이 두 가지가 식탁에서 반드시 배워야 할 점이라는 것이다. 공병호 소장이 식탁에서 아이들에게 "네 생각은 어떠니?" "너는 어떻게 보니?" 하는 질문을 자주 하는 것도 이 때문이다.

> 질문을 한다는 것 자체가 아이들에게 자긍심을 심어줄 수 있어요. 부모가 아이의 의견을 묻고 존중한다는 의미잖아요. 아이의 생각을 물으면 아이 스스로 자신이 굉장히 중요한 존재라고 인식하게 됩니다. 가족식사에서뿐 아니라 매사 그런 태도를 취하는 것이 좋아요.
> 공병호 소장

## 아버지만이 해줄 수 있는 조언

그가 이토록 가족식사 시간활용에 많은 노력을 기울이게 된 이유는 바로 사회경험이 많은 아버지만이 해줄 수 있는 조언이 있기 때문이다. 흔히 밥상머리 교육을 어머니에게 일임하는 가정에 대해 공병호 소장은 일침을 놓는다. 현재의 과제를 어머니가 챙긴다면, 미래를 어떻게 준비할 것인가, 미래는 어떤 세상이 될 것인가라는 거시적인 안목은 아버지가 제시하는 쪽으로 분담이 되어야 한다는 것이다.

> 어머니가 가르쳐줄 수 있는 게 있고 아버지가 가르쳐줄 수 있는 부분이 분명히 다르죠. 말하자면 세상 돌아가는 일에 대한 경험 같은 것. 이런 부분들은 아버지가 가진 고유한 경험일 수 있고, 또 그것들은 반드시 자식에게 전수가 되어야 한다고 봅니다. 그건 학원이

나 학교가 도울 수 있는 게 있고, 또 아버지가 아이를 도울 수 있는 부분은 분명히 다르거든요. 회사가 어떻게 돌아간다든지, 회사 안에서 사람들이 자신의 이익을 위해 어떻게 행동한다든지…. 이런 것은 아이들이 경험해보지 않은 사실이잖아요. 그런 이야기를 저녁 식사 자리에서 듣고, 본인의 생활로 연결해 생각해보는 거죠. 공병호 소장

공병호 소장 가족의 밥상머리에는 예의범절이나 격식보다는 열띤 토론이 주를 이룬다. 실제로 그가 금지하는 주제는 없었다. 부모가 고리타분한 사고방식에서 벗어나 열린 마음을 갖는다면 부모와 아이 간에 새로운 정보와 지식이 쌍방향으로 흐를 수 있다는 것이 바로 밥상머리 대화의 특색이라는 것이다. 가족과 함께하는 밥상에 부모가 세상을 사는 지혜를 가져온다면 아이의 미래마저도 바꿀 수 있다는 공병호 소장, 그는 자신의 식탁을 '가족의 유대감을 강화하고 또 아이들이 학교나 학원에서 배울 수 없는 새로운 종류의 정보와 지식을 충전하는 최적의 장소'라고 정의한다.

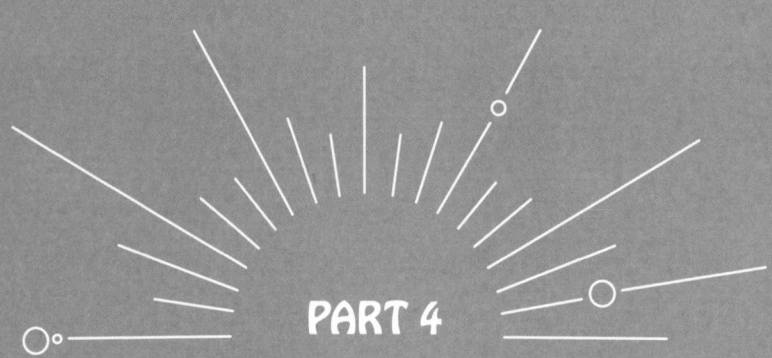

# PART 4

# 잃어버린
# 밥상머리 되찾기
# 4주 프로젝트

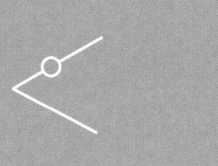

아이가 자라고 생활 반경이 넓어지면 가족과 함께할 시간은 점점 줄어든다. 가족과 함께 밥상머리를 지키는 것도 그만큼 힘들어진다. 그 시간은 학업이나 교우 관계 등 더 복잡한 상황들로 채워질 게 분명하다. 하지만 그럴수록 가족 밥상이 주는 힘을 믿어야 한다. 가족 간의 유대감, 미래에 대한 꿈, 역경을 이겨낼 동기를 주는 유일한 공간이 바로 가족이 함께하는 밥상머리이기 때문이다.

밥상머리 교육에서 부모의 맹목적인 사랑은 독이 된다.

바쁜 현대 생활 속에 가족이 한데 모이는 유일한 시간인 가족식사 시간.

그 소중한 시간을 낭비해선 안 된다.

맹목적인 사랑으로 그 시간을 흘려보내지 마라.

밥상머리 교육을 어떻게 실천하느냐에 따라 가족식사 시간은

문제 많던 아이를 180도 바꾸는 기회를 제공한다.

그것이 바로 밥상머리에서 일어나는 기적이다.

# 문제아는 없다,
# 문제 밥상만 있을 뿐

　이제까지는 가족식사가 제대로 이뤄질 때 부모조차 알지 못하는 아이의 무한한 잠재 가능성이 어떤 식으로 드러나는가에 대해 설명했다. 제대로 된 밥상머리 교육은 아이들의 어휘력을 풍부하게 늘려주며, 사회성을 기르고, 뇌 발달에 맞는 맞춤 활동을 제공해준다. 한국에서는 밥상머리 교육이 어린 시절에 끝이 난다고 결론 내린 것에 비해, 최근 외국에서는 사춘기 아이들에게까지 미치는 밥상머리 교육의 효과에 대해 활발한 연구가 진행되고 있다.

　제대로만 된다면 밥상머리 교육은 아이를 위한 최초의 그리고 최고의 교실을 마련해준다. 특히 부모 입장에서 보면 밥상머리 교육은 인간이라면 누구나 해야만 하는 활동인 식사 시간을 유용하게 이용할 수 있다는 점에서 고효율적인 교육 방법이다.

　그러나 '내 자식 입에 음식 들어가는 걸 보면 안 먹어도 배부르다'는 식의 맹목적인 사랑은 밥상머리 교육에는 독이다. 하루를 바쁘게 사는 맞벌이 부부. 그들은 아이들을 위해 아침잠을 쪼개고 주말을 반납해가며 가족 밥상을 만든다. 그럴수록 아이들이 영양소를 충분히 섭취하는지 확인하는 자리가 아니라, 효과를 배가시키는 자리로 만들어야 한다. 현대사회의 많은 가정에서 가족식사는 온 가족이 모이는 유일한 시간이며, 부모가 아이를 이해하고 아이가 안고 있는 문제점을 해결할 유일한 기회를 제공하기 때문이다.

다음에 소개하는 사례는 한국에서 아이를 키우는 부모라면 누구나 공감할 법한 양육상의 문제가 밥상머리 교육을 실천함에 따라 어떻게 해결되는지를 보여준다.

전문가들의 도움에 힘입어 문제가 해결되는 과정을 총 4주에 걸쳐 소개한다. 결론을 먼저 말하자면 문제가 있는 밥상머리 교육은 있어도, 밥상머리 교육이 적용되지 않는 문제아는 없었다.

*이 실험에 참가한 가족의 이름은 모두 가명으로 표기했음을 밝힌다

## 케이스 소개

부모가 맞벌이를 하기 때문에 아이들을 돌보기 위해 외할머니가 함께 산다. 아빠는 직장이 멀어 도로정체를 고려해서 새벽에 출근해 밤늦게 퇴근한다(오전 5시 반~오후 10시). 엄마는 오전 9시~오후 6시 반 근무인 직장이라 아이들과 마주칠 시간이 한정되어 있다. 아이들은 낮에 유치원에서 생활하며, 집으로 돌아오면 할머

니와 함께 지낸다.

### 아빠의 의견:

아이들을 볼 기회가 별로 없는데도 이웃에 버르장머리 없다는 소문이 날까 겁날 정도다. 퇴근 시간이 늦어 밤 10~12시에 들어올 때도 많은데, 그럴 땐 이미 현관부터 아이들이 구르고 떠드는 소리가 난다. 조용히 시키려고 노력을 해도 큰 소리가 나고, 무조건 화를 내야 겨우 조용해진다.

아무리 늦게 들어와도 일주일에 3번 정도 책이라도 읽어주려고 노력하지만 아이들도 곧 잠들고, 책 내용에 흥미를 느끼는지도 잘 모르겠다. 남자아이들이라 그런지 엄마만 찾는데, 엄마가 양육에 대해 많이 공부를 하고 관심도 있는 편이라 조언을 해주긴 하지만 과연 이렇게 하는 게 옳은 건지, 겁날 때가 많다. 그러다 보니 아이들에게 '이렇게 해라', '하지 말아라', 조언하는 아내와 싸움이 잦다.

### 엄마의 의견:

첫째 경수(5세)는 동생이 생긴 후, 어른들의 눈치를 심하게 보고 주도적으로 하는 일이 없다. "○○해도 돼요?"라고 물어보는 것이 말버릇이다. TV에 대한 집착이 강하다. 유치원에서는 또래와 비슷하게 행동한다고 하는데 집에서는 동생과 비슷할 정도로 산만하다.

둘째 인수(4세)는 산만하고 통제할 수 없다. 유치원에서 집중을 못한다는 지적을 받을 정도로, 자기 순서를 기다리지 못하고 상황에 맞지 않게 과도하게 뛰어다니거나 기어오르고 어른들이 직접 무슨 이야기해도 귀를 기울이지 않는 것처럼 보인다.

지적을 하면 응석을 부리기 시작하는데, 한 번 울음을 터뜨리면 30분이 넘도록 그치지 않아서 어른들이 겁을 내고, 결국 응석을 받아줄 수밖에 없다. 그런데 남편이 한번 야단을 치면 하루 이틀은 말을 듣기 때문에 아이를 혼내고, 친정어머니는 아이들이 어떤 반응이건 30분 내내 잔소리를 하다가 결국은 언성을 높이기 때문에 아이들은 늘 주눅이 들어 있다. 자꾸 혼을 내면 아이에게 큰 상처를 주게 될까 봐 겁이 난다.

**할머니의 의견:**

내가 외동딸(경수, 인수의 엄마)만 두다 보니 남자아이 키우는 법을 잘 모른다. 성격이 급하고 아이들을 다루는 것이 서툴다. 딸은 아이들을 너무 간섭한다며 핀잔을 준다. 놔둬도 되는데 '~해라', '~하지 마라~' 하니까 아이들이 반항한다고 내 행동을 막는다. 아이들 문제 때문에 딸과 자주 다툰다.

## 관찰과 진단

아이 맡길 곳을 찾기가 어려워 보육 전쟁이 벌어지고 있는 한국의 상황. 경수와 인수는 그래도 이미 유치원에 갈 수 있는 나이고, 외할머니의 도움을 받은 덕분에 부부가 직장생활을 할 수 있었다.

겉으로는 평온해 보이는 집. 하지만 속사정을 들여다보면 아이들과 얼굴 맞댈 시간이 좀체 없는 아버지, 아이들이 크고 작은 문제를 보이는 것에 죄책감을 느껴 야단 한 번 제대로 치지 못하는 엄마, 한창 뛰어놀기 좋아하는 남자아이 둘을 건사하느라 한시도 숨 돌릴 틈이 없는 외할머니까지 온 집안이 아이 문제로 전전긍긍하고 있다.

가장 큰 문제는 불안정한 부모의 영향을 그대로 받는 두 아이다. 하지만 이 나이에서는 산만한 행동을 보여도 그것이 집중력 장애 때문인지, 아니면 호기심 때문에 활동적인지를 구분하기가 어렵다. '산만함'과 정상적인 '활동성'을 과연 어떻게 구분할 수 있을까? 다음 표를 주목해보자.

**집중력 판단 정도**
1  혼자서 조용히 놀지 못한다.
2  손발을 가만히 두지 못하고 계속 움직인다.
3  밥을 먹으면서 몸을 자주 흔든다.
4  엄마 아빠가 하는 말에 자주 끼어든다.
5  질문이 끝나기 전에 그 질문에 대답한다.
6  엄마가 이야기를 할 때 귀 기울이지 않는다.
7  음식을 먹을 때 급하게 빨리 먹는다.
8  어린이용 시청각 비디오를 집중해서 보지 못한다.
9  장난감이나 가방 등 소지품을 자주 잃어버린다.
10 책을 읽어주면 끝까지 듣지 않는다.

결과
− 8개 이상: 전문가의 집중력 강화 훈련 필요
− 5~7개: 집중력이 부족하여 집안에서의 교정 필요
− 1~4개: 집중력 정상

경수, 인수는 '음식을 먹을 때 급하게 빨리 먹는다', '어린이용 시청각 비디오를 집중해서 보지 못한다' 등을 제외한 7~8개 항목에 해당하여, 집안에서의 교정 내지는 집중력 강화훈련이 필요한 것으로 판단되었다. 특히 동생 인수는 만 4세라는 나이를 감안해도 정도가 심한 산만함을 보였다. 이 나이 또래의 아이들은 장난감 같은 방해요인이 곁에 있더라도 충분히 놀게 하면서 무언가를 이야기해주면 이를 받아들이고 응하는 능력이 있어야 한다. 하지만 인수는 누군가 말을 걸어도 전혀 다른 대답을 하거나 욕구 조절이 안 되는 모습을 보였다.

과연 아이들의 집중력은 얼마나 떨어지는 것인지, 전문적인 진단을 받아보았다. 검사 결과, 가장 기본적인 '검사자와의 눈맞춤'은 원활히 이루어지지 않았고 아동의 이름을 불렀을 때 5번 중 1번 정도의 반응이 있었으며(장난감 찾아 돌아다니느라), 아동이 선택한 장난감과 외부에서 들리는 소리(옆 치료실에서 함께 온 형이 장난감을 가지고 노는 소리)에 집중하는 경우가 많아 검사에 잘 응하지 못하고 자리를 이탈하는 경우가 빈번했다.

문진 등 기본 절차 후 두 아이 모두 ADHD 검사를 했다. CAT(집중력 검사: 컴퓨터를 이용해서 아이에게 청각적 시각적 자극을 제공한 후 적절한 반응을 유도)를 받은 결과 형 경수는 ADHD가 아니라는 진단을 받았지만, 동생 인수는 아직 나이가 어려 확진할 수 없지만 ADHD 의심 판정을 받았다. 주의력 결핍은 아이의 학습능력에도 영향을 미칠 수 있다는 점에서 시급한 치료가 필요했다.

## ADHD 진단 기준

다음의 주의력 결핍과 과잉행동 증상에서 9개 중 6개 이상의 증상이 6개월 이상 나타나면 ADHD를 의심할 수 있다.

### 주의력 결핍 증상

1 세부 사항들에 세심한 주의를 기울이지 못하거나 과제, 작업, 또는 기타 활동에서 부주의한 실수를 저지른다.
2 과제나 놀이 활동에서 지속적으로 주의 집중하는 데 어려움을 자주 겪는다.
3 다른 사람이 이야기를 할 때 말한 것을 귀담아듣지 않는 것처럼 보인다.
4 지시를 따르지 못하고, 학교 과제, 일상적인 일이나 자신이 해야 할 일을 마치지 못한다(반항적인 행동이나 지시를 이해하지 못해서 나온 행동이 아님).
5 과제와 활동을 하는 데 자주 어려움을 겪는다.
6 정신적인 집중이 필요한 일을 피하거나 강경하게 싫어한다.
7 여러 가지 활동을 하는 데 필요한 물건들을 잃어버린다(연필, 책, 도구, 장난감 등).
8 외부 자극에 의해 쉽게 산만해진다.
9 일상적으로 해야만 하는 일들을 잘 잊어버린다.

### 과잉행동 증상

1 손발을 가만히 두지 못하거나 앉아서도 계속 몸을 움직인다.
2 자리를 지키고 앉아 있어야 하는 상황에서 자주 이탈한다.
3 부적절한 상황에서 뛰면서 돌아다니거나 지나치게 기어오른다.
4 조용한 놀이나 여가 활동을 못 한다.
5 지나치게 말이 많다.
6 무언가에 쫓기듯 행동하며 가만히 있지 못한다.
7 질문이 다 끝나기도 전에 성급하게 대답한다.
8 자기 차례를 기다려야 하는 상황을 견디지 못한다.
9 남을 방해하거나 남의 활동에 잘 끼어든다.

둘째 인수를 대상으로 언어 발달에 대해서도 진단을 내려보았다. 언어 발달 평가자는 단어 자체에 대한 어휘력은 문제가 없다고 했으나, 어휘를 이용해 설명하고 표현하는 응용력에 의심을 품었다.

어휘력도 높은 편인데, 무언가를 설명하거나 시간적인 순서대로 이야기를 하거나, 상대방이 자기 요구를 이해하지 못했을 때 설명을 해주는 것, 그런 능력이 부족해요. "그거 있잖아요"라는 말로 얼버무리거나, "아 몰라요" 하며 말을 멈추지요. 상대방이 이해 못했을 때 다시 설명하는 것도 쉽게 포기해버리고, 그냥 직접 손으로 가리키기도 하고. 그런 모습들은 또래 아이들과 다른 모습이죠. 말을 응용해내는 능력이 떨어지는 거예요. 그러면 다른 사람과의 의사소통이 단절되고, 그런 것들이 쌓이다 보면 관계를 맺기가 어렵죠. "어? 쟤는 나한테 이렇게 반응해주니깐, 난 쟤랑 노는 거 재미없어" 이런 식이에요. 심해지면 친구도 없어지고 사회도 멀어지게 되는 거고, 이런 것들을 적절하게 도와주지 않으면 학령기에 들어가서 학습장애로 발전할 가능성도 있어요. 임지윤(언어치료사)

그러나 해결해야 할 문제는 또 있었다. 아무 문제가 없어 보였던 형 경수조차 가족관계 척도(가족 내의 정서적 안정감 척도)에서 높은 점수를 보인 것이다. 아이가 언제나 어른들의 눈치를 보고, 매사에 허락을 받는 것은 충분한 애정을 받지 못한다고 느꼈기 때문이라는 진단이 나왔다. 그렇다면 이 가족이 함께하는 시간, 밥상머리에서는 어떤 일이 벌어지고 있을까.

## 문제적 밥상머리 바로잡기

아침 7시 30분 경수 인수 형제네 풍경. 이미 집 안에서 아빠의 흔적은 사라진 지 오래다. 동도 트기 전인 새벽 5시 30분경에 집을 나서야 극심한 도로정체를 피할 수 있기 때문이다. 출근 준비에 아침식사 준비까지 서둘러 마친 엄마가 밥상을 들고 아이들이 자는 안방으로 들어간다.

겨우 눈만 뜬 아이들이 가장 먼저 찾는 것은 TV 리모컨. 엄마도 별다른 제지를 하지 않는다. 오히려 아이 둘 사이에 자리 잡고 앉아 번갈아가며 밥을 떠 넣어주고 있을 뿐이다. 아이들과 '먹어라, 싫다'라는 실랑이를 피할 수 있는 유일한 방법이기 때문이다.

둘이 같이 먹으면 한 30분 정도 걸려요. 만약에 어른이 개입 안 하고 애들끼리만 먹게 하면 1시간 정도? 끝도 없죠. 거의 안 먹는다고 봐야죠. 상에 앉아서 먹는 게 아니라 한 숟가락 먹고 놀고, 몇 번 불러야 한 숟가락 먹고 또 가서 놀고…. 제가 바쁘니까 어쩔 수 없이 그러는데 TV를 계속 보니 자기들이 먹는 게 아니라, 제가 떠주는 걸 의무적으로 받아먹는다고 해야 할까요? 입에 들어가면 본능적으로 그냥 씹고. 안 그러면 계속 돌아다니면서 먹어야 해요. 엄마

덕분에 아이들은 밥 한 공기를 뚝딱 해치우긴 했다. 그제야 마음을 놓고 출근길을 서두르는 엄마. 하지만 아이의 위를 채운 것으로 끝난 식사, 그것으로 밥상머리 교육은 충분한 것일까?

문제는 아이들이 TV가 없는 곳에서는 밥투정이 더 심해진다는 것이다. 모처럼 한가로운 주말 아침, 출근길을 서두를 필요가 없는 엄마 아빠가 제 손으로 밥 먹기를 요구했지만 아이의 밥투정은 끝도 없이 이어졌다. 숟가락을 들지도 않던 둘째 인수가 밥을 먹지 않겠다며 울음을 터트리자, 첫째 경수까지 잘 먹던 밥숟가락을 놓고 배회를 시작한 것이다.

그런데 두 형제를 대하는 엄마 아빠의 태도가 이상하다. 둘째 인수를 품으로 끌어안아 달래는 대신 형 경수는 곧장 따끔하게 혼이 났다. 그러나 경수는 다시 숟가락을 잡지 않았고, 밥상 위에 발을 올려놓기까지 한다. 유치원에서는 또래 아이들과 다를 바 없이 의젓하게 행동하는 형 경수는 밥상머리 앞에서 퇴행 현상까지 보였다.

이런 상황에서 부모님이 자꾸 아이의 잘못된 행동에만 집중하면 아이도 자꾸 잘못된 행동에 집착하게 돼요. 이럴 때 규칙이 있으면 아이는 그 규칙을 지킬 수 있어요. 문제는 그것을 격려해주지 못하는 어른들이죠. 또 부모 대부분이 규칙을 정해놓고 자신이 그 규칙을 어기는 모습을 보여요. 특히 인수는 나이가 어려서 자기가 무얼 참아야 하고 어떻게 행동해야 하는지 잘 모르거든요.

그런데 그 아이가 주도권을 잡고 있으니 모든 가족이 자꾸 잘못된 방식으로 흘러가게 되죠. 어머니가 규칙을 정해뒀어도 아이가 안쓰러워 자꾸 어기게 되죠. 규칙이 있어도 인수가 떼를 쓰거나 울면 소용이 없어지니 끌려다닐 수밖에요. 이보연(아동심리전문가)

밥상머리에서의 규칙을 선포했지만 마음이 약한 부모는 결국 아이의 고집에 끌려간다. 아이는 그저 눈물만 보이면 된다. 실제로 인수는 징징거리는 말투로 알아들을 수 없는 몇 마디 말을 웅얼거렸지만 엄마는 아이의 말에 적극적으로 반응하며 달래기 바빴다. 결국 인수는 적극적으로 의사표현을 하지 않아도 충분히 자신이 원하는 바를 이룰 수 있었다. 형까지 퇴행시키고 마는 아이의 버릇을 4주간의 밥상머리 교육을 통해 바꿔본다.

# 1주:
## 스스로 식탁을 지키게 하라

4년 2개월 인수는 ADHD가 의심되는 상황. 그러나 약물치료는 만 6세 이상에서 권장한다. 주치의는 일단 아이의 비약물적 치료와 양육 태도로 아이의 변화를 이끌어낼 것을 권했다. 맞벌이 부부로 서로 얼굴 마주할 시간조차 없는 인수의 엄마 아빠에게 내려진 임무는 밥상머리 교육. 간단한 밥상머리 교육 실행표가 만들어졌다. 실행할 항목은 다음의 4가지 규칙이며, 조건은 주당 5회씩 가족식사를 하는 것이다.

1 가족 모두가 함께 식사하기(빠진 사람은 표시하기).
2 일정한 시간, 같은 장소에서 식사하기.
3 밥은 자기 스스로 먹기.
4 텔레비전 끄기.

부모가 아이가 밥을 먹을 때 옆에 있긴 하지만 아이들이 스스로 밥을 먹지 못하다 보니, 함께 식사를 하는 것은 요원했다. 개선을 위해 아무리 시간이 걸리더라도 아이가 제 손으로 밥을 먹도록 하는 것을 목표로 삼았다. 그러나 이 목표를 이루려면 일단 아이가 식탁을 떠나 배회하지 않도록 지속적으로 유도해야 했다.

## 과제 1: 일정한 자리를 고수하라

TV 앞에서 밥을 먹는 아이들을 따라 엄마가 2인용 작은 반상에 밥을 차려 방으로, 거실로 옮겨다녔던 경수 인수네 집. 할머니까지 5인 가족이 함께 모여 밥을 먹는 일이 거의 없어서 밥상조차 변변한 게 없었다. 어쩌다 가족이 모였을 때 쓰는 식탁은 주로 두 아이가 공부할 때 쓰는 앉은뱅이 책상 두 개를 이어붙인 것이다.

식사장소가 여러 곳으로 옮겨다닌다는 단점뿐 아니라, 아이들에게는 공부자리에서 밥을 먹는다는 느낌까지 주어 다섯 식구가 모두 가족식사가 특별한 의식이라는 사실을 인식하지 못했다. 아이들에게 식탁에서 떠나지 말라는 말은 연속적인 잔소리로 들릴 뿐이었다.

밥상머리 사수 프로젝트 첫 주가 시작되는 날, 가장 먼저 한 일은 가족 모두가 넉넉히 둘러앉을 수 있는 밥상을 마련한 것이었다. 같은 장소 같은 시간에 가족 모두가 함께하는 밥상머리 교육은 그렇게 시작됐다. 일정한 자리를 고수하고자 가족 밥상을 마련한 것, 그것은 자연스럽게 TV를 끄는 방법이기도 했다.

### 과제 2: 가족의 서열을 분명히 정하라

4주 프로젝트에 도움을 준 전문가들은 가족 모두가 막내 인수에게 끌려다니는 것이 문제라고 지적했다. 심리검사 결과 두 아이는 가장인 아빠의 권위를 기본적으로 인정하고 있었지만, 함께 보내는 시간이 거의 없다 보니 아빠가 정한 규칙을 따르지 않았다. 가족식사로 지속적인 대화를 나누면서, 가족의 서열이 확립될 필요가 있었다.

부모들이 규칙을 제공하지 않으면 어떤 아이도 규칙을 따르지 않는다는 전문가의 조언에 따라 밥상에서의 자리를 먼저 규칙화하기로 했다. 색색으로 구분된 방석을 마련하여 두 아이에게 웃어른 순으로 차례차례 놓도록 훈련하고, 집안의 어른이 있음을 인식하도록 했다. 이 방법을 통해 식사 중 자리를 떠나지 않도록 하는 이중 효과도 있었다.

### 과제 3: 어떤 이유가 있어도 다투지 마라

인수 문제로 평소 다툼이 많은 부부. 하지만 밥상머리 교육을 시작한 이상, 시급한 것은 긍정적인 가족식사 분위기부터 만드는 일이다. 아이들 앞에서 다투는 모습을 보이는 것은 부모로서 가장 주의해야 할 사항이다. 그래서 엄마 아빠는 이견을 조율할 때마다 언성이 높아지려고 하면 우선 화제를 돌리기로 했다.

대신 식사 시간에 긍정적으로 대화하는 모습을 자주 보여준다는 목표를 세웠다. 상대방이 이야기를 할 때엔 "아 그래" 하는 식으로 맞장구를 치는 것도 기억해야 할 사항이었다.

## 밥상머리 교육 1주의 풍경

아이들에겐 새로운 규칙투성이인 밥상머리 교육. 밥상머리 교육을 하기 전에 할머니는 부엌에서 식사 준비를 하다가 아이들이 밥상을 물린 후에야 식사를 했다. 하지만 프로그램을 시작한 후 할머니가 자리에 앉을 때까지 두 아이는 식사를 시작할 수 없었다.

처음에 경수와 인수는 방석에 대한 설명을 듣고 자기 자리가 생겼다는 것만으로도 기존의 밥상과 무언가가 달라졌다는 것을 느낀 듯했다. 경수와 인수는 즐거운 놀이를 하듯 직접 방석을 놓고, 숟가락을 놓는 것까지 흔쾌히 따라 했다. 하지만 그 효과가 오래가지는 않았다. 특히 집중력이 떨어지는 둘째 인수는 밥 먹기 놀이에 싫증을 내고 엄마에게 기대거나, 밥상을 떠나 장난감이나 공놀이에 흥미를 보였다. 달라진 것은 부모의 태도였다.

인수야, 제자리에 와야지. 밥 먹을 때까지 여기에 앉아 있어. 어서. 먹을 때 공 차는 거, 장난감 갖고 노는 거 아니라고 했잖아. 거기다 놓고 와. 엄마

총 다섯 차례에 걸쳐 식탁을 벗어나려고 했던 인수의 시도는 부드럽지만 단호하게 엄마 아빠에게 모두 제지당했다. 30분이 넘도록 밥을 먹여달라고 칭얼대는 요구도 무시되었다. '스스로 밥 먹기'가 1주차의 목표. 배가 고파진 인수는 결국 40여 분에 걸쳐 차게 식어버린 국으로 밥을 먹었다. 달라진 것은 인수만이 아니었다. 형 경수는 동생이 자리를 뜰 때마다 부모의 반응을 살펴보곤 했으나, '밥을 다 먹을 때까진 자리를 떠선 안 된다'는 단호한 태도를 확인하자 누구의 도움도 없이 밥을 먹었다. 여기에 부모도 자신감을 얻었다. 밥상머리 교육이 어렵지만은 않다는 것을 깨달은 것이다.

아이들이 제자리에서 끝까지 밥을 먹어줬다는 게 고맙고, 오늘만 해도 방석과 수저를 자기들이 먼저 놔주려고 하고, 투정을 부리다가도 그런 일을 긍정적으로 하려고 한다는 것, 그게 제일 좋았던 것 같아요. 생각보다 어렵지는 않은 것 같은데…. 모르죠. 안쓰러워서 한순간에 풀어주면 다시 처음으로 돌아가는 거죠. 그것만 안 되게 해봐야죠. 아빠

1주차, 총 5번의 가족식사를 거치면서 아이들은 잔소리 없이도

식사 시간에 밥상을 떠나지 않게 되었다. 아무리 어려워도 아이들이 직접 수저를 들고 밥을 먹게 하면서 처음에는 40분이 넘게 걸리던 식사 시간도 20~30분 사이로 줄어들었다.

## 2주:
## 자기조절을 강화하라

　식탁에서 자리를 지키는 것도 중요한 자기조절능력이다. 1주간의 밥상머리 교육에서 두 아이는 식사 시간에 자리를 지키는 버릇을 조금씩 갖추기 시작했다. 그러나 그것은 시작일 뿐, 밥상머리 교육의 본질은 식사 중 오가는 대화에 있기 때문에 말을 주고받을 수 있는 기본 바탕을 마련하는 것이 급했다.
　1주 동안 가족식사에 임하는 아이들의 태도는 좋아졌지만 아직 가족 간의 대화는 어색한 상태. 막상 밥상에서 '빨리 먹어라, 어디를 가느냐' 같은 실랑이가 사라지자 다른 대화 주제를 찾기 어려웠던 것이다.
　식사 문제를 두고 이런저런 갈등이 조금씩 사라지는 2주차. 이제는 본격적으로 대화가 오갈 수 있는 장을 마련해야 했다.

## 과제 1: 차례를 지켜 말하게 하라

가족 대화에서 가장 문제가 되는 것은 인수의 말하기능력이었다. 검사에서 밝혀졌듯이 인수는 인지하고 있는 단어 수는 정상이지만 그 단어를 문장으로 조합해 논리적으로 설명하고, 일어난 시간에 따라 순서대로 정리하여 말하는 것, 또 남의 말을 끝까지 듣고 그에 따라 대응하는 법 등을 제대로 해내지 못하는 상황.

2주차의 첫 번째 과제는 '순서를 지켜 말하기'다. 구체적으로 말해보자면 가족 누군가가 말을 꺼냈을 때 자기 차례가 오기까지 순서를 기다리고, 자기 순서가 왔을 때 최선을 다해서 말하고, 남이 말할 때는 말이 끝날 때까지 기다리는 것이다.

엄마와 아빠는 식사 때 어떤 문제로 대화를 시작하면 할머니부터 이야기를 시작하여 마지막 인수까지 차례대로 말을 할 수 있도록 아이들을 독려했다. 또한 아이가 다른 가족의 말에 끼어들 때는 부드럽게 제지해 경청을 유도했다.

## 과제 2: 표현은 도와주고 잘못된 말투는 바로잡아라

인수의 징징대는 말투는 아주 어릴 때부터 계속 되어온 습관 중 하나다. 떼를 쓰고 울면 엄마 아빠가 자기 말을 들어준다는 사실을 알아버린 탓에 아무리 애를 써도 고쳐지지 않는 나쁜 습관이다.

하지만 말로 타일러 행동을 고치기에는 아직 어린 나이. 밥상머리에서의 대화는 훈육이 되어서는 안 된다는 기본 규칙도 있었기 때문에 인수가 칭얼대는 말투로 이야기할 때는 알아들을 수 있는 이야기로 고쳐 말하도록 부드럽게 독려했다.

특히 하나의 문장을 제대로 끝내지 못한 채 말을 마칠 경우, 문장을 완성할 수 있게 부모가 도왔다. 어휘와 문법 수준은 정상이지만 집중력 부족으로 맥락에 어긋나는 말을 할 때, 일일이 고쳐주려고 하기보다는 아이의 말을 다시 한번 올바르게 표현해주어 좋은 표현법을 익히게 하는 것이다.

매사에 소극적이고 무슨 일을 하든 허락을 구하려고 드는 첫째 경수는 이제 자기표현을 조금 더 적극적으로 해야 한다. 따라서 경수가 자기 차례가 되어 어떤 이야기를 하면, 부모는 경수의 말에 따라 "그랬겠구나!" "네 생각은 어떠니?" 하며 공감과 질문을 통해 더 적극적인 표현을 하도록 도와주어야 한다.

### 과제 3: 하루 일과를 순서대로 표현하게 하라

가족식사에서 가장 오르기 쉬운 화제는 하루 동안 겪은 일이다. 물론 매일 반복되는 일상에서 특별한 일을 찾기란 어렵다. 하지만 아이에게는 하루 동안 겪은 일을 벌어진 순서대로 차근차근 말하는 것 자체가 훌륭한 훈련이 된다. 특히 인수는 설명이 필요한 사건을 되짚어 표현하는 능력이 부족하기 때문에, 하루 일을 떠올리면서 그것을 순서대로 말하는 훈련이 절실한 상황. 엄마 아빠는 인수에게 "오늘 ○○한 건 어땠어?" 하고 화두를 던지고 나서, 인수가 그에 대해 짧게라도 답을 하면 "그다음에는 어떻게 됐어?" 하는 식으로 자연스럽게 말을 이어갈 수 있게 한다.

## 밥상머리 교육 2주의 풍경

밥상머리 교육 2주차, 이제는 식사 시간이 되어 밥상이 차려지면 경수와 인수가 자연스럽게 방석을 놓는다. 가족 간의 대화를 방해하던 기존의 나쁜 버릇들은 대부분 사라졌다.

밥을 먹다가 갑자기 자리를 뜨지도 않고, 수저를 던진 채 밥을 먹여달라고 떼를 쓰지도 않는다. 두 아이 모두 식사 시간만큼은 TV 리모컨에 손을 대지 않는다. 드디어 가족식사 시간이 조금씩 의식 안에 들어오고, 그 시간에 일어나는 일들에 대해 흥미를 보이기 시작한 것이다.

중요한 것은 대화가 조금씩 이뤄지기 시작했다는 점이다. 여전히 어색하기는 해도 대화를 하면서 가족끼리 조금씩 정을 주고받는다. 경수 인수의 말에 엄마 아빠가 웃는 일도 생기고, 평소 얼굴을 자주 못 보던 아빠의 말에 아이들이 조금씩 귀를 기울인다.

아이들이 이제는 식사 시간에 TV 보자는 얘기를 안 해요. 굳이 떼를 쓰면서 "나 TV 볼 거야" 하지도 않고, 제가 계속 말한 것도 아닌

데 어느새 당연히 그게 규칙인 줄 알고 있어요. 참 신기해요. 하지만 아직도 가족 대화는 어색해요. 정은 느껴지는데…. **엄마**

아이들은 아직 유치원에서 있었던 일에 대해 물어봐도 "좋았어요", "별로였어요" 같은 단답형 대답만을 내놓았다. 엄마는 여기에 한 가지 아이디어를 더했다. 밥상에 올라온 음식의 재료를 두고 아이들에게 순서대로 말하도록 유도하는 방식이었다.

**엄마** 지금 오늘 우리가 먹는 이 생선의 이름이 뭘까?
**경수** 고등어.
**엄마** 경수는 고등어라고 했어요. 인수는?
**인수** 미꾸라지.
**엄마** 경수는 전에 이마트에 가서 미꾸라지 안 봤니?
**경수** (밥을 다 먹은 경수, 뜬금없이 화제를 돌려) 내가 1등 했는데요?
**엄마** 응? 밥 먹기에서 1등 했다고요?

'내가 1등을 했다'라는 식의 전혀 다른 맥락의 말이 튀어나오더라도, 그 말이 다른 사람들에게 어떻게 이해될지 깨닫게 하기 위해, 엄마의 입으로 다시 한번 표현해주는 시도가 시작된 것이다. 2주째 가족식사를 하면서 경수의 말은 조금씩 다듬어지고 있었다. 인수 역시 형의 말에 불쑥 끼어들거나 어른들의 대화를 막는 산만함을 조금씩 줄여갔다.

사실 아주 단순한 거잖아요. 이런 작은 변화 덕에 아이들이 평소에 보인 산만한 행동이나 나쁜 말버릇들이 잡힌다는 게 사실 의아했거든요? 그런데 제가 직접 경험하니까… '정말 그렇구나!', '해보니까 되는구나' 하는 깨달음이 마음에 와 닿아요. 아빠

2주차, 서서히 대화의 물꼬가 터지기 시작했다. 여전히 어색하고 대화의 맥이 끊기기는 하지만 아이들은 가족식사 중에 말하는 것에 조금씩 흥미를 보이기 시작한다. 엄마는 식사 시간을 지키고 TV를 끄는 것은 오히려 쉽다고 말한다. 어려운 것은 논리와 순서에 맞춰 대화를 이어가는 것. 대화에도 부모의 노력과 연습이 필요하다는 걸 새삼 깨닫는다.

# 3주:
# 가족 대화 방법을 익혀라

　대부분 부모는 밥상에 앉아 아이와 대화할 때 아이에게 바른 습관을 길러줘야 한다는 책임감이 너무 앞선다. 경수 인수의 부모도 예외는 아니다. 바른 식사 예절을 가르쳐주고, 한편으로는 한 술이라도 더 먹게 하려고 이것저것 강요하는 게 많다.

　이때 흔히 쓰는 말은 '관리용어'다. "밥 먹자", "흘렸으면 닦아라", "골고루 먹어라" 등 식탁 위의 음식이나 먹는 태도에 국한된 말이 대부분이다. 이런 말은 단답식 대화만 오가게 할 뿐, 아이의 지능과 정서 발달에 도움이 되는 장문의 설명식 대화를 막는다.

　더 큰 문제는 이런 관리용어를 아이가 받아들이지 않을 때 부모의 감정이 폭발한다는 점이다. "밥 좀 더 먹자" 하고 좋게 타이르던 것이 어느덧 "몇 번을 말해야 시키는 대로 할래?", "맞아야 정신 차리겠니?" 하는 고함으로 바뀌고, 밥상머리의 대화는 아이와의 힘겨루기로 변하고 만다.

3주에 접어들면 밥상머리 대화에는 눈앞의 음식이나 식습관에서 벗어난 다른 이야깃거리가 필요하다. 이를 위해 무엇보다 중요한 것은 아이의 말문을 열게 하는 것. 자신이 아는 단어를 최대한 많이 사용해 실제 언어 표현에 사용해보고, 이를 토대로 사고력과 추론력 등을 키울 때 이것이 곧 문제아를 '엄친아'로 탈바꿈하게 하는 계기가 된다.

## 과제 1: 오픈형 질문을 던져라

평소 소극적인 태도로 늘 눈치만 보는 경수도, 설명을 요하는 질문을 피하고 손짓 발짓으로 의사를 표현하는 인수도, 우선 자기 생각을 말하게 하는 작업이 필요하다. 가장 좋은 방법이 오픈형 질문을 던지는 것. 우선은 기존에 늘 반복하던 '~해라'식의 표현을 버려야 한다.

오픈형 언어란 쉽게 말해 아이에게 도움을 구하는 것이다. "어떻게 하면 좋을까?" "네 생각엔 어떤데?" 하며 의견을 듣고 경청하는 것. "왜 그러는데?" 하는 채근 식의 질문과는 다르다. 이 방법이 잘 적용되면 인수 위주로 돌아가는 집에서 소외감을 느꼈던 경수에게 자신감을 주고, 인수는 형으로부터 바른 화법과 올바른 의사소통 방식을 배우게 될 것이다.

## 과제2: 단어를 연결하는 훈련을 시켜라

인수는 늘 단답식의 언어만 구사하는 게 문제다. 그것도 "싫어", "안 할래", "미워" 등 부정적인 언어여서 언어 발달은 물론 정서상에도 좋지 않다. 우선은 짧더라도 단어와 단어를 연결하여 정확한 언어를 구사하게 하는 것이 관건.

'빨간 공은 크다'라는 말을 하면 '빨간 공은 파란 공보다 크다'라는 식으로, '싫어'라고 하면 '밥 먹기가 싫어'로 엄마의 말로 다시 표현해준 다음, 아이가 다시 말하게 한다.

의사 전달이 가능한 정도로 발전하면 조금씩 글자 수를 늘려 연결하게 한다. 이 방법은 아이의 언어구사력을 늘리는 데 도움이 되고, 효과적인 의사전달을 위한 사고력 신장에도 긍정적인 결과를 가져온다.

경수는 아는 지식을 엄마 아빠에게 논리적으로 표현하는 데 주력한다. 처음에는 지식을 전달하는 차원이지만, 익숙해지면 자기 생각과 마음을 말로 표현할 줄 알게 되어 아이를 이해하는 데도 큰 도움이 된다.

## 밥상머리 교육 3주의 풍경

처음에는 단답형 대답만 계속하던 형 경수가 부모의 독려 아래 자신의 일과에 대해 이야기하기 시작했다. 이는 밥상머리 요리를 주제로 한 대화에서도 같은 효과가 있었다. 아이에게 "이게 뭐지?" 하는 질문에 음식의 이름만 단답형으로 대답하던 것에서 한 단계 뛰어넘어, '요리법을 아는지' 복합적인 질문을 던지자 아이의 말문이 술술 터지기 시작한 것이다.

**경수** 비빔밥은요. 먼저 밥을 올린 다음 전자레인지에 넣어요. 시금치, 당근, 달걀, 이런 거를 얇게 썰어서 올려주세요. 맨 마지막에는 꼭 위에 달걀을 놔야 합니다. 그래야 제맛이 나거든요.

성인의 말이라고 해도 손색이 없는 조리 있는 대답이다. 아직 인수는 형의 말을 듣고만 있는 상황. 하지만 엄마는 인수에게도 역시 긴 대답이 나올법한 질문을 던지면서 아이를 독려했다.

**인수** 아이스크림이 위가 더 녹고 있어요.
**엄마** 아이스크림이 녹아서 어떻게 됐어요?
**인수** 아이스크림이 녹아서 빨리 먹어요.

논리적인 표현이나 인과관계에 대한 추리력은 부족하지만, 질문에 대해 자기 나름의 생각을 표현한 답이다. 3주간의 노력 후, 아이들은 대화 주제를 정해 먼저 말하기도 하는 주도성을 보였다.
특히 가족 대화가 단절된 동안 베일에 싸여 있었던 유치원 생활도 하나둘씩 나오기 시작했다. 3주가 끝날 즈음에는 굳이 질문의 유형을 구분하지 않아도 아이들의 대답이 늘어났다.

단답형으로 "오늘은 어땠니?" 하면 아이들도 "네, 좋았어요" 하고는 끝이었거든요. 그러면 다음에 어떤 질문을 해야겠다고 머릿속으로 생각하는데, 그게 너무 부자연스러운 거예요. 그런데 지금은 "요즘 유치원은 어떠니?"라고 물어보면 '어제는 이랬고, 무슨 일이 있었는데…' 하면서 이야기가 계속 이어져요. 단답형이 아니라 서술형이 되었다고 할까.

그런데 이렇게 긴 이야기들이 오고 가니까 아이도 마음을 조금씩 여는 것 같아요. 3주밖에 되지 않았는데도 고민거리를 털어놓기 시작했어요. 전 같으면 "요즘 고민이나 불만 없어?" 하고 물어보면 속 얘기를 잘 안 했거든요.

지금은 숨기지 않고 서슴없이 얘기하는 편이에요. 오히려 아이가 먼저 얘기를 꺼내요. 유치원에서 무슨 일이 있었는지, 학원에서 뭘 배웠는지를요. 엄마

그러나 가장 많이 변한 것은 부모였다. 기존의 의무감에서 벗어나 아이들과의 대화 자체를 즐기기 시작한 것이다.

가족이라는 게 의무로만 움직이지 않고 조금만 서로 마음을 열면 아무리 힘들어도 기분 좋게 일할 수 있을 거 같아요. 전에는 아이에게 마음을 연다는 걸 몰랐었죠. 그동안에는 아이들에게는 '엄마니까' 해야 하고, 또 남편에게는 '부인이니까' 해야 하고, 사실 이런 의무감 때문에 무슨 일을 해도 즐겁지가 않고 힘들기만 했거든요. 가

족인데 말이에요. **엄마**

아빠라고 예외는 아니다. 새벽에 출근해 자정이 가까워 돌아오는 살인적인 일과 속에 아이들을 대하는 게 버거웠다는 아빠. 밥을 함께 먹어도, 놀이동산에 데리고 가도, 책을 읽어줘도 형식과 의무였을 뿐, 가족이라는 특별한 의미를 두지는 않았다고 고백한다.

하지만 밥상머리 대화가 본 궤도에 오른 뒤부터 아이보다 자신이 먼저 변했다는 걸 알게 되었다. 외출을 하더라도 아이들이 정말 좋아하는 곳을 찾게 되고, 아이가 뭘 좋아하는지 진심으로 찾게 되고, 무엇이라도 함께하고 싶은 생각이 든 것이다. 아는 만큼 아이에 대해 이해하게 되니, 그동안 문제아로만 보이던 두 아들이 낮 동안 눈에 밟혀 일을 손에 안 잡힐 만큼 중요하게 느껴진다는 것이다.

이제는 밥상머리에서 무엇을 말할지 고민이 되지 않는다. 알고 싶은 만큼 물을 것도 많아지고, 아이가 무슨 대답을 할지 궁금해 자꾸 귀를 기울이게 되었다. 밥상머리 대화의 놀라운 힘이 아닐 수 없다.

# 4주:
# 밥상교육의 효과를 확장하라

　밥상머리 교육의 마지막 주. 지난 3주간 아이들은 기대 이상으로 발전했다. 아이들이 말을 잘 듣지 않을 거라는 부모의 걱정과 달리 경수와 인수 모두 밥상교육의 효과를 보고 있었다. 3주차에 혼자 수저로 밥을 떠먹는 모습을 보여주었던 인수는 4주차에 젓가락질을 하며 식사 처음부터 끝까지 의젓하게 혼자 밥을 먹었고, 경수 역시 단 한 번도 다른 곳에 눈을 돌리지 않고 예의 있게 식사에 임했다.
　행동거지에 대한 변화뿐 아니라, 대화에 임하는 모습도 전과는 전혀 달랐다. 어떤 대화를 이끌어야 할지 부모는 걱정했지만 마음을 연 이후로 아이들은 주도적으로 대화를 이끌고 있었다. 더욱 중요한 것은 일방향이 아닌 쌍방향 대화가 이루어진 이래, 아이들이 상대방의 입장에서 생각하는 법을 조금씩 알게 되었다는 것이다. '내가 이런 말을 하면 상대방이 어떤 느낌일까?' 하는 깨달음은 곧 가족에 대한 배려로 이어졌다.

밥상머리 교육 4주차. 아이들은 밥상머리에서 배운 가족에 대한 배려를 다른 곳에서도 보여주기 시작했다. 집안의 웃어른이자, 가사의 상당부분을 맡고 있는 할머니를 위해 정리정돈을 돕기 시작한 것이다. 밥상머리 교육을 하면서 수저를 놓거나 식탁을 차리거나 방석을 놓는 등 가족의 일원으로 무언가에 도움이 된다는 것에 자긍심을 느낀 아이들이 스스로 택한 일이었다. 밥상머리에서 얻은 이런 생활 습관을 이제는 유치원, 공공장소에서도 적용하도록 체계화해야 했다.

## 과제 1: 적절한 보상으로 독려하라

적절한 보상은 아이들에게 동기를 부여할 수 있다. 아이들이 정리정돈을 잘했을 때, 밥상준비를 도와주었을 때, 집안일을 도왔을 때 등 자기가 아니라 다른 사람에게 도움이 되는 일을 했을 때 칭찬스티커를 준다. 자기를 희생하고 서로 돕는 것이 좋은 일이라는 인식을 강화하는 것이 목적. 가족식사 시간에 칭찬스티커를 받은 일에 대해 다시 칭찬해주어 식사 의식의 한 부분이 되도록 한다. 이는 가족식사에 대한 인식을 보다 확실하게 심어주어 아이들이 가족식사를 일종의 의식으로 받아들이는 데 큰 도움이 된다. 칭찬스티커를 받는다는 자체가 성취감을 주기 때문에 대단한 물질적 보상이 없어도 아이들은 적극적으로 참여하게 된다.

단 형식적인 일이 되지 않도록 엄마 아빠의 독려가 따라야 한다. 칭찬스티커를 줄 때마다 입에 발린 칭찬이 아닌, 따뜻하게 끌어안거나 입을 맞추는 식으로 사랑과 관심을 표현해준다.

또 하나, 칭찬을 할 때에는 '왜 칭찬받는지'에 대한 이유를 분명하게 설명해준다. '할머니를 잘 도와드렸기 때문에', '청소를 해서 엄마의 일을 덜어줬기 때문에', '동생과 잘 놀아줬기 때문에' 등 남을 돕고 배려하는 것이 좋은 일이라는 것을 알게 하는 것이다.

## 과제 2: 집 밖 생활을 점검하라

아이들이 부모의 간섭이 없이도 자율적으로 규칙을 지킨다는 것은 규칙을 내재화하는 준비 단계에 이르렀다는 것. 규칙의 내재화란 세상을 살아가면서 반드시 지켜야 할 규칙을 받아들이고 적응하는 것을 말한다. 가족식사 중에 유치원에서 어떻게 생활하는지를 대화에 올려 아이에게 적당한 지침을 제시한다.

단 아직 어린아이에게 여러 가지 규칙을 적용하고 그에 꼭 맞춰 살기란 어려운 일이므로 억지로 강요해서는 안 된다. 아이가 규칙을 어겼다면 "왜 그랬니?"보다는 "그런 일이 있었구나, ~라면 어땠을까?" 등의 질문으로 스스로 생각해서 답을 찾도록 유도해야 한다. 밥상머리 대화는 설교가 아니라는 것을 잊지 않도록 부모가 먼저 주의할 필요가 있다.

## 과제 3: 상대의 감정을 살피게 하라

　다른 사람의 감정 상태에 대해 이해할 기회를 준다. 상대방에 대한 감정을 잘 살피지 못하면 유치원 등 집 밖에서 다른 사람과 관계를 맺는 것이 어렵다. 아이가 타인과 관계를 맺는 첫 단추는 '내가 이렇게 하면 저 사람의 기분이 어떨까?' 하는 상대방에 대한 이해에서 출발하기 때문이다. 가족식사 시간에 낮의 일을 떠올리며 자연스럽게 이야기를 꺼내거나, 식사 중에 나오는 돌발 상황에서 감정을 이야기하는 등, 다른 사람의 감정을 이해하고 그에 맞춰 행동하는 법을 깨닫게 해준다.

## 밥상머리 교육 4주의 풍경

　직장생활 때문에 주중 3일, 주말 2일을 내어 밥상머리를 한 아빠의 자리, 그러나 아이들은 아빠가 부재한 날에도 방석을 꼬박꼬박 놓아두고 있었다. 아빠가 없는 가족식사에서도 안정적으로 아빠의 존재를 느끼고 있음을 보여준다. 이날 경수는 방석 놓기, 수저 놓기, 장난감 정돈 등을 통해 4개의 칭찬스티커를 받았다. 아버지의 칭찬 방식도 몰라보게 세련되어졌다.

　**아빠** 오늘의 뉴스입니다. 한경수 집안에서 할머니하고 엄마하고 아빠하고 경수 모두 모여서 식사를 했습니다. 그리고 오늘은 땀

떠가 날 정도로 무지하게 더운 날씨가 이어졌습니다. 그리고 오늘 정말 중요한 뉴스, 한경수, 한인수는 칭찬스티커를 몇 개 받았어요?

**경수** 7개. 아니다 4개다.

**아빠** 4개나 받았습니다. 오늘은 아주 중요한 날이 될 것 같습니다.

**가족식사 중**

밥상머리 교육 4주째, 아이들은 밥상을 떠나지 않기, 스스로 밥 먹기 등의 규칙이 더는 필요 없을 만큼 잘 지키고 있었다. 경수도 공부 시간에 산만한 행동이 하루 5회에서 1회 정도로 줄어들었다. 가장 중요한 것은 밥상에서 길러진 가족의 유대감을 바탕으로 아이들과 보내는 시간에 대한 인식이 달라졌다는 점이다.

알게 모르게 교감이 형성되는 거죠. 가족식사라는 게 작은 자리지만 상당히 중요하다는 것을…. 한두 번 할 때는 솔직히 몰랐어요. 처음에는, '며칠 하면 애가 밥은 잘 먹겠지' 그걸로만 시작했는데 나중에는 확대된 것 같아요. 이제 뭔가 교감이 이루어졌다는 생각이 들어요. 아빠가 피곤해서 못 놀아줘도 이제는 아이들이 저를 이해해요.

정말 중요한 교육이 뭔지도 모르고, 누가 뭐했더라, 뭐가 좋다더라 그러면 그게 좋은 줄 알았죠. 그런데 이렇게 제가 직접 나서서 해보니까 아이들도 적극적으로 따라주고, 저 나름대로 열심히 하게 되고. 그러다 보니까 내가 조금 더 해줘야겠다는 생각이 들고.

규칙을 정해놓고 지켜야 한다는 게 상당히 부자연스러울 거 같지만, 꼭 지켜야 할 것을 지켜나간다는 게 서로 기특하죠. 아이들이 엄마 아빠를 위할 줄도 알게 되고, 그러니 다른 데 가서도 올바른 아이라는 소리를 들을 것 같기도 하고요. **아빠**

기본적인 밥상머리 예절 자체는 약간의 방법(방석을 구분하고, 아이들이 할 수 있는 간단한 과제)을 동원하는 것으로 익히게 할 수 있다. 그러나 4주간의 밥상머리 교육은 아이들의 인생에 걸쳐 지속될 밥상머리 교육의 첫 틀을 잡는 과정일 뿐이다. 4주간의 변화가 지속되려면 가족구성원의 꾸준하고 장기적인 노력이 따라야 한다.

경수 인수 형제는 4주간의 밥상머리 교육으로 그 첫 틀을 마련했다. 하지만 여기에는 취재진의 독려와 전문가들의 조언 등 정기적인 외부의 도움도 큰 역할을 했다. 이제부터는 오로지 가족의 힘으로 밥상머리를 지켜나가야 한다.

경수와 인수는 이제 학교도 다니면서 점점 더 생활 반경을 넓힐 것이다. 가족과 함께할 시간은 점점 줄고 학업이나 교우관계 등 더 복잡한 상황에 놓일 것이다. 부모 역시 무한경쟁 사회에서 밥상머리를 지키는 것을 갈수록 버거워할지 모른다.

하지만 그럴수록 가족 밥상이 주는 힘을 믿어야 한다. 가족 간의 유대감, 미래에 대한 꿈, 역경을 이겨낼 동기를 줄 수 있는 유일한 공간이 바로 온 가족이 둘러앉은 밥상머리이기 때문이다.

# 밥상머리 교육 효과를 밖에서도 기대하려면
## －분리불안 증상을 점검하라

싫은 좋든 아이는 어느 순간 부모 곁을 떠나 세상에 나가게 마련이다. 밥상머리 교육 효과는 그 순간부터 발현된다. 집에서 밥상머리 교육을 제대로 받은 아이라면 가족식사 중에 배운 여러 가지 덕목과 학습능력들을 적절하게 응용할 것이다.

그러나 그러한 교육 효과가 실현되려면 아이의 전반적인 심리 상태를 확인해야 한다. 밥상에서 얻은 자신감과 배려심, 타인에 대한 이해력 등은 아이의 심리 상태에 따라 그 가치가 발휘되기도 하고 사장되기도 한다.

정상적인 발달 과정을 밟은 아이라면 생후 36개월을 전후로 부모와 가족으로부터 분리되는 것이 어느 정도 가능하다. 당장 엄마가 눈에 보이지 않더라도 엄마가 세상에서 사라진 것이 아니라는 걸 아는 것이다. 이를 '대상 항상성'이라고 한다. 따라서 이 시기가 되면 놀이방이나 유치원에 가서도 잘 적응한다.

하지만 이는 발달 정도에 따라 아이마다 차이가 있고, 집안의 양육환경에도 큰 영향을 받는다. 따라서 밥상머리 교육 효과가 집밖으로 확장되려면 아이의 심리적 상태부터 확인해야 한다. 아이가 부모와 떨어지는 것을 지나치게 불안해하거나, 바깥 생활에 잘 적응하지 못한다면 아직 준비가 덜 된 것이다. 그럴 때엔 아이를 무조건 이끌려들기보다는 아이의 불안한 마음을 이해하고 달래주어야 한다.

### 분리불안 장애 진단표

1 유치원이나 놀이방에 갈 때 심하게 운다.
2 집에 있을 때에도 유치원에 가기 싫다는 말을 자주 한다.
3 엄마가 눈앞에서 사라지면 불안해한다.
4 놀이방이나 유치원에서 생긴 일을 이야기하지 않는다.
5 놀이방이나 유치원에서 겪은 일 중 나빴던 일만 기억한다.
6 유치원에 가기 싫다고 심하게 떼를 쓴다.
7 유치원에서 돌아온 뒤 내일은 가지 않겠다고 말한다.
8 유치원 선생님이나 친구보다 엄마와 있는 것이 좋다는 말을 자주 한다.
9 내일 유치원에 가야 한다고 하면 울상을 짓는다.
10 유치원에서 재미있는 행사가 있어도 관심을 보이지 않는다.

0~3개: 정상
4~7개: 주의 요망
8개 이상: 분리불안 장애 의심

# 밥상머리를 되찾아주는
# 식사 중 대화법

한 달간의 밥상머리 교육이 시작되기 직전까지 형 경수는 밥을 먹을 때 TV 리모컨을 손에서 놓지 않았고, 동생 인수는 제 스스로는 수저조차 들지 않으려고 했다. 밥상머리 교육은커녕 '배가 아프다', '먹기 싫다' 핑계를 대며 식사를 피하는 통에 형제가 함께한 식사 시간은 그야말로 전쟁터였다.

아이들의 발달 정도를 점검하기 위해 전문가의 검사를 받았을 때 형은 이해력은 월등했지만 표현력은 평균 수준이었고, 동생은 결과상으로 별다른 이상은 없었지만 상황에 따라 굴곡이 심해 감정이 고조되었을 때는 충분히 해낼 수 있는 과제들도 어려워했다. 주의가 산만한 탓에 검사 때에도 자기 능력을 다 보여주지 못했다.

그러나 4주간 밥상머리 교육을 실천하는 동안 두 아이 모두 몰라보게 달라져 있었다. 단답형 대답에 부정적인 의사표현만 하던 아이들이 어느덧 주제를 찾아 자기 생각을 밝히는 단계까지 올라섰다. 이것이 가능했던 것은 밥상머리에서 성공적인 대화 훈련이 이뤄졌기 때문이다. 밥상머리에서의 대화는 일상적인 의사표현과는 다르다. 가족 밥상은 공통의 경험을 가진 가족이 한데 모인다는 것, 지시 전달보다 교감이 우선이라는 것, 여러 가지 다양한 화제가 자유롭게 오갈 수 있다는 것 등 아이가 언어 발달을 이룰 조건이 두루 갖춰진 자리다. 밥상에서의 대화가 다른 상황에서 일어나는 대화보다 훨씬 큰 학습 효과가 있는 것도 이런 이유에서다. 그렇다면 밥상머리 교육 효과를 최대한 끌어낼 수 있는 대화법은 무엇일까. 전문가들이 말하는 밥상머리에서의 효과적인 대화 요령은 다음과 같다.

## 성장 단계에 맞춰 대화하기

부모 대부분은 자신이 아이의 눈높이에 맞춰 대화하고 있다고 착각한다. 어른들이 쓰는 말이 아니라 아이가 이해할 수 있겠다 싶은 용어를 짧게 말하면 아이가 잘 알아들으리라 생각하는 것이다. 아기에게 "맘마 먹자" "쉬했어?" 하는 것이 쉬운 예다.

그러나 눈높이에 맞는 대화는 그런 것이 아니다. 아이는 성장 단계에 따라 지능과 감정, 세상에 대한 인식 등이 제각각이며 특히 부모를 대하는 태도에도 큰 차이가 있다. 눈높이에 맞는 대화란 성장 단계(정서 발달까지 포함한)에 따른 아이의 특성을 이해하여, 그에 맞는 언어를 구사하는 것이다. 같은 주제라 해도 연령에 따라 부모와의 대화를 받아들이고 대응하는 것이 다르다. 연령별로 대화를 받아들이는 특징은 다음과 같다.

0~4세 0~4세 아이는 부모에게 전적으로 의지하는 특징을 보인다. 부모의 말뿐 아니라 손짓이나 눈빛 하나까지 중요한 메시지로 받아들이는 것이다. 다시 말해 이 시기의 부모는 아이의 모든 것이다. 부모의 태도를 통해 세상을 긍정적으로 받아들이기도 하고 부정적으로 받아들이기도 한다. 또한 그 느낌을 바탕으로 다양한 감정을 개발하고 세상을 바라보는 시각을 키우는 것이다. 따라서 이 시기의 아이에게 부정적인 언어로 무언가를 강요하는 것은 좋지 않다. 자칫 잘못하면 부모의 말 한마디에 상처를 받고, 세상을 각박하고 살기 어려운 곳으로 받아들일 수 있기 때문이다.

아이의 잘못을 교정해야 할 상황에서는 '너 메시지'가 아닌 '나 메시지'를 쓰는 것이 요령이다. '너 메시지'는 부모 자신의 해결방안을 아이에게 전달하는 방식으로, 아이의 잘못을 탓하는 비난의 의미가 전해진다. 반면 '나 메시지'는 의사전달뿐 아니라 부모의 감정도 전해지기 때문에 아이로 하여금 스스로 해결방안을 모색하게 한다. 이 시기의 아이에게는 부모를 기쁘게 하는 것이 최대 수행과제 중 하나이기 때문이다.

5~8세 5~8세 아이는 다른 연령에 비해 부모의 말을 잘 듣는 편이다. 말을 듣지 않는 것처럼 보여도 부모가 하는 말을 절대적

으로 받아들이고, 이는 평생을 살아가는 기본 습관을 만드는 데 결정적인 영향을 미친다. 모든 판단은 엄마 아빠가 하는 말에 기준을 두기 때문에 무슨 말이든 신중하게 선택해서 해야 한다. 가장 좋은 것은 아이에게 시키고 싶은 것을 직접 행동으로 보이는 것이다.

또한 의사 표현을 본격화할 시기이기 때문에 아이가 하는 말을 경청하는 자세가 무엇보다 필요하다. 이 시기에 부모가 어떤 태도를 보이느냐에 따라 아이의 능동적 표현력이 크게 좌우된다. 단순히 아이의 말을 듣는 게 아니라 적극적으로 경청해야 한다. 적극적 경청이란 아이가 하는 말을 비판하지 않고 그대로 수용하고, 아이의 감정을 진심으로 이해하는 태도로 공감해준 다음, 엄마 아빠가 이해한 것을 다시 아이에게 전달하여 적극적으로 의사소통에 참여하는 것을 말한다. 이때 중요한 것은 아이가 엄마 아빠의 의견에 동의하지 않을 때에도 아이의 감정을 받아들이는 태도를 유지하는 것이다. 이때 엄마 아빠가 쓰는 단어나 억양에 따라서도 아이가 받아들이는 느낌이 달라질 수 있으므로, 조용히 듣는 태도, 열심히 듣고 있다는 표현, 감정에 공감하는 눈빛 등 비언어적인 의사표현에도 주의해야 한다.

아이에게 의무를 심어주어야 할 때에는 반드시 이유를 설명하는 것이 요령이다. 이 시기의 아이에게 부모의 말은 절대적이기 때문에 말을 듣기는 하지만, 동의하는 마음이 없으면 오래가지 못한다. 따라서 말만 잘 듣게 하겠다는 생각보다는 아이 스스로 고개를 끄덕일 수 있도록 이해를 시켜야 한다. "공부해"가 아니라

"공부를 못하면 네가 원하는 일을 할 수 없어" "TV 보지 마"가 아니라 "TV를 자주 보면 머리가 나빠져"라고 당위성을 함께 설명하는 것이다.

**9세 이상** 전보다 성장 속도가 빨라진 아이들은 초등학교 3학년 정도만 되어도 어른티가 난다. 자아에 대한 의식이 가장 발달하는 시기여서 엄마 아빠의 말을 간섭으로 받아들이기 쉽다. 엄마 아빠의 눈에는 그 모습이 마치 반항하는 것처럼 보이기도 한다. 따라서 이때에는 아이의 말에 감정적으로 대응할 게 아니라 아이의 말대꾸나 반발을 성장 발달상의 자연스러운 모습으로 이해하는 태도가 필요하다. 아이가 무슨 말을 하든 일단 무조건 받아주라는 말이다. 오히려 아이가 불만을 표현하는 것은 엄마 아빠에게 마음을 열고 있다는 신호라고 생각하자. 이때 효과가 있는 대화법은 아이로 하여금 스스로 책임을 지게 하는 식이다. 아이의 주장이나 반발에 일단 수긍한 다음, '네 책임이야' 하고 말하거나 말도 안 되는 소리라고 윽박지르는 것은 대화를 끊는 지름길이다.

또 하나, 아이가 엄마 아빠의 질문에 '잘 모르겠다'고 말할 때엔 더 이상 캐묻지 말아야 한다. 이 시기의 아이는 감정 변화가 심하고 가치 판단에 대한 기준도 확실하지 않기 때문에 하루에도 수십 번 생각이 바뀌고 자기 감정이 어떤지 본인 자신도 파악이 안 되는 경우가 많다. 아이가 "잘 모르겠어요" "그냥요"라고 무성의하게 답한다면 한 걸음 물러서서 아이로 하여금 다시 생각해볼 기회를 주는 편이 좋다.

## 밥상 앞에서 버려야 할 대화에 대한 착각

### 착각 1: 밥상에서는 야단만 안 치면 된다?

'이제 야단치지 말아야지.'

 밥상머리 교육을 하려는 부모가 식탁에 앉을 때 가장 먼저 하는 생각이다. 식사 중의 대화가 '말'로만 이뤄진다고 생각하기 때문에 이런 결심을 하게 된다. 하지만 가족식사를 할 때 아이는 엄마 아빠가 하는 말만 듣는 것이 아니다. 아이는 식사 중에 엄마 아빠가 보내는 말뿐만 아니라 다른 신호를 하나도 빠뜨리지 않고 예민하게 포착한다. 엄마가 식탁 위에 반찬 그릇을 '탁'하고 소리 나게 놓아도 그것을 불쾌한 감정표현으로 받아들인다는 말이다. 아이가 어릴수록 관계의 친밀도가 높기 때문에 서로 감정을 말로 표현하지 않아도 그대로 전달되는 것이 상당수다.

 따라서 밥상에서 아이와 대화할 때에는 '야단만 안 치면 된다', '기분이 나빠도 웃으면서 말해야 한다'는 단순한 생각으로 대화에 임해서는 곤란하다. 차라리 이럴 때에는 '네가 이래서 엄마가 기분이 나빠' '너의 이런 모습이 엄마를 화나게 해' 하는 식으로 솔직하게 표현하는 것이 좋다.

### 착각 2: 대화로 아이를 가르친다?

아이와 속 깊은 대화를 하려면 대화로 무언가를 가르쳐야 한다는 생각에서 벗어나야 한다. 발달 전문가들은 아이의 행동을 변화시키려면 지시전달형 언어가 아닌, 질문을 통해 사고하게 하는 언어를 사용하라고 권한다. 이를 볼 때 밥상머리에서 흔히 사용하는 잔소리가 아이에게 별 효과가 없는 것은 당연하다. 밥상머리에서 매일 '숙제 좀 제때 해라' '공부 좀 더 해라' 하는 말을 매일 해도 아이가 달라지지 않는 것은, 아이가 고집이 세서가 아니라 부모가 말로 아이를 가르치려 들기 때문이다. 아이에게 정말 무언가를 가르치고 싶고 아이의 행동을 변화시키고 싶다면 우선 아이의 이해를 구하는 언어를 사용해야 한다. 앞서 말한 '사고하게 하는' 언어다. 질문을 통해 아이 스스로 답을 찾고 해결책을 찾도록 해야 한다.

### 착각 3: 변해야 하는 건 아이다?

대부분 부모는 밥상에서 아이와 대화할 때 어떻게든 아이를 좋은 쪽으로 변화시키고자 노력한다. 특히 대화를 통해 입을 열게 하고 그것으로 교감하여 바른 습관과 함께 학습적 효과를 거두려는 거창한 욕심이 있다. 하지만 아이가 바뀌기를 기대하면서도 아이를 대하는 자신의 태도나 언어 습관에 관심을 두는 부모는 거의 없다. 심지어 아이의 말에 대한 부모 자신의 반응은 웬만해서는 바꾸려 들지 않는다. 그저 아이의 잘못된 말과 행동에 온 신경을 곤두세우고 그것을 바꾸는 데만 집중하기 때문이다. 하지만 아이를 변화시키려면 부모 자신의 변화가 선행되어야만 한다. 아이에게 어떤 문제가 있든 그 문제를 푸는 방법은 아이가 아닌 부모에게 있다는 걸 알아야 한다.

## 말 잘하는 아이로 키우는 생활 요령

밥상에서 얼마만큼 말을 잘하는가 하는 문제는 무엇보다 평소 부모의 양육 태도에 따라 크게 달라진다. 기본적으로는 평소 아이와 잘 놀아주면서 교감을 많이 하면 그만큼 아이는 말이 늘고 표현력이 풍부해지며 정서적인 안정도 이룰 수 있다. 그런 아이는 밥상 앞에서도 자연스럽게 대화에 동참한다. 밥상 앞에서 말을 잘하게 하는 생활 방침은 다음과 같다.

### 요령 1: 억지로 말을 가르치지 않는다

단순하게 교재 교구를 이용해 글자를 가르치는 것은 실제 언어능력을 키우는 데 큰 도움이 되지 않는다. 기본적으로 언어는 의사소통의 수단이다. 엄마 아빠의 말을 듣고 따라 하는 것이 훨씬 효과적이다. 말 잘하는 아이로 키우려면 우선 말을 가르쳐야겠다는 생각부터 버려야 한다. 아이가 평소에 관심 있어 하는 것이 무엇인지 잘 관찰하여 그것으로 입을 열게 하는 것도 좋은 방법.

또 하나는 억지로 책을 읽히지 말라는 것이다. 책을 많이 읽는다고 해서 언어능력이 발달하고 머리가 좋아지는 것은 아니다. 언어는 사회적 상황에서 쓰이는 실제 언어를 통해 발전하기 때문이다. 아이는 경험을 통해서만 의사소통에 필요한 언어를 제대로 습득한다. 열 번 책을 읽는 것보다 한 번 이야기를 나누는 것이 말 잘하는 아이로 키우는 데 효과적이다.

### 요령 2: 수다쟁이 엄마가 된다

아이의 언어 발달은 부모의 언어적 자극에 많은 영향을 받는다. 흔히 자꾸 말을 시켜야만 언어능력이 커진다고 생각하지만, 그 전에 충분히 듣는 작업이 선행되어야 이를 기반으로 말문이 트인다. 아이가 "고기"라고 말한다면, "고기 먹고 싶어? 그러면 '고기 주세요' 해야지."라고 정확한 문장을 구사하도록 돕는다.

연구 결과에 따르면 평소 엄마가 말하는 단어 수가 아이의 언어 발달과 비례한다고 한다. 엄마가 수다쟁이일수록 아이가 말을 잘할 확률이 높다는 것이다.

### 요령 3: 필요한 것을 스스로 말할 때까지 기다린다

부모가 흔히 아이와의 대화 중에 저지르는 실수가 있다. 아이를 위한다는 마음이 앞서 아이가 말을 하기도 전에 필요한 것을 챙겨주는 것이다. 어릴 때부터 그런 습관이 든 아이는 말할 필요성을 느끼지 못해 그만큼 언어 표현력이 떨어진다. 밥상에서도 물을 먼저 따라주거나, 반찬을 일일이 집어주는 사소한 행동도 주의할 필요가 있다. 말 잘하는 아이로 키우려면 아이 스스로 자기가 원하는 걸 말하게 하는 습관을 들여야 한다.

## 밥상머리 대화를 위해 부모가 알아야 할 언어 발달 지표

다음은 출생부터 5세까지 연령에 따른 언어 발달 지표다. 다음의 발달 지표를 참고하여 내 아이가 어느 정도의 언어능력을 갖추고 있는지 파악해보자. 밥상머리 대화가 효과적으로 이뤄지려면 아이의 언어 발달 단계를 아는 것도 중요하다. 단, 아이는 고유의 성장 단계가 있으므로 발달 지표와 비교하여 부족한 부분이 보이더라도, 아이의 전반적인 발달에 문제가 없다면 크게 고민할 필요는 없다.

### 0~6개월
1 울음으로 의사소통을 한다.
2 물을 꿀꺽거리거나(gurgle) 구구(coo) 같은 소리를 낸다.
3 옹알이로 말을 준비한다.
4 모음 소리를 낸다.

### 7~12개월
1 올라가는 소리와 내려가는 소리를 낼 수 있다.
2 이해하는 단어가 생긴다.
3 '안 돼'나 자신의 이름에 적절하게 반응한다.
4 요구를 받으면 행동을 보인다.
5 다른 사람의 말을 반복한다.

### 13~18개월
1 적절한 의미의 몇 개 단어로 말하는 것을 배운다.
2 원하는 것을 단어로 표현한다.
3 간단한 지시에 반응한다.

### 19~24개월

1 말을 습득하고 사용하는 능력이 빠르게 발달한다.
2 단어를 조합하기 시작한다.
3 단어를 사용해 짧은 문장을 만든다.

### 2~3세

1 말을 한다.
2 색상을 구별할 수 있다.
3 간단한 이야기를 할 수 있다.
4 질문한다.
5 대화에 참여한다.
6 일부 자음 소리를 사용한다.

### 3~4세

1 더 빠르게 말하기 시작한다.
2 정보를 획득하려고 질문하기 시작한다.
3 문장이 더 길고 다양해진다.
4 간단한 유추를 완성할 수 있다.

### 4~5세

1 1,500 단어 이상의 평균 어휘능력이 있다.
2 평균적으로 문장당 5개 단어를 사용한다.
3 말을 수정할 수 있다.
4 단어를 정의할 수 있다.
5 접속사를 사용할 수 있다.
6 간단한 문장을 기억하여 낭송하고, 기억하고 있는 노래를 부를 수 있다.

· 인터뷰 · 명사의 밥상 10

# 학교 밖의 교실

제프리 폭스(경영컨설턴트 겸 베스트셀러 작가)

뉴욕 양키스의 구단주였던 조지 스타인브레너는 어린 시절 닭장에 있는 달걀을 모아서 이웃에게 팔아야 했습니다. 부친은 어린 조지에게 저녁식사 때마다 장부를 상세하게 기록하게 해서 비즈니스를 공부시켰죠.

자크 페펭은 미국에 거주하는 유명한 프랑스 요리사인데, 저녁식사 때 어머니께 그날 배운 것들과 요리에 대해서 이야기했고 아직도 그런다고 합니다. 그의 저녁 식탁은 음식, 예술, 음악 등에 대한 배움이 장인 셈이죠.

링링 브로 서커스를 시작했던 케네스 펠드의 부친은 식탁에 앉을 때마다 아이들에게 문제를 어떻게 해결할지를 질문하는 교사 노릇을 했습니다. 그들 모두 저녁식탁에서의 대화를 계속해 나갔습니다. 제프리 폭스

제프리 폭스에게선 성공한 CEO들의 저녁 식탁에 대한 이야기가 줄줄 흘러나온다. 세계적 베스트셀러 작가이자 경영 컨설턴트

인 폭스가 가족 식탁에 관심을 두게 된 것은 우연한 깨달음 때문이었다. 바로 학력도 경력도 집안환경도 다르지만 어느 분야에서건 성공한 사람들은 한 가지 공통점을 가지고 있다는 것이었다.

## 성공한 CEO의 공통점은 식사 예절

성공적인 CEO들 가운데서 끔찍한 식사예절을 가진 사람은 정말 보기 드뭅니다. 그들은 어떻게든 그 예절을 배웠던 거죠. 저는 이 사실을 통해 가족식사가 얼마나 공부에, 대화에, 문제해결에 도움이 되는지를 알게 되었습니다. 가족식사에서 현안에 대해 의논하고 문제를 신사적으로 해결하는 법에 대해 배운다는 것을요. 제프리 폭스

이후 제프리 폭스는 저녁식사 자리를 의도적인 교육의 자리로 만들었다. 교육의 중요성을 강조하고, 문법이 틀린 문장을 쓰면 '아이들이 지겨워할 때까지' 교정해주었다.

아이들이 커서 대학 기숙사로 떠났을 때에도 어김없이 가족 식탁은 차려졌다. 주말 저녁식사와 일요일 브런치, 주당 두 번의 가족식사에 오게 하려고 복권을 마련하기도 할 정도로 열성이었다. 아이들은 모두 명문대학을 졸업했고, 아들은 가족의 전통처럼 자신의 사업을 차려 순항 중이다.

하지만 아직도 제프리의 밥상머리 교육은 끝나지 않았다. 각자의 가족을 꾸린 3남매를 집 근처로 이사시켜 손자 손녀의 밥상머리 교육을 자처하고 나선 것이다. 덕분에 주말마다 제프리의 부엌

제프리 폭스의 밥상머리 교육은 할아버지가 된 지금까지도 계속되고 있다. 아직 말귀조차 제대로 알아듣지 못하는 손자 손녀들을 위해 그는 주말에 손수 저녁 식탁을 차린다. 가족이 함께 모여 식사를 하는 것을 어릴 때부터 자연스럽게 습관으로 만들어야 한다는 것이 그의 생각이다.

은 대가족으로 북적댄다. 이 시간 제프리는 베스트셀러 작가에서 아직 말문도 트이지 않은 손자 손녀에게 끊임없이 의견을 묻고 대답을 독려하는 열성 할아버지가 된다. 평생 지속된 제프리의 밥상머리 교육은 아이 모두를 자수성가한 사업가로 키워냈다.

### 가족 식탁은 인생 최고의 교실이다

아버지가 우리에게 늘 해주시던 말씀은 말로는 표현하기 어려워도 오랫동안 우리에게 스며들었습니다. 우리는 특별한 비즈니스 수업 없이도 사업을 배울 수가 있었죠. 좋은 회사와 나쁜 회사 사례를 비교해주시기도 하고, 여러 가지 질문을 던져서 스스로 생각해보도록 하지요.

고객이 불만을 토로할 때 어떻게 해결할 것인가? 논쟁을 할 것인가, 50% 할인 쿠폰을 주어 잠재 고객으로 연결해둘 것인가? 5개 이하의 소품목을 구입한 손님의 계산을 먼저 처리해주는 것이 과연 사

업에 이익인가? 이런 것들을 묻곤 하시거든요. 아들

이제 자라나는 세대는 우리가 늘 토론하던 것들을 모두 배우게 될 것이라는 믿음 아래, 손자 손녀들마저도 밥상머리 교육에 참여시킨 제프리. 그에게 밥상머리 교육이란 바로 평생 교육이 지속되는 장이다.

그는 말한다. 식탁이야말로 인생의 첫 교실, 최고의 교실이며 가장 지속적인 교실이라고. 학교를 졸업하고도 계속 공부를 해야 한다면 바로 식탁이 그 교실이라는 그의 말이 인상적이다.

· 인터뷰 · 명사의 밥상 11

## 부엌을 최고의 학습터로 만들다

장병혜(교육학자)

이승만 정부 시절 국무총리를 지낸 장택상 선생의 셋째 딸 장병혜. 고등학교 때 이미 탁월한 영어실력을 인정받아 국방부에서 일했던 그녀는 당시 여성으로서는 드물게 미국 유학길에 올라 피츠버그 대학에 진학했다. 그 뒤 조지타운 대학에서 박사 과정까지 마친 그녀는 한국 이민자 가정의 아이들에게 관심을 기울이면서 한국인으로는 최초로 이중 언어교육 시스템을 세웠다. 현재 미국의 수많은 학교에서 그녀가 만든 교본으로 이민 자녀 교육을 실행하고 있다.

일평생 교육계에 헌신하며 아이들의 언어 교육에 힘써온 그녀에게는 세 자녀가 있다. 큰딸은 하버드 대학 졸업 후 국제변호사로, 둘째 아들은 예일 대학을 거쳐 하버드 대학 경영대학원을 수석으로 마친 후 유능한 CEO로, 막내딸은 열여섯 살에 최연소 입학생으로 예일 대학을 들어가 큰딸과 마찬가지로 국제변호사로 활동 중이다. 하루 5달러로 다섯 식구가 끼니를 해결할 만큼 어려운 형편에서도 세 자녀를 모두 훌륭하게 키울 수 있었던 비결을 묻자 그녀는 "부엌에서 모든 걸 가르쳤다"라고 답했다.

## 학원 대신 택했던 학습 공간, 부엌

요리를 하는 부엌과 아이들과 함께 밥을 먹는 식탁은 최고의 학습터였어요. 음식 하나를 두고 나눌 수 있는 얘깃거리는 무궁무진했지요. 파슬리 하나를 놓고도, 우리가 먹는 부분이 줄기인지 잎인지, 이것을 먹으면 어떤 작용을 하는지, 성분은 무엇인지, 어디에서 잘 자라는지 등 수저를 놓을 때까지 대화가 끊이지 않았죠. 장병혜

비단 음식만이 아니었다. 부엌이라는 공간에서 볼 수 있는 모든 것들이 대화의 주제가 되었고, 나중에는 그것들이 어디에서 왔는지 어떤 과정을 거쳐 식탁에 오를 수 있었는지 등 전혀 예기치 않던 방향으로 이야기가 확산되었다. 그 이야기들 속엔 과학, 역사, 수학 등 전 분야에 걸친 지식이 숨어 있었다.

하지만 장병혜 박사는 아이들이 식탁에서 얻었던 것은 단순한 지식이 아니라고 말한다. 그것은 자연이 주는 고마움, 남과 더불어 사는 삶, 배우는 즐거움 등 쉽게 체화할 수 없는 삶의 가치들을 깨치는 과정이었다.

아이들과 밥을 먹으며 나눈 대화를 통해 알게 되었습니다. 부모가 해줄 수 있는, 아니 부모만이 할 수 있는 교육은 돈을 들여 학원을 보내거나, 억지로 자리에 앉혀 공부를 시키는 게 아니라는 것, 무조

건 가르친다고 아이가 받아들이는 것은 아니라는 것을요. 장병혜

## 깨진 그릇 하나로 가족의 의미를 알려주다

장병혜 박사는 세 아이를 키우면서 공부를 계속했다. 그것은 어떤 일이 있어도 공부만은 포기하지 말라던 아버지의 당부 때문이었다. 하지만 시간 강사 노릇에 공부까지 하면서 세 아이를 건사하기엔 체력적으로나 정신적으로나 너무 버거웠다. 그러던 어느 날, 강의를 마치고 지친 몸으로 집으로 돌아왔을 때 부엌에서 그릇 깨지는 소리가 들렸다. 놀라서 달려가 보니 큰아이와 둘째 아이가 그릇을 함부로 내팽개치고 있었다. 저희끼리 식사 준비를 하나보다 싶었지만, 식사 준비라고 하기엔 행동이 너무 과격했다. 결국 그릇 하나가 바닥에 떨어져 깨지고 말았다. 하지만 두 아이는 깨진 그릇을 치울 생각은 않고 거실에 가더니 이윽고 서로 윽박지르며 싸우기 시작했다. 그녀는 아이들에게 "그릇 하나가 깨졌으니 식구 중 한 명은 밥을 먹을 수 없겠구나" 하고 말했다.

그릇을 깼다는 것이 잘못이 아니라, 가족끼리 서로 소중하게 생각하지 않는 것이 잘못이라는 걸 알게 해주고 싶었습니다. 가족을 소중하게 생각하지 않는 아이가 밖에서 다른 사람을 소중하게 대할 리 없으니까요. 결국 세상을 살아가면서 알아야 하는 것은 가족 안에서 다 배우게 되어 있어요. 장병혜

### 식탁 위에서 아이들이 얻은 교훈

그 뒤 며칠의 저녁식사 시간에는 식탁 위에 정적이 흘렀다. 깨진 그릇 대신 새 그릇이 올라왔지만 어느 누구도 거기에 시선을 두지 않았다고 한다. 그녀는 그 시간이 가족의 의미를 되새기기는 침묵의 시간이었다고 회상한다. 그 뒤로도 여러 가지 사건들이 종종 벌어졌지만 아이들은 서서히 변해갔다. 식탁에서 말다툼을 할 때에도 상대를 다치지 않게 하면서 나를 표현하고, 갈등에 대해 원만하게 협상하며, 나를 희생하여 상대를 배려할 줄 알게 된 것이다.

장병혜 박사는 얼마 지나지 않아 아이들이 사용하는 식기를 모두 플라스틱으로 바꿨다. 흥미로운 것은 그 뒤로 아이들이 그릇을 함부로 던지는 버릇을 고쳤다는 것이다. 깨질 염려가 없는 플라스틱 접시를 조심스럽게 다루는 아이들을 보며 한참을 웃었다고 한다.

> 플라스틱 접시를 유리 다루듯 하는 모습을 보고 이제는 됐구나 싶었어요. 가족에 대한 인식이 생겼다는 의미였지요. 제가 엄마들을 만날 때마다 누차 강조하는 것이 바로 가족의 유대감이에요. 장병혜

### 밥상머리 교육은 가족의 유대감과 비례한다

장병혜 박사의 세 아이는 하버드 대학과 예일 대학 출신들이다. 우수한 성적으로 졸업을 해 어디서든 탐을 내는 인재로 성장했다. 하지만 성인이 되어 각자의 가정을 꾸려가는 세 남매는 돈이나 명성, 그 어떤 것보다 가족의 유대감에 가치를 둔다.

막내딸은 변호사로 한창 이름을 날릴 무렵에 아이를 키우려고

과감하게 휴직계를 냈다. 주변의 만류에 막내딸이 했던 말은 "뿌리가 튼튼한 나무는 폭풍우에 줄기가 잘려나가도 다시 열매를 맺을 수 있다"였다. 그 말대로 막내딸은 얼마 지나지 않아 멋지게 다시 일선으로 복귀했다. 복귀한 뒤로 휴직계를 내기 전보다 훨씬 더 유능한 변호사로 일할 수 있었다고 한다.

장병혜 박사는 밥상머리 교육의 예기치 못한 효과를 몸소 체험한 사람이다. 부엌과 식탁을 교육의 장소로 택한 건 경제적 여건이 따르지 않은 탓도 있지만, 가정 안에서만 누릴 수 있는 교육의 힘을 믿었기 때문이었다.

아무리 좋은 교육법이 나와도 변하지 않는 원칙이 있어요. 밥상머리에서 온 가족이 둘러앉아 서로 유대감을 높이고 대화했던 것은 인류가 시작된 이래 계속 되어온 문화입니다. 세계 어디를 가든 가족식사를 안 하는 곳이 없지요. 진화론적인 측면에서 보아도, 인간의 역사와 함께 밥상머리 문화가 계속 되어온 데에는 그만한 가치가 있다는 증거예요. 장병혜

불안해하지 말고 자신 안에 내재한 부모로서의 힘을 믿으라고 말하는 장병혜 박사. 그녀는 아무리 교육 정책이 바뀌고 새로운 교육 이론이 나와도 가족이 함께하는 유일한 시간, 가족식사만큼은 지켜야 한다고 재차 강조했다. 밥상 앞에 앉은 아이에게 빨리 먹고 일어나 공부하라고 말하는 부모들에게 꼭 들려줘야 할 이야기인 듯하다.

**엮은이의 말**

# 밥상머리의 기적은
# 부모에게 더 크게 일어난다

'밥상머리의 작은 기적' 취재를 시작했을 때, 가장 먼저 겪은 어려움은 바로 밥상머리 교육에 대한 몰이해였다. '젓가락질 좀 잘 못하면 어때? 밥만 잘 먹으면 되지'라는 무용론 절반, '좋을 수도 있지만 학원까지 빼먹을 수 있나?'라는 회의론 절반. 그것은 밥상머리 교육을 단순히 식사 태도, 예의범절에 국한하는 이유 때문이었다. 하지만 진정한 밥상머리 교육이란 다른 것이 아니라 바로 부모 세대의 지혜와 관심을 아이들과 나누는 것이었다. 굳이 밥상이 아니더라도 관심과 정감 넘치는 대화가 매일 풍부하게 이뤄지는 집이라면 그것이 바로 밥상머리 교육이라고 할 수 있을 것이다.

그러나 가족구성원 모두가 바쁜 현대 사회에서 이런 시간을 내려면 많은 노력이 있어야 한다. 그 점에서 밥상머리 교육은 사람이라면 누구나 해야 하는 행위, 밥 먹기를 가족과 함께함으로써 최대의 효과를 얻을 수 있는 현대사회에 맞춤한 가정 교육법이다.

참으로 안타까웠던 것은 가사노동과 맞벌이에 지친 엄마들의 반응이었다. 좋은 걸 알아도, 제대로 할 자신이 없어 오히려 죄책감과 부담감만 느낀다는 것이었다. 아이들 밥 차리기만도 버거운데 항상 정감 넘치게 대할 수 있느냐는 것이다.

그러나 밥상머리 교육은 여자들을 부엌으로 다시 몰아넣으려는 시도가 아니다. 프로그램에서 시간상 담지 못했던 아빠의 역할을 소개한 것도, 완벽한 밥상머리 교육이란 없다는 것을 강조한 것도 이 때문이다. 아빠의 가사분담은 필수적이지만, 정 시간이 없다면 배달음식도 좋고, 외식도 상관없다. 중요한 것은 아이와 함께하는 식사 시간을 어떤 식으로든 마련하는 것이다.

밥상머리 교육의 작은 기적은 아이에게만 일어나는 것이 아니라 부모에게 더 크게 일어날 것이다. 우리 아이가 진정 무엇을 원하는지, 어떤 장단점이 있고 앞으로 어떤 삶을 제시할 것인지, 부모의 고민이 시작되어야 하는 곳도 바로 가족 밥상 자리다. 밥상머리에서 일어나는 아이와 부모 사이의 작은 기적이 대한민국의 모든 가족 식탁에서 일어나기를 바란다.

송현숙
**방송작가**

## 『밥상머리의 작은 기적』 제작진

**민인식 책임PD** 〈PD가 세상에 던지는 화두〉를 TV로 옮기는 〈SBS스페셜〉의 아이템 선정부터, 최종감수까지 모든 과정을 아우르는 총책임을 맡고 있다. '사교육 광풍이 몰아치는 한국사회에서 우리 아이들에게 진정 가르쳐야 할 것이 무엇인가'에 대한 고민을 담은 〈알파맘, 베타맘〉, 〈아키타 산골학교의 기적〉 등을 제작했다.

**임우식 PD** N미디어의 연출자로 SBS 〈SBS 스페셜〉, KBS 〈인간극장〉, 〈무한지대 큐〉 등에서 사람 냄새 물씬 나는 다큐멘터리를 주로 연출했다. 열렬한 밥상머리 교육 신봉자로, 취재를 하며 얻은 비결을 자신의 젖먹이 아이에게 적용할 날만 기다리고 있다.

**심소희 PD** N미디어의 연출자로 KBS 〈무한지대 큐〉, 〈오천만의 일급비밀〉 등 생활과 밀착된 프로그램을 주로 연출했다. 밥상머리 교육이 인생 전반에 걸쳐 영향력을 끼친다는 점을 취재하면서 밥상을 지켜주신 부모님께 새삼 감사를 느끼고 있다.

**김윤정 작가** 2007년부터 방송작가로 일했다. SBS 〈SBS 스페셜〉에서 취재작가로 일했으며 OBS 〈독특한 연예뉴스〉, Q채널의 프로그램 다수를 집필했다. 젊은 세대로서 당연하게 여기거나 혹은 회피하기 했던 밥상머리의 기적이 모든 가족에게 일어나길 바라고 있다.

**배관지 작가** 2007년부터 방송작가로 일했다. SBS 〈SBS 스페셜〉, KBS 〈시사기획 쌈〉에서 취재작가로 일했으며 SBS 〈생방송 투데이〉, EBS 〈원더풀 사이언스〉를 집필했다. 가장 가까우면서도 가장 먼 존재가 되어버린 가족의 존재를 다시 깨닫게 되었다.

**송현숙 작가(엮은이)** 방송작가로 SBS 〈그것이 알고 싶다〉, SBS 〈세븐데이즈〉, SBS 〈SBS 스페셜〉 등을 집필했다. 사회문제 중 상당 부분이 가정에서 발아되는 것이라면, 부모와 아이의 관계를 개선하는 것이 가장 빠른 변화를 가져올 것이라는 믿음으로 〈밥상머리의 작은 기적〉을 집필했다.

**캐서린 스노(Catherine Snow) 하버드 대학 교육학과 교수, 아동언어학자** 아이의 구문과 읽기능력의 연계 과정에 대한 연구에 중점을 두고 있다. 특히 부모와 아이의 상호작용을 통한 언어습득에 관련된 이론 확립에 중심적인 역할을 했다. 국가과학아카데미의 패널로 아동의 읽기 교육에 관련된 정책에 직접 영향을 주는 연구를 진행하고 있다.

**다이앤 빌즈(Diane Beals) 털사 대학 교육학과 교수, 아동언어학자** 미취학 아동의 가족 대화 참여와 이후 언어 및 문장이해 발달 사이의 연관성을 연구해오고 있다. 보스턴 저소득 가정의 밥상머리 대화를 분석, 학교가 아닌 부모와의 상호작용을 통해 획득하는 언어능력에 대해 사회의 관심을 환기시켰다.

**아다치 미유키(足立己幸) 일본 조시에이요 대학 영양학과 교수** 학계에서는 무엇을 먹느냐에 대한 연구가 주류를 이루고 있었으나 아다치 미유키 교수가 누구와 함께 먹고, 어떤 기분 상태에서 먹는 것이 아이를 위한 것인가에 대해 연구하기 시작하면서 주요 연구 풍토가 바뀌었다. 그녀의 연구는 일본의 식육교육 운동의 밑바탕이 되었다.

**김화수 김화수 언어임상연구소 소장** 언어는 의사소통뿐 아니라 인간의 인지적 사고의 경험의 틀을 조직, 구성한다는 철학 아래 언어 장애 진단, 치료 서비스를 제공하고 있다.

**그 외 밥상을 카메라 앞에 공개해주신 국내외의 모든 가족들.**

『밥상머리의 작은 기적』에는 전문가 외에 많은 분들이 인터뷰와 실험에 동참해주셨습니다. 본 책에 실린 분 중 전문가는 실명을, 일반인의 특정 인터뷰는 가명을 사용했습니다. 양해해주신 모든 분들에게 감사드리며, 그밖에 미리 양해를 얻지 못한 분들의 연락을 기다립니다.
전화번호: (031)956-7362

## 밥상머리의 작은 기적

1판 1쇄 발행 2010년 1월 17일
1판 33쇄 발행 2018년 5월 11일
2판 1쇄 발행 2020년 4월 20일
2판 3쇄 발행 2023년 4월 17일

지은이 SBS 스페셜 제작팀  엮은이 송현숙
발행인 이재진  단행본사업본부장 신동해  편집장 김예원
표지디자인 최보나  본문디자인 P.E.N.
마케팅 최혜진 신예은  홍보 반여진 허지호 정지연
국제업무 김은정  제작 정석훈

브랜드 리더스북
주소 경기도 파주시 회동길 20
문의전화 031-956-7363(편집) 031-956-7087(마케팅)
홈페이지 www.wjbooks.co.kr
인스타그램 www.instagram.com/woongjin_readers
페이스북 www.facebook.com/woongjinreaders
블로그 blog.naver.com/wj_booking

발행처 ㈜웅진씽크빅
출판신고 1980년 3월 29일 제406-2007-000046호

ⓒ 2010 SBS, 저작권자와 맺은 특약에 따라 검인을 생략합니다.
ISBN 978-89-01-10540-6  13590

리더스북은 ㈜웅진씽크빅 단행본사업본부의 브랜드입니다.

저작권법에 의해 보호를 받는 저작물이므로 무단전재와 무단복제를 금합니다.
이 책 내용의 전부 또는 일부를 이용하려면 반드시 저작권자와 ㈜웅진씽크빅의 서면 동의를 받아야 합니다.

※ 책값은 뒤표지에 있습니다.
※ 잘못된 책은 구입하신 곳에서 바꾸어드립니다.